Karoline Weber
mit Christiane Zimmer

Emanuel

Karoline Weber
mit Christiane Zimmer

Emanuel

Wie ein Engel mein Leben veränderte

Knaur
MensSana

Die Folie des Schutzumschlags sowie die Einschweißfolie
sind PE-Folien und biologisch abbaubar.
Dieses Buch wurde auf chlor- und säurefreiem Papier gedruckt.

Besuchen Sie uns im Internet: www.droemer-knaur.de
Alle Titel aus dem Bereich MensSana finden Sie im Internet unter
www.knaur-mens-sana.de

Originalausgabe

Umschlaggestaltung: ZERO Werbeagentur, München
Umschlagfoto: Mauritius
Satz: Wilhelm Vornehm, München
Druck und Bindung: Ebner + Spiegel, Ulm
Printed in Germany
ISBN 3-426-66676-6

2 4 5 3 1

Inhalt

Vom Engel geschickt

Als ich das erste Mal den Telefonhörer in die Hand nahm, um bei Christiane Zimmer einen Termin mit dem Engel Emanuel zu vereinbaren, wusste ich offen gestanden noch nicht so recht, was mir dies Treffen bringen sollte. Ich hatte schon von Personen gehört oder gelesen, die sich »Medium« nannten, und ich stand »Talenten« dieser ungewöhnlichen Art eher skeptisch gegenüber. Eigentlich glaubte ich an übersinnliche Fähigkeiten nur sehr begrenzt, und wenn sie mir dann doch begegneten, ertappte ich mich immer dabei, wie ich versucht war, den speziellen Trick herauszufinden, der sich für mich dahinter verbarg.

Dass Christiane Zimmer nicht selbst ans Telefon ging, sondern man ihr schreiben musste, fand ich zwar verständlich, erschwerte mein Vorhaben aber ein wenig. Ihr Anrufbeantworter forderte mich auf, ein Fax zu senden oder an die genannte Postadresse einen Brief zu schreiben. Enttäuscht legte ich den Hörer wieder auf. Der Weg bis zum Wählen dieser Nummer war für mich anstrengend gewesen, und nun hatte meine Aktion unbefriedigend geendet. Einen kurzen Moment lang war ich versucht, den Zettel mit der Telefonnummer einfach wegzuwerfen, doch dann siegte meine Neugier und auch die Tatsache, dass ich mich emotional auf diese Begegnung schon eingelassen hatte. Ich hätte sehr gerne wenigstens einen Moment lang mit Christiane Zimmer selbst geplaudert, um mir ein genaueres Bild von ihr und ihrer »Dienstleistung« zu machen.

Meine Freundin Marlis hatte mir an einem dunklen Abend von Christiane Zimmer erzählt, und seitdem ging mir dieser Engel nicht mehr aus dem Kopf. Emanuel, ein Engel, mit dem man sprechen konnte!

Dabei ging es mir damals, in einer für mich stressigen Zeit, nicht mal besonders schlecht. Es lief nur überhaupt nichts mehr rund. Ich hatte eine kleine PR-Agentur gegründet und durchlitt alle Anfangswehen, die zur Selbstständigkeit gehören, und Nick, mein Freund, hatte einen neuen Job, der ihn von einem Bundesland ins nächste jagte. Wir sahen uns kaum und wenn, dann stritten wir oder wussten nichts weiter mit uns anzufangen. Unsere Beziehung begann zu bröseln, aber ich hegte die Hoffnung, dass wir auch das wieder in den Griff bekommen würden, hätten wir nur endlich wieder mehr Ruhe füreinander. Als seien diese Beziehungsquerelen nicht genug, hatten einige Freundinnen begonnen, sich von mir abzuwenden. Mein Leben war also vom ganz »normalen Wahnsinn« geprägt, ebenso wie es jeden Menschen in regelmäßigen Abständen immer mal wieder trifft. Nur dass jetzt offensichtlich ich an der Reihe war. Sicherlich hätte ein Astrologe oder eine Kartenlegerin eine passende Antwort für meine Situation gewusst, aber ich war eben nicht der Typ, der sich mit esoterischen Ratschlägen beruhigen ließ. Der Kontakt mit einem Engel allerdings war eine ganz neue Variante. Ich schreibe heute »war«, denn nachdem ich Emanuel nun fast ein Jahr schon kenne, hat sich meine Sicht der Dinge verändert. Ich glaube inzwischen, dass es mehr gibt, als wir mit bloßem Auge sehen können. Sicherlich bin ich noch immer zögerlich und nicht für alles Übersinnliche zu begeistern, aber ich gebe den verschiedenen Möglichkeiten nun doch mehr und mehr eine Chance.

Damals war es für mich auf jeden Fall so, dass ich es gewohnt war, meine realen Probleme real und bodenständig zu bearbeiten und zu lösen. Was immer das auch heißen mag, »real« etwas zu tun.

Ich befand mich im Strudel der privaten und beruflichen Ereignisse. Von meiner jungen PR-Agentur lebte ich von der Hand in den Mund. In der einen Minute liebte ich meine Arbeit, in der nächsten verzweifelte ich an den Kosten, den wenigen Aufträgen und sah mich bereits später, im Alter, als Sozialfall einsam und darbend im Altenheim enden. Befreundete Agenturen sendeten mir freudige Erfolgsmeldungen, und ich hangelte mich von einem kleinen Job zum nächsten. Eine Kosmetikfirma, die ich in der Neueinführung eines Produktes beriet, konnte sich nicht entscheiden, ob sie meine Beratung wirklich wollte. Der Auftrag einer Unternehmensberatung, den ich sicher in meiner Tasche wähnte, verpuffte, da die Geschäftsleitung sich dafür entschied, statt einer PR-Kampagne lieber neue Computer anzuschaffen.

Ich schwankte jeden Tag neu zwischen Hoffen und Heulen. An guten Tagen konnte ich mein Leben mit einer Art Galgenhumor betrachten, doch dann holten mich in den Nächten immer häufiger bedrückende Gedanken ein. Ich begann, mich mehr und mehr zu fragen, ob es noch mehr als Business gab, warum ich auf dieser Welt war, wo der Sinn in meinem Leben blieb und ob es wohl so etwas wie Schicksal gab?

Für wen oder was war ich gut? Ohne Kinder und die Sicherheit einer konventionellen Ehe (die ich, von allen

Auseinandersetzungen mit Nick einmal abgesehen, ja auch gar nicht wirklich wollte).

Die Tage waren hektisch und kurz, die Nächte schlaflos und lang. An Zerstreuungen wie Kino, Ausgehen und Freundetreffen war seit Wochen nicht zu denken. Ich war abends einfach zu müde, und immer öfter hatten für mich Treffen, die doch noch zustande kamen, schnell einen schalen Geschmack hinterlassen. Sprach ich über meine Arbeit, empfand man mich als egozentrisch, schwieg ich diesbezüglich, schimpfte man mich verstockt. Die, die mir als Freundinnen immer so nah gestanden hatten, erzählten von ihrem Fitnessprogramm, ihren Eheproblemen und davon, was die Kinder alles anstellten. Nick und ich arbeiteten manchmal so viel, dass ich gar nicht mehr wusste, ob wir überhaupt noch eine Beziehung führten. Er kam an den Wochenenden, und kaum hatten wir uns aneinander gewöhnt, war er auch schon wieder weg. Ich fühlte mich krank, schwach und irgendwie allein. Mein Körper zwickte und zwackte. Meine Kinderlosigkeit hatte ich zwar akzeptiert, wirklich verdaut aber nicht.

Manchmal war es Nick und mir nicht mehr klar, wieso wir uns, neben unserem harten Berufsleben, diesen ganzen Beziehungsstress noch gaben. Sicher, wir waren verliebt bzw. liebten uns, aber wenn man so müde ist, dass einem die Augen brennen und Liebemachen nichts anderes mehr ist als ein Opfer von Schlaf, spätestens dann läuft etwas schief. Oder war das vielleicht normal?

Das Gerüst unserer Beziehung begann zu knirschen. Erst sehr leise und dann krachte es derart laut im Gebälk, sodass Nick und ich uns nicht mehr taub stellen konnten. Kurzum, ich stand jeden Tag auf und ging meinen Weg, nur wusste ich längst nicht mehr, wohin er führte.

Es soll ja in jedem Leben angeblich so etwas wie Zufälle oder Fügungen geben. Meine Freundin Marlis wurde eines Abends von ihrem Freund übel versetzt und stand frustriert vor meiner Tür. Ich hatte mich eben am Telefon mit Nick gezankt. Es war ein kurzer, heftiger Streit gewesen, der mir so in die Seele gefahren war, dass sich vor meinen Augen alles drehte. Mir zitterten vor Enttäuschung und Erschöpfung schier die Knie, und ich war froh, dass das Klingeln an meiner Tür dieses destruktive Gespräch wenigstens für heute unterbrach. Marlis sah sofort, dass bei mir alle Alarmlampen brannten. Die Panik stand mir ins Gesicht geschrieben.

Hätte ich damals das Wissen von heute gehabt, so wäre mir klar gewesen, dass ein Engel Marlis zu mir geführt hatte. An diesem Abend sah ich darin aber nur einen Besuch, der sich mit meiner Bedürftigkeit glücklicherweise kreuzte.

»Mensch, Karoline!« So aufgelöst hatte Marlis mich bislang noch nie gesehen. Sie nahm mich in den Arm, begleitete mich ins Haus und setzte mich auf mein Sofa. Kaum hatte ich einen Schluck Wasser getrunken, sprudelte all das aus mir heraus, was ich die ganze Zeit in mich hineingefressen hatte. Alle Sorgen, Nöte und Ängste, und diesmal nicht in leicht verdaulichen Portionen. Noch während ich weinte, klagte und erzählte, wurde mir klar, dass alles schon längst hätte einmal gesagt werden müssen. Mein Zustand war chaotisch. Ich hatte kein direktes Problem, aber die vielen kleinen Probleme des Lebens wuchsen mir über den Kopf. Ich hatte die Richtung und meine innere Balance komplett verloren.

Nach einer ersten Zigarette wagte ich bereits wieder ein wenig zu lächeln. Marlis tat mir gut. Sie war mir eine der liebsten Freundinnen. Ich vertraute ihr bedingungslos. Was sie sagte, hatte meistens Hand und Fuß, und selbst wenn manches für mich nicht gleich einleuchtend war, war ich dennoch meist bereit, ihre Worte zu überdenken. So war es auch an diesem Abend. Marlis erzählte mir von Christiane Zimmer, einem Medium, aus dem ein Engel spricht. »Vielleicht kann dir dieser Engel – er heißt Emanuel – helfen, dein Leben wieder besser zu verstehen. Mir hat er auf jeden Fall geholfen, denn er hat mir bestimmte Zusammenhänge erklärt. Ich konnte ihn fragen, und er gab mir gute Antworten darauf.«

Ich weiß nicht mehr, was es genau war, das mich veranlasste, ihr überhaupt zuzuhören und das Gespräch nicht sofort zu beenden. Vielleicht war es Marlis' Stimme, aber vielleicht auch der kleine Funken Hoffnung, dass es irgendwo tatsächlich Antworten auf meine Fragen gab. Ich stimmte also zu, als Marlis mir die Telefonnummer von Christiane Zimmer gab und mich ermunterte, es mal mit einem Gespräch mit Emanuel zu versuchen. Ich schnäuzte mir die Nase und war bereit, alles zu wagen und selbst unbekanntes Terrain zu betreten, wenn ich nur wieder mehr Klarheit und Kraft in mein Leben bekam. Es hatte genug Disharmonie gegeben, und ich wollte endlich wissen, warum Nick und ich so uneins waren, wieso es mit meiner PR-Arbeit so mühsam voranging und warum meine Freundinnen sich von mir abwandten, gerade so, als hätte ich eine ansteckende Krankheit.

Nick rief noch einmal versöhnlich an, und wir kamen uns wieder etwas näher. Von meinem Plan erzählte ich ihm jedoch kein Wort. Die Gedanken kreisten in meinem Kopf, ob es gut war, ein Medium aufzusuchen, oder blanker Unsinn. Damit es, wenigstens was das anging, endlich Ruhe in meinem Inneren gab, fasste ich mir ein Herz und *setzte mich tags darauf endlich hin, um ein Fax an Christiane Zimmer zu schreiben. Ich erzählte von Marlis und mir, überbrachte ihr die Grüße meiner Freundin und bat um einen Gesprächstermin mit »Emanuel«. Dann schickte ich das Fax los. Mit einer neuen Art der Ruhe ging ich an diesem Abend zu Bett.*

Nach zwei Tagen meldete sich Christiane Zimmer bei mir, und wir vereinbarten einen Termin für 14 Tage später. Ihre Stimme war fröhlich, und ich war bereit, nach dem ersten Schritt, dem Anruf und dem Fax, nun auch den zweiten zu tun.

An einem grauen Wintertag fuhr ich also zu Emanuel. Es war mir unheimlich zumute und zugleich nahm ich die Sache nicht ganz ernst. Eigentlich, so kam es mir immer wieder in den Sinn, hätte ich das Honorar für diese »Durchsagen« auch gleich aus dem Fenster schmeißen können. Zweifel und Vorfreude wechselten sich in gewohnter Weise ab. Und dann war da ja auch noch Marlis, die sich solche Mühe gegeben hatte. Ich war ihr sehr dankbar, dass sie mir von dieser Möglichkeit der Beratung überhaupt erzählt hatte. Ist ja auch immer etwas delikat, solche Adressen zu empfehlen …

Als ich ankam, öffnete mir Christiane Zimmer die Tür. Sie war klein, zart, mit wachen Augen. Eine Frau »wie du und ich«, ohne Amulette oder Schnickschnack, wie ich dies aus den Schaufenstern esoterischer Buchhandlungen kannte. Sie begrüßte mich mit interessiertem Blick, stellte aber keine privaten Fragen, sondern erkundigte sich nur, wie die Anreise zu ihr gewesen sei und ob ich etwas trinken wolle. Ich verneinte und wollte auf einmal auch gar nicht mehr plaudern. »Dann fangen wir also an?«, fragte sie, und ich nickte mit einem mulmigen Gefühl im Bauch.

Der Raum, in den mich Christiane Zimmer führte, war in einem freundlichen Sonnengelb gehalten. Es standen schöne alte Möbel darin, und geschmackvolle Bilder hingen an den Wänden. Mein Herz ging auf in dieser warmen Atmosphäre. Ich setzte mich in einen Sessel und bekam ein Bänkchen unter meine Füße, damit ich noch etwas bequemer saß. Vor dem Fenster stand ein Baum, der im Frühling sicher üppig blühte. Schade, dachte ich, dass ich das nicht sehen kann. Ich ahnte da noch nicht, dass ich diesen Baum in allen Jahreszeiten würde bewundern können. Bei diesem ersten Besuch saß ich nur verschüchtert da, knabberte an meinen Nägeln und wusste nicht, ob ich gleich einen großen Schwindel oder etwas Unglaubliches erleben würde.

Christiane Zimmer erzählte ein wenig über dies und das, während sie sich ganz offensichtlich auf diese Sitzung einrichtete. Sie zündete eine Kerze, die auf dem Tisch stand, an, stellte uns beiden je ein Glas mit Wasser auf den Tisch und legte eine Kassette in den Rekorder ein. »Die Durchsage wird für Sie mitgeschnitten«, informierte sie mich, und ich war froh, dass ich mir auf diese Weise nichts mitschreiben und auch nichts merken musste. Dann legte sich Christiane Zimmer ein weißes Tuch auf den Schoß (eine kleine Marotte von ihr, wie sie mir später einmal schmunzelnd gestand) und erklärte mir mit fröhlicher Stimme: »Ich werde jetzt gleich in Trance gehen, werde atmen, gähnen und schnaufen. Das sieht seltsam aus und soll Sie nicht erschrecken. Wenn ich so heftig zu atmen beginne, dass Sie schon meinen, Sie müssten mir nun helfen, dann bleiben Sie ruhig sitzen und warten noch ein paar Minuten ab.« Sie lächelte. »Dann geht es nämlich los. Emanuel wird Sie begrüßen und Sie irgendwann auffordern, ihm Ihre Fragen zu stellen.«

Sie lehnte sich zurück, schloss die Augen, und ich bekam augenblicklich einen dicken Kloß in den Hals. »Bleiben Sie hier!«, hätte ich am liebsten gerufen, aber das ergab ja letztendlich keinen Sinn.

Christiane Zimmer atmete laut und begann, ihren Oberkörper leise hin und her zu wiegen. Das sah ein wenig komisch aus, und angespannt wie ich war, befürchtete ich, einen Lachanfall zu kriegen. Es war etwa so wie bei manchen Besuchen im Theater: Man will nicht husten, aber der Reiz wird durch das Unterdrücken nur noch schlimmer. Alle möglichen Gedanken schossen mir durch den Kopf bis hin zu: Hoffentlich muss ich nicht auf die Toilette! Ein Gedanke, der, genauer betrachtet, gar nicht so dumm war, schließlich war der zeitliche Rahmen einer Sitzung mit etwa 70 Minuten angegeben. In dieser Zeit konnte allerlei passieren. »In diesem Fall unterbrechen Sie einfach die Sitzung«, verriet mir Christiane Zimmer später schmunzelnd. »Emanuel wartet, bis Sie wieder im Raum sind.«

Jetzt war es aber erst einmal so weit, und die Spannung in mir wuchs mit jeder Sekunde. Mein Blick wanderte nervös durch den Raum. Was würde gleich geschehen? Ich fühlte mich unsicher, merkwürdig, lächerlich, aber dann, auf einmal, nachdem Christiane Zimmer wie angekündigt schnell und laut geatmet hatte, sprach »es« auf einmal mit einer anderen, irgendwie männlicher klingenden Stimme aus dieser kleinen Frau heraus. Emanuel betrat sozusagen durch ihren Körper den Raum. Mein Mund wurde trocken und meine Hände feucht, als ich ihn mit fester Stimme zu mir sprechen hörte.

ERSTER BESUCH

Mit Ahnen und Engeln auf dem Weg

Friede dem Herzen, Freude am Leben durch Achtung vor deinem Selbst. Siehe, mein Kind, genau das ist es, wonach der Mensch sich sehnt. Nach dem Frieden des Herzens und nach der Lebensfreude, die dadurch möglich ist. Aber wie kann Frieden und Freude in ihm sein, wenn der Mensch sich selbst nicht achtet, wenn er sich nicht genügt, wenn er seinen göttlichen Wert nicht erkennt und nicht den Mut hat, ihn zu leben? Erst wenn er anfängt, aus seinen Möglichkeiten zu schöpfen, wird Lebensfreude in ihn einkehren. Er wird sich dann nicht mehr danach sehnen, was er nicht hat oder nicht kann, sondern für sich erkennen: »Das, was mir zur Verfügung steht, daraus will ich gestalten und daraus will ich bilden und will darüber meine Freude leben.« Wenn der Mensch beginnt, seine Selbstachtung zu leben, dann wird er spüren, wie er Ruhe und Gelassenheit findet. Er wird seiner wunderbaren Gaben gewahr, die, die noch in ihm ruhen, und die, die er nie gefunden hätte, wäre er weiter im Neid geblieben und mit den Gefühlen des Mangels gegangen.

Mit diesen Worten der Begrüßung will ich dich

ermutigen und ermuntern, dir immer stärker deines göttlichen Selbst bewusst zu werden und darüber die Dankbarkeit zu leben. Die Dankbarkeit, die lautet: Ich ruhe in mir, ich habe mich angenommen, ich habe mich akzeptiert, ich genüge mir. Ja! Und nun, mein Kind, lass uns beginnen.

(Moment, was hatte er alles gesagt? Das klang ja richtig menschlich, richtig vernünftig! Ich betrachtete Christiane Zimmer, die weiter mit geschlossenen Augen vor mir saß. Sie hatte beim Reden mit den Händen gestikuliert. Oder war das gar nicht sie gewesen? Irgendwie war dies eben ihre Stimme gewesen und dann auch wieder nicht. Die Art der Sprache war ein bisschen gewöhnungsbedürftig... Mein Herz klopfte, und ich hätte Christiane Zimmer gerne einiges gefragt, aber sie schien gar nicht präsent zu sein. Was ich sah und hörte, wollte mein Verstand nicht glauben. »Das gibt es nicht!«, sagte er mir immer wieder, aber ich sah, dass es das doch gab! Stotternd versuchte ich mich an das zu erinnern, was ich Emanuel hatte alles fragen wollen.)

Emanuel, ich weiß nicht so recht, mit welcher Frage ich beginnen soll... Vielleicht am besten, wer bist du? Wer spricht zu mir? Bist du ein Engel?
Siehe, mein Kind, wer bin ich? Ich bin eine geistige Energie, die aus dem Geist des Höchsten geschaffen wurde, so wie auch der Mensch aus diesem Geist geschaffen wurde. Nur mit dem Unterschied, dass der Mensch in die Verdichtung gegangen ist, also einen grobstofflichen Körper trägt.

Wir, nicht allein ich, sondern auch alle anderen in der feinstofflichen Welt, wir sind reiner Geist. Das heißt aber nicht, dass wir bereits die Vollkommenheit leben und Gott gleich sind. Die unterschiedlichen Bewusstseinsstufen wurden geschaffen, damit die feinstofflichen Helfer, die Geistenergie, die verschiedenen Bewusstseinsstufen der Menschen erreichen.

(Ich war verblüfft. Christiane Zimmer war eben in Trance gegangen, Emanuel hatte mich gerade angesprochen und all meine Furcht war wie verflogen. Er, sie, ich weiß nicht, wer von beiden ... also der Körper, der mir gegenübersaß, gestikulierte, und das Einzige, was die Unterhaltung von einer anderen zu unterscheiden schien, war, dass mein Gegenüber seine Augen geschlossen hatte. Die Stimme war fest und deutlich. Ich lehnte mich zurück. Was hatte er eben gesagt?)

Wie? Ihr seid nicht alle gleich weise? Willst du mir das damit sagen?
Ein Kind, das in die erste Klasse gekommen ist, muss auf dem Niveau eines Erstklässlers angesprochen werden, damit es versteht und lernen kann. Ich habe dir gesagt, dass es deswegen auch bei uns unterschiedliche Bewusstseinsstufen gibt, damit wir alle erreichen.

Aber wer bist du?
Wenn du mich fragst, wer ich bin, dann kann ich dir antworten, dass ich zu der Gemeinschaft des Erzengels Gabriel gehöre, dessen Auftrag es ist, Vermittler zwischen Himmel und Erde zu sein. Er ist ein von Gott geschaffener Bote, der die Brücke zwischen dem Himmel und der Erde schlägt. Und ich, mein Kind, gehöre ihm an und habe wie er die Aufgabe, euch in euren

Lebenssituationen Ermutigung und Hilfe zu geben, sodass ihr aus dieser eurer Herzensenge und aus euren Ängsten heraustreten könnt.

Du kennst das ja selbst. Wenn ihr ein Problem habt, dann kreisen eure Gedanken permanent um dieses Problem herum. Ihr betrachtet es von allen Seiten, immer wieder, unruhig und ohne klaren Kopf. Wenn die Gedanken dies aber tun, dann ist es nicht möglich, eine Lösung zu finden. Lösungen finden sich nur, wenn ihr entspannt seid, von dem Thema, das euch belastet, fortgeht oder fortgeführt werdet, denn erst dann lassen sich neue Wege erkennen und begehen.

Meine Aufgabe ist es, dabei an eurer Seite zu sein, damit sich euch neue Wege, Lösungen und neue Möglichkeiten aufzeigen. Ich bin euch Hilfe, wenn ihr auf der Suche nach einem zufriedeneren Leben seid, besonders dann, wenn ihr euch in Lebensumständen befindet, die karmisch sind und die deswegen im heutigen Leben von euch nicht aufgelöst werden können.

Ihr Menschen bezeichnet uns als Engel, und das sind wir auch, aber ich wähle lieber eine neutraleres Wort, auch wenn das für viele befremdlich ist. Ich sage lieber, wir sind eine geistige Energie. Ja! So wie deine Gedanken geistige Energie sind, so sind wir geistige Energie.

Hast du auf der Erde gelebt?
Nein, ich bin reiner Geist, und der geht nicht über eure Erde, sondern wirkt ausschließlich im feinstofflichen Bereich. Ihr Menschen sagt, wenn jemand gestorben ist: »Der ist nun ein Engel.« Das ist nicht richtig formuliert. Wenn ein Mensch gestorben ist, dann hat er seinen

grobstofflichen Körper abgelegt und ist nur noch Geist und Seele. Das bedeutet also, er behält seine Persönlichkeit, so wie er auf der Erde seine Persönlichkeit gelebt hat. Ich habe diese Persönlichkeit nicht.

Was geschieht denn mit dem Tod?
Wenn ihr den Abschied des Lebens lebt, also den irdischen Tod, dann werdet ihr von den feinstofflichen Helfern durch den Erdgürtel und die Nebelwand in die lichte, feinstoffliche Welt begleitet. Eine Seele, die durch die Nebelwand begleitet wurde und dadurch nicht mehr erdgebunden ist, bekommt erst einmal eine Art Ruhephase, ich bezeichne dies als »das Sanatorium«. Hier kann sich die Seele von den irdischen Beeindruckungen, von den Nöten und den Sorgen, die sie lebte, erholen. Aber nicht nur das, auch von dem schlechten Gewissen und von möglichen Ängsten, vielleicht etwas unterlassen zu haben. Diese Energien werden im Sanatorium neutralisiert, sodass der Mensch – o nein, jetzt darf ich nicht sagen: der Mensch! Ich sage besser: der Verstorbene – sodass diese Seele danach unbelastet an den Ort ihrer Bestimmung gehen kann.

Unbelastet heißt, von irdischen Beeindruckungen gereinigt, sodass später das Leben in der feinstofflichen Welt fortgesetzt werden kann. Auf diesem Weg wird die Seele von Engeln, von Lichtwesen, begleitet und an den Ort geführt, wo sie ihre wahre Entsprechung leben kann. Entsprechung bedeutet, das Bewusstsein der Seele wird auf ihre ganz persönliche Ebene gehen. Das ist vergleichbar mit dem, was ihr auf der Erde den »Geschmack« eines Menschen bezeichnet. Ich gebe dir ein Beispiel. Nimm einen Menschen, der in einem schönen Haus mit gepflegtem Garten lebt. Sein »Geschmack« zeigt sich in hellen und schönen Farben, kostbaren Bildern und ausgewählten Pflanzen. Vielleicht sagt ihr zu dem: »Oh, das ist aber ein gehobenes Niveau, das ist ein ganz Feinsinniger.« Wenn du das auf die Bewusstseinsstufen in der feinstofflichen Welt überträgst, bedeutet das, dass es sich um eine sehr reife und bewusste Seele handelt, die in einem sensibleren Niveau angesiedelt ist als eine weniger bewusste Seele. Das heißt natürlich nicht, dass alle Menschen, die einen guten Geschmack in ihrer Wohnungseinrichtung zeigen, auch sensible Seelen sind. Es ist nur ein Beispiel, damit du weißt, was ich mit »Entsprechung« meine.

Ich denke in letzter Zeit oft an meinen Großvater. Ich habe ihn nie kennen gelernt. Erreiche ich ihn in dieser Welt, wo sich seine Seele eingerichtet hat?
Du willst wissen, ob deine Gedanken ihn dort erreichen?

Ja! Sieht er mich? Weiß er, wer ich bin?
Natürlich. Sieh, das ist ja das Wunderbare! In dem Moment, wo ihr nicht mehr an diesen grobstofflichen Körper gebunden seid, lebt ihr eine ganz andere Sensitivität. Ihr nehmt Schwingungen auf und Schwingungen wahr.

Du kennst das doch auch bei Menschen, besonders bei denen, die du magst. Du sitzt einer Freundin gegenüber und sagst: »Ich weiß ganz genau, was du jetzt denkst.« Ihr nehmt die Energien, die Schwingungen des anderen auf, sie gehen in euer Bewusstsein über, und ihr könnt sagen, was der andere gedacht hat. Das Gleiche vollzieht sich auch, wenn ein Mensch in die feinstoffliche Welt zurückkehrt.

Um sich zu erkennen, ist es nicht einmal notwendig, sich auf der Erde begegnet zu sein. Du und dein Großvater, ihr seid wie die Teile eines Baums. Dein Großvater bildet mit deinen anderen Ahnen die Wurzeln. Deine Eltern sind der Stamm, und die Kinder und Enkelkinder der Familie sind die Zweige und Äste dieses Baumes. Es ist das Energiefeld dieses Baumes, der Familie, das euch miteinander verbindet, selbst dann, wenn ihr euch im Leben nie getroffen habt. Trotzdem gehört ihr zu ein und demselben Stamm und seid miteinander verbunden! Deine Gedanken werden von deinem Großvater also aufgenommen und du kannst dir ganz sicher sein, dass er dich mit seiner Liebesenergie begleitet.

Könntest du, wenn ich es wollte, meinem Großvater etwas von mir ausrichten?
Ja, das könnte ich. Es ist nur so, es ist nicht meine Aufgabe. Dafür habt ihr feinstoffliche Helfer. Die schließen die Kontakte zwischen euch und den Verstorbenen. Sag mir trotzdem den Namen deines Großvaters.

Karl Weber.
Dein Großvater zeigte sich mir zu seinen Lebzeiten als ein sehr bodenständiger Mensch. Seine Gedanken waren sehr klar und schlicht. Wenn ich das so sage, dann spreche ich nicht von seinem Bewusstsein, meine nicht, dass das einfach war, sondern ich will sagen, er war ein Mann der klaren Rede. Er hat nicht Verstecken gespielt. Und es zeigt sich mir, dass er dir hilft. Dein Großvater lächelt dir zu, und er unterstützt dich, mein Kind, damit du trotz deiner hohen Spiritualität, Sensibilität und Sensi-

tivität fest in der Erde verankert bleibst und genügend Bodenkontakt behältst.

Ja, den brauche ich auch. Im Moment ist mein Leben gerade sehr unruhig. Viele Freunde verabschieden sich von mir, gehen einfach weg von mir, lösen den Kontakt. Und inzwischen fange ich an, so etwas wie Schuld zu empfinden, als wäre ich nicht recht, als würde ich mich dauernd danebenbenehmen, sodass man den Kontakt mit mir nicht möchte.

Aber siehe, das ist ja ganz normal. Wenn jemanden den Kontakt abbricht, dann ist der andere ihm ja auch nicht mehr recht. Er genügt nicht mehr, und beide Menschen haben nicht mehr das miteinander, was ihr eine »Wellenlänge« nennt. Aber das muss ja nicht bedeuten, dass du, mein Kind, nicht mehr liebenswert bist. Es bedeutet nur, dass ihr getrennte Wege geht und jeweils ein neues Bewusstsein lebt und euch deswegen keine oder keine ausreichende Verständigungsebene mehr miteinander verbindet.

Siehe, je gereifter ein Mensch ist, je weiter er geistig und spirituell entwickelt ist, umso länger ist er in der Lage, Freundschaften zu halten, denn er überträgt seinen eigenen Anspruch nicht auf andere Menschen. Du sprichst nun von den Freunden, die dich verlassen haben, und ich bitte dich dabei auch zu bedenken: Ihr habt gemeinsam Kindheit und Jugend erlebt, später gingt ihr in den Beruf und hattet eure Partnerschaften. Je älter ein Mensch ist, desto stärker entwickelt sich seine eigene Individualität, und die persönlichen Interessen prägen sich immer stärker aus. Das kann zur Folge haben, dass zwischen zwei Freunden das Gefühl entsteht, nichts mehr miteinander teilen zu können und nach verschiedenen Vorstellungen und Werten zu leben.

Wenn eine Seele sehr reif und hoch entwickelt ist, kann sie das akzeptieren. Die Jahre der Vertrautheit sind ihr so wertvoll und wichtig, und sie kann sich auf das Niveau des anderen einstellen, ohne das Gefühl zu haben, etwas dabei zu entbehren.

Aber ich entbehre, denn ich habe Freundschaften verloren.
Dir fällt es leicht, dich auf das Niveau eines anderen Menschen einzulassen. Die Freundin, die dir scheinbar unterlegen ist, kann die Freundschaft aber nicht mehr halten. Sie merkt, dass eine Veränderung geschehen ist, auch wenn du dich bemühst und weiter auf sie eingehst. Wenn ein Mensch sieht, dass er nicht mehr mithalten kann, hat er das Bedürfnis, eine solche Freundschaft zu lösen. Und das ist dir passiert. Du leidest, denn du wärst ja weiter bereit gewesen, dich dem Niveau deiner Freunde anzugleichen, ohne deines aufzugeben. Du wolltest dich zugunsten der Freundschaft zurücknehmen. Es kann in solch einer Freundschaft aber sein, dass der andere sich nicht mehr einlassen kann oder will.

Aber es waren ja auch Menschen darunter, die meine Wellenlänge hatten.
Du bist ja ein sehr offener Mensch und bringst in der Begegnung deine persönlichen Werte, deine Wahrheiten und deine Überlegungen ehrlich zur Sprache. Du erzählst davon ganz offen und klar. Dein Gegenüber hört dir zu, überlegt, was du sagst, und stellt dadurch vielleicht fest, dass eure beiden Werte nicht mehr überein-

stimmen. Nachdem er dies weiß, hat er vielleicht das Bedürfnis, sich zu trennen.

Und das tut mir weh ...
Aber sieh, das ganze Leben ist Kommen und Gehen und unterliegt einem ständigen Wandel. Alles ist nur Leihgabe, und darum, mein Kind, ist es schön, wenn Freundschaften bis zum Lebensende halten, aber es ist nicht die Regel. Es ist sogar ganz selten.

Aber wieso trifft es mich im Moment so häufig?
Das ist doch ganz verständlich: Du hast einen großen Entwicklungssprung gemacht! Du hast eine starke Persönlichkeit geprägt, einen starken Willen entwickelt und gehst einen sehr individuellen Weg. Und dieser ist nicht gerade gewöhnlich. Manche Menschen können dich auf diesem Weg einfach nicht mehr begleiten, weil er ihnen nicht mehr nachvollziehbar ist. Sie verstehen dich nicht, oder dein Weg spricht sie nicht an.

Oder es ist so, dass andere dich um deinen Weg beneiden. Sie sehen, wie du kontinuierlich voranschreitest und sie im Grunde, zumindest ihrer Meinung nach, auf der Stelle treten. Es haben nicht alle den Mut oder das Bedürfnis, sich weiterzubilden und weiterzuentwickeln. Viele leben eher Stagnation und werden in dem Moment, wo sie beobachten, dass andere weitergehen, neidisch oder missgünstig. Wenn das geschieht, ist die Trennung da.

Als ich zu dir fuhr, dachte ich an meine frühere Freundin Bettina, Bettina Jessen. Wir haben uns seit vielen Jahren nicht gesprochen, und ich vermisse sie sehr. Ich denke oft an sie, und ich träume von ihr.

Du hast dich ja nicht getrennt, sondern sie trennte sich von dir, und damit bist du die Zurückgebliebene. Das ist wie in einer Partnerschaft. Wenn einer sagt: »Ich mag nicht mehr mit dir und gehe ab jetzt meinen eigenen Weg!«, dann bleibt der andere zurück und leidet.

Du bist die Verlassene, und darum ist der Schmerz auf deiner Seite und nicht auf der Seite deiner Freundin. Die Scheidung ging von ihr aus. Wenn du nun sagst, dass du noch immer von ihr träumst und deine Gedanken bei ihr sind, dann kannst du davon ausgehen, dass ihr euch nicht nur aus eurem heutigen Leben kennt, sondern eure gemeinsamen Wurzeln tiefer gehen. Es ist dann eine Begegnung aus einem früheren Leben, die in dem heutigen Leben ihre Fortsetzung gefunden hat. Aber die Zeit des Miteinanders ist nun ausgelebt.

Ist sie das denn wirklich? Ich kann mir das nicht vorstellen.
Wenn du für dich merkst, es ist noch nicht beendet, und wenn du darunter leidest, dann bietet es sich an, dass du deiner Freundin schreibst. Dass du ihr sagst, meine Gedanken sind immer noch bei dir, und ich wüsste gerne, wie es dir geht. Ob es dir gut geht. Und ich wollte dich fragen, ob wir uns nicht einmal wieder sehen können, um uns darüber auszutauschen, was in all den Jahren geschehen ist und was uns bewegt hat.

Ich hab ihr ja geschrieben! Sie hat nicht reagiert.
Wenn sie darauf nicht reagiert, dann ist das für dich ihr klares Nein, und dann, mein Kind, bleibt dir nichts anderes übrig als zu akzeptieren und auszutrauern.

Also, für mich ist diese Verbindung so stark, dass ich nicht glauben kann, dass sie zu Ende ist.
Aber siehe, sie muss ja gar nicht zu Ende sein. Sie ist nur für dieses heutige Leben oder eine Lebensspanne zu Ende. Das muss ja nicht ein Ende für immer sein. Selbst wenn ein Mensch stirbt, bedeutet das nicht das Ende für immer. Es ist dann nur ein Ende im heutigen Leben. Du kannst dann nicht mehr die Begegnung mit dem grobstofflichen Körper leben, aber in deinen Gedanken kann der Verstorbene noch immer bei dir sein. Lebt in deinen Gedanken weiter mit dir.

Wenn für dich der Abschied von deiner Freundin so schmerzhaft ist, dann würde ich dir empfehlen, dass du die Freundschaft mit ihr in deinen Gedanken fortsetzt. Dass du dich an die gemeinsame Zeit erinnerst, die gut und bereichernd war, und sagst: »Gut, vielleicht ist ihre Aufgabe, mir ein Leidthema zuzufügen, damit ich darüber nachdenke, daran reife und wachse. Damit ich daran Akzeptanz leben lerne und das Leid verabschiede, um es in Vorfreude zu verwandeln.«

Vorfreude heißt, dass du dich freust auf eine Wiederbegegnung mit ihr, entweder im heutigen Leben oder danach in der feinstofflichen Welt.

Ich weiß trotzdem gar nicht, Emanuel, ob ich nochmal ein Signal setzen soll oder nicht.
Ich möchte dir etwas empfehlen. Deine Freundin hat auf dein Schreiben nicht geantwortet. Vielleicht versuchst du es an ihrem Geburtstag nochmal mit einem kurzen Gruß. Du könntest ihr schreiben: Meine Gedanken sind bei dir und begleiten dich durch den Tag. Mein Gruß kommt von Herzen.

Kannst du meine Freundin sehen?
Ja, sie zeigt sich mir.

Lass es mich prüfen, wie ich es richtig formuliere. Sie dreht sich so im Kreise. Das bedeutet also, im Grunde genommen fühlt sie sich wie gefangen, wie eingeengt, wie eingeschnürt. Kannst du damit etwas anfangen, wenn ich das so sage?

Vielleicht geht es ihr im Moment nicht gut. Ich weiß es ja nicht.
Sie zeigt sich mir mit einem gesenkten Blick. Es gibt da eine Situation in ihrem Leben, die sie stark beschäftigt und die es nicht zulässt, dir zu antworten. Ich würde dir Folgendes empfehlen: Deine Freundin lebt eine innere Not. Beginne von nun an, sie in deine Fürbitten, in deine guten Gedanken mit einzuschließen. Lebe also nicht die Trauer um die verlorene Freundschaft, sondern verwandle diese Energie in Stärke. Du stellst ihr damit eine Dynamik zur Verfügung, durch die deine Freundin die Kraft bekommt, ein Ja zu ihrem Leben zu sprechen. Zu ihren eigenen Bedürfnissen. Das bedeutet also, dass du aus der Passivität, dem Leid, herausgehst und etwas für sie tust.

Ja, das fühlt sich gut an... Nochmal zu vorhin: Du sagtest, ich sei ein Freigeist, und ich fühle mich auch so. Andere würden eher sagen, ich sei störrisch und überheblich. Wenn dies geschieht, dann tut mir das sehr weh. In solchen Augenblicken fühle ich mich nicht verstanden und allein.
Abschiede bedeuten ja auch immer, dass du in eine Einsamkeit gehst und auf dich selbst zurückgeworfen wirst.

Besonders dann, wenn sich gleich zwei oder drei Freunde von dir trennen. Solange du in der Begegnung lebst, gibt es ja auch einen Austausch. Ihr trefft euch und erzählt, was so passiert ist, wie es euch geht, und fragt den anderen, wie er die eine oder andere Situation sieht. Es kommt ein Echo. Und jetzt bricht dieses Echo bei dir weg und du wirst auf dich zurückgeworfen. Eine Zeit der Auseinandersetzung mit dir selbst beginnt. Du wirst zu dir selbst geführt, musst dich mit dir selbst auseinander setzen und damit auch die Konflikte mit dir selbst lösen und bereinigen.

Gibt es da bei mir ein vorherrschendes Thema, über das ich nachdenken sollte?
Nein, es zeigt sich mir in diesem Sinne nicht ein herausragendes Thema, sondern es ist so: Du bist ja von deinem Wesen her ein geselliger Mensch. Und jetzt ist eine Zeit, in der du stärker mit dir in die Konfrontation geführt wirst, um deine Energie zu sammeln und zu bündeln. Du wirst für dich stärker herausfinden, wie es mit deinem Weg weitergeht.

Siehe, es gibt Menschen, die gehen in Klausur, damit sie sich selbst ertragen lernen. Sie ziehen sich zurück, um sich zu begegnen; sie wollen sich selbst nicht länger ausweichen. Es ist eine Auseinandersetzung mit sich selbst. Nimm diese Phase also als eine Zeit, um dich zu sammeln und um dich zu sortieren. Wenn du dich mit deinen eigenen Werten besser kennen lernst, wirst du Abschiede nicht weiter als ein Nein sehen, das man dir als Person ausspricht, sondern darin die Möglichkeit erkennen, dich stärker und genauer zu betrachten, damit du deinen Weg klarer formulieren kannst.

Verstehe... mir wird auch oft vorgeworfen, dass ich so herrschsüchtig sei. Ich würde fordern und dabei überfordern. Ich bemühe mich so sehr, auf andere einzugehen. Aber vielleicht bin ich wirklich für manche zu stark.
Ich will es einmal so formulieren: Du bist ungeduldig. Du bist den anderen immer einen Schritt oder zwei Schritte voraus. Dieses Tempo wollen oder können manche nicht mithalten. Und das formulieren sie dann nicht als ungeduldig, sondern als unbequem und fordernd oder als störrisch und uneinsichtig. Du bist ein Mensch, der einen starken Willen hat. Das ist ja auch wunderbar, und das wird dich auch in deinen Erfolg führen.

Es gibt da ein Beispiel, das ich immer mal wieder gerne erzähle, denn es macht so vieles deutlich. Ich teile die Menschen in drei Typen ein und wähle dafür als Vergleich die Bäume.

Da ist zum einen der einsame Baum, der in einer Landschaft steht. Weithin für alle sichtbar und landschaftsprägend. Dieser Baum kann seine Äste und Zweige weit ausdehnen, hat genügend Luft um sich herum und wird von den anderen Bäumen in dieser Freiheit nicht beschnitten. Dafür ist er bei Wind und Unwetter den Stürmen stärker ausgesetzt. Er genießt nicht den Schutz der Gemeinschaft. Das ist der Individualist, der den Mut hat, sich zu erfahren und seine Möglichkeiten zu nutzen, auszunutzen, umzusetzen und zu realisieren. Gleichzeitig ist das auch ein Mensch, der dankbar dafür ist, dass diese Erde ihm die Möglichkeit schenkt, sein Potenzial und sich selbst zu erkennen und zu erfahren. Er will seinen Dank an die Erde, die ihm dieses Leben ermöglicht, zurückgeben. Wenn du mein Beispiel auf Menschen überträgst, dann sind das die Menschen, die dazu bereit sind, nicht nur für sich Verantwortung zu übernehmen, sondern auch für andere und für die Gemeinschaft.

Dann gibt es den Wald mit seinen Bäumen. Der einzelne Baum kann seine Äste nicht so ausstrecken, wie er vielleicht möchte, denn er wird von den anderen Bäumen darin behindert. Gleichzeitig hat aber dieser Baum den Schutz der Gemeinschaft.

Du sprichst jetzt von vielen Menschen ...

Ja, das ist die Masse der Menschen, mein Kind. Jeder von ihnen sehnt sich nach Individualität, aber um die zu leben, braucht es Mut. Man muss mutig sein, um aus der Masse herauszutreten.

Und diese Bäume, der Wald, die Masse, was tun sie, wenn sie einen Individualisten sehen, einen Menschen, der mutig ist und aus der Menge heraustreten will? Sie beginnen ihn zu warnen: »Hast du dir das auch gut überlegt?«, sagen sie. »Sei nicht so leichtsinnig! Du kannst tief fallen! Hast du dich auch nicht geirrt? Prüfe noch einmal!« Sie wollen ihn damit bei sich halten, denn individuell zu leben bedeutet ja auch, sich zu entfernen und zum Außenseiter zu werden. Damit wird dieser Mensch auch eine Gefahr für die anderen, die in der Masse zurückbleiben.

Und hat dieser Mensch nun tatsächlich einen Misserfolg, dann sagen sie: »Das haben wir dir ja gleich gesagt! Wärst du besser zu Hause geblieben. Aber nein, du wusstest ja alles besser!«

Hat der Mensch, der etwas wagt, aber Erfolg, dann ist es für die wenigsten ein Anreiz, ebenfalls etwas zu wagen. Was dann oft kommt, das ist der Neid. Nicht die

Bereitschaft, den anderen zu loben, zu sagen: »Prima, möchte ich auch. Hilfst du mir dabei?« Nein, der erfolgreiche Mensch wird beneidet, denn die Masse der anderen erkennt in seinem Erfolg ihr eigenes Zögern, die eigene Ängstlichkeit und auch die Bequemlichkeit. Die anderen haben nicht den Mut, sich Wissen und damit Erkenntnis anzueignen, um ihre Enge zu verlassen.

Und dann gibt es den dritten Typ. Das ist der Randbaum. Siehe, auf der einen Seite kann er seine Äste zum freien Felde hin weit ausstrecken, aber auf der Rückseite, da ist er eingeengt vom Wald. Du siehst solche Bäume bei jedem Spaziergang. Betrachte sie dir einmal genauer. Vorne sind diese Bäume weit und hinten, da sind die Zweige und Äste kurz.

Welche Menschen sind das?
Das sind viele Menschen. Die, die Ideen haben und Wünsche, denen es aber an Mut zum Handeln fehlt oder die sich von einem Misserfolg abhalten lassen, erneutes Handeln zu wagen.

Du, mein Kind, müsstest dich eigentlich damit abfinden – das wäre klug –, dass du ein einsamer Baum in der Landschaft bist.

Ist denn das von Anfang an mein Lebensplan gewesen?
Ja, selbstverständlich. Das ist im Grunde der Weg eines jeden Menschen. Und wenn nicht in diesem Leben, dann in einem anderen. Denn siehe, wie willst du denn die Welt überwinden und damit die Polarität, wenn du nicht zu deinem Selbst findest? Aufgabe des Lebens ist es, sich selbst zu finden und mit Mut in die eigene Handlung zu gehen.

Ich versuche das ja immer wieder, mich selbst zu ermutigen. Andererseits habe ich auch von mir den Eindruck, dass ich mich oft selbst austrickse und ausbremse. Zum Beispiel habe ich eine große Angst vor Krankheit.

Da du in deiner Lebensentwicklung und in deinem Berufsleben eine starke Individualität lebst, gibt es wenig Menschen, die dir Rückendeckung geben oder dir wirklich raten können. Dadurch entsteht die Einsamkeit. Andererseits bist du auch ein Mensch, der nicht gerade von sich selbst sehr überzeugt ist. Du spürst zwar, welche Möglichkeiten und Talente du hast, aber dein Selbstbewusstsein ist nicht so stark, als dass du alles unbefangen genießen und erleben könntest. Weil das so ist, ängstigen dich manchmal deine eigenen Ideen und Handlungen, und du versuchst, dich selbst zu bremsen.

Wenn dir etwas wunderbar leicht gelingt, dann bist du dankbar oder angenehm überrascht, aber in Wirklichkeit kannst du es gar nicht so richtig fassen. »Und das mir!«, sagst du. »Hätte ich ja gar nicht geglaubt!« Statt dass du sagst: »Donnerwetter! Und das bin ich auch!« Das würde bedeuten, dass du dich bestätigst, ohne überheblich zu sein.

Und diese Ängste, mein Kind, die nehmen dir die wunderbare Energie, die du benötigen würdest, um deinen Weg leichter und souveräner zu gehen. Denn wenn du Angst fühlst, dann muss diese ja überwunden werden.

Aber wie willst du schon die Angst überwinden! Angst ist ein großer Gegner. Was tust du? Du kämpfst gegen die Angst an, lebst deine Handlungen mit der Angst im Bunde und flüchtest dann in Krankheiten, denn in Krankheit zu gehen bedeutet ja, zu sich selbst zu sagen: »Ich kann jetzt nicht. Ich bin zu schwach, ich muss erst wieder gesund werden.«

Und was mache ich jetzt mit der Angst?
Du kannst die Angst nicht besiegen, indem du sie unterdrückst. Da lacht sie dich aus. Der richtige Weg ist, die Angst als einen ganz wichtigen Lebensbegleiter zu akzeptieren, denn die Angst hat ja eine Funktion. Die Angst will dich vor etwas bewahren. Vor einem Reinfall. Vor einem Unglück.

Siehe, die Angst behindert dich, aus dem zweiten Stock auf die Straße zu springen. Und dafür ist die Angst sehr wichtig, sehr gut, sie ist lebenserhaltend.

Aber warum muss ich mir zum Beispiel gerade Angst vor Krebs aussuchen?
Die Angst hat eine ganz wichtige Funktion, aber wenn die Angst zu selbstständig wird, dann beschneidet sie eure Lebensqualität. Also ist es wichtig, dass du sie behandelst wie eine übereifrige Freundin, die dich vor Leid und Schaden bewahren will. Und das bedeutet, du musst beginnen, mit der Angst zu sprechen, dich bei ihr zu bedanken und zu sagen: »Das war sehr lieb von dir, dass du mich so viele Male in meinem Leben vor Schaden bewahrt hast. Aber nun möchte ich einmal stärker mit dem Vertrauen und der Gelassenheit arbeiten und darum bitte ich dich, dass du jetzt einmal Urlaub machst, dass du dich mal richtig von deiner großen Leistung ausruhst, die du mir so oft erbringst.«

Etwa so könntest du mit der Angst sprechen. Und dann fragst du mich noch, warum du dir ausgerechnet die Angst vor Krebs ausgesucht hast. Siehe, ich kann's dir sagen: Einmal ist der Krebs noch immer eine Krankheit, die nicht leicht zu heilen ist. Für manche Menschen bedeutet die Krankheit sogar das Ende des Lebens. Zum zweiten ist Krebs auch wie ein inneres Sich-Auffressen, Von-innen-aufgelöst-Werden. Die Zellen werden aufgefressen.

Ein Mensch, der Angst vor Krebs hat, der hat Angst vor seinen Aktivitäten. Entweder lebt er sie gar nicht, dann kommt der Krebs wirklich, oder er hat eine große Anstrengung, sie zu leben. Und du machst es dir zu schwer. Du strengst dich zu sehr an, anstatt deine Aktivitäten einfach zu leben, spielerisch an sie heranzugehen und sie einfach auszuprobieren. Wenn du etwas tust, dann forderst du viel von dir und könntest doch einfach zu dir sprechen: »Entweder es wird oder es wird nicht. Dazwischen gibt es ja nichts.«

Wenn du spielerischer an die Sachen gehst, in ihnen weder Zwang noch Pflicht siehst, dann kannst du gelassen abwarten, was sich aus dem Spiel entwickelt.

Das fällt mir schwer, weil oft große Träume dahinter stehen.
Das soll auch so sein. Der Traum soll auch dahinter stehen, denn dadurch formuliert sich ein Ziel. Wenn du kein Ziel hast, in welche Richtung willst du dich denn dann aufmachen? Aber es nutzt nichts, verbissen loszumarschieren, du musst deinem Ziel zulächeln und nicht darauf zuhetzen.

Und da wäre noch eine andere Angst, Emanuel. Die andere Angst ist, dass ich Alzheimer oder wie mein Vater oder meine Großmütter Parkinson bekomme. Das ist auch so etwas, was mich bremst.

Beide Krankheiten bedeuten, abgebremst zu werden. Nicht mehr Herr seiner selbst zu sein. Bei der Alzheimer-Erkrankung ist es so, dass die Zellen im Kopf absterben, und das Gleiche gilt für Parkinson. Bei dieser Krankheit kann man sich zudem nicht mehr frei bewegen. Die Bewegungen sind gehemmt. Das betrifft vor allem Menschen, die in sich starr sind, unflexibel sind oder Angst haben, ihr Wünschen und Wollen zu leben. Menschen, die sich eingeengt fühlen, sich selbst bremsen oder ausbremsen lassen.

Du bremst dich ja auch. Daher kommt dir dieses Krankheitsbild in den Sinn. Und wenn es, wie bei dir, nun auch noch jemanden in der Familie betrifft, dann rückt es immer weiter ins Bewusstsein.

Wenn diese Ängste kommen, dann ist es wichtig, dass du dir sagst: »Ja nun, und auch wenn es in der Familie ist, so muss ich es doch noch lange nicht für mich gewählt haben. Ich habe eine Anlage gewählt. Aber ob diese Anlage zum Ausbruch kommt, das liegt an mir.«

Vielleicht ist es so, dass ich irgendwie einfach pessimistisch bin. Ich nehme die Gedanken als Androhung eines schrecklichen Endes.

Aber nein, nimm es doch lieber als Information, dass es sein kann, aber nicht sein muss. Denk lieber: Da ist mein großer Traum, da ist mein Ziel. Jetzt zwinge ich mich nicht darauf zu. Jetzt hetze ich nicht darauf zu. Jetzt habe ich nicht Angst, es vielleicht nicht erreichen zu können, sondern jetzt gehe ich ihm ganz locker und gelassen entgegen.

Stell dir einen Menschen vor, der sein Ziel sieht und dem es schwer fällt, auf das Ziel zuzugehen. Was ist denn dann in seinen Gedanken? Angst und Sorge, es nicht erreichen zu können. Erschöpfung, Zusammenbruch. Er denkt, nein, ich darf nicht innehalten, denn dann rückt mein Ziel ja noch weiter in die Ferne.

Die Angst, sein Ziel nicht erreichen zu können, ist eine permanente Anspannung. Ein Mensch, der angespannt ist, denkt ständig an ein und dasselbe Thema und ist damit wie gefangen. Wenn schon, dann sollte er um das Thema von außen herumkreisen, denn dann beachtet er zwar das Thema, ist aber nicht von ihm gefangen. Er kann sich auch davon fortbewegen.

Und wenn wir jetzt wieder deinen Weg nehmen: Wenn du merkst, ach, jetzt sind sie da, die Erschöpfung und die Unsicherheit, dann halte inne. Setz dich an den Wegrand und lasse die Umgebung auf dich wirken. Wenn du dich so verhältst, dann bist du gelassen und entspannt. Du weißt dann, dass du dir ein Ziel formuliert hast, und kannst dir das auch immer wieder tröstend bestätigen. Aber du kannst dir auch sagen, dass du es erreichen kannst, aber nicht zwanghaft musst. Siehe, wenn du so denkst, dann kommt schon eine ganz andere Qualität, nämlich die der Freiheit hinein. Und es bedeutet, jetzt lebst du Entspannung, und dort, wo Entspannung ist, mein Kind, entfernst du dich von dem Thema, das dich einkreisen will. Deine Gedanken, dein Bewusstsein sind nicht vom Thema gefangen, und deswegen können dich Informationen und Anregungen von außen erreichen. Es ist wie bei einem Menschen, der in einem Buch ein Land entdeckt und beschließt, dorthin zu reisen. Kaum hat er sich für dieses Land geöffnet, findet er Werbeanzeigen über dieses Land oder er sieht im Fernsehen einen Bericht oder trifft auf Menschen, die sagen: »Stell dir vor, wo wir gewesen sind, wir waren in diesem Land. Wunderschön ist es dort!«

Wenn du dich öffnest, kommen Informationen auf dich zu. Diese sind zwar vorher auch da, aber du warst dann für das Thema nicht geöffnet und dein Bewusstsein war nicht bereit, die Informationen als solche zu erkennen und aufzunehmen.

Wenn mir so etwas passierte, dann ging ich immer davon aus, dass mir sozusagen Engel eine Botschaft schicken.
Ja nun, Engel können dich inspirieren. Das tun sie auch. Aber es geht ja um *deine* Leistung. Um das, was du tun kannst, um von der Hilfe der Engel unabhängig zu werden. Engel helfen, dafür sind sie ja da. Aber du kennst doch auch die Situation, in der ein Mensch sich wünscht und bittet: »Lieber Engel, hilf mir doch! Ordne und richte doch bitte mal dieses oder jenes für mich!« ... und nichts geschieht. Wie auch? Dieser Mensch soll ja sein Thema selbst lösen!

Das heißt doch, erwachsen, mündig, selbstständig und damit unabhängig zu werden. Und wenn du das erkennst und daran selbst arbeitest, dann sind die Engel deine Freunde und arbeiten dir zu. Sie sind nicht dafür da, dir die Arbeit abzunehmen. Das dürfen sie auch gar nicht, denn das würde ja bedeuten, dass sie dich an deinem Lernprozess behindern.

Aber wir dürfen Engel um Hilfe bitten?
Ja, selbstverständlich. Doch überlege, was geschieht, wenn du bittest. Bitten bedeutet, dass jemand ein Problem hat, mit dem er nicht zurecht kommt. Und jetzt bittet er seinen Schutzengel, seine geistige Führung oder

die Engel: »Hört mal zu und helft mir bitte bei der Problemlösung. Ich habe keine Idee.« Was geschieht nun? In dem Moment, wo du das vorträgst, was dich belastet, und die Engel bittest, nimmst du von dir Druck.

Ähnlich, wie wenn du im Problemfall zu einer Freundin oder einem Freund gehst und sagst: »Ich komme damit nicht ganz zurecht. Kannst du mir mal behilflich sein?« Und da ihr den Engeln vertraut und glaubt, dass sie euch Helfer sind – und dafür sind sie ja auch bestimmt –, weicht der Druck von euch. Es ist, als würde die Freundin oder der Freund sagen: »Du, ich mache mit. Ich helfe dir. Mach dir mal keine Sorgen.«

Siehe, in dem Moment, wo der Druck weicht, kommt die Entspannung. Und damit sind eure Antennen wieder ausgefahren für all die Informationen, die euch helfen, den rechten Weg zu erkennen und zu gehen. Es wird euch zugespielt.

(Ja, diesem Gedanken konnte ich von ganzem Herzen zustimmen. Immer wenn ich ganz locker blieb, meine Neugier und fröhliche Laune behielt, dann ging mir alles leichter von der Hand. Aber manchmal war die Vorstellung einfach zu schön, dass ich in dem ganzen Lebenstrubel nicht völlig alleine war. Dass mir da jemand zur Seite stand, der mich schützte und – ohne dass ich es körperlich wahrnahm – an die Hand nahm. Vielleicht ging ja beides: Engelshilfe und selbst etwas tun. Was das Tun anging, so war es mir einfach wichtig, auf dem richtigen Weg zu sein ... Doch ich wollte meine nächste Frage nicht schon wieder auf mich beziehen und dadurch allzu sehr selbstbezogen erscheinen, deswegen blieb ich erst einmal allgemein, bereit, alles auf mein Leben zu übertragen.)

Hat eigentlich jeder Menschen ein persönliches Lebensziel? Eine besondere Aufgabe oder gar eine Berufung?
Was ist das Lebensziel des Menschen? Im Grunde ist ja das Lebensziel, in den Herzensfrieden und in die Freude zu finden. Sich selbst zu genügen.

(Das war nicht das, was ich gerne gehört hätte. Was Emanuel gesagt hatte, klang viel einfacher, viel pragmatischer. Ich hatte auf ein »Ja, Karoline! Du bist ein besonderer Mensch mit einem besonderen Lebensziel und wie schön, du bist sogar auf dem richtigen Weg, es zu finden!« gehofft. Und nun ging es offenbar nur um schlichte Genügsamkeit.)

Sich zu genügen heißt nicht arm sein und ohne Bedürfnisse. Es bedeutet nicht, in einer Wohnung aus Pappkartons und Holzkisten zu leben. Auch wenn man sich selbst genügt, kann man Wünsche haben. Aber, und das ist das Besondere, wenn diese Wünsche sich nicht erfüllen, auch nicht darunter zu leiden. Sich zu genügen bedeutet, sich selbst angenommen und akzeptiert zu haben. Ein Mensch, der sich akzeptiert hat, kann sagen: »So, wie ich bin, finde ich mich in Ordnung. Ich muss nicht zwangsläufig anders sein. Ich muss nicht dies und das können, um mich bestätigt zu wissen. Ich kann es tun, aber es wird nichts verändern. Es wird mir Freude bereiten, das auch noch zu können oder zu beherrschen. Aber wenn ich's nicht kann, bricht meine Welt nicht zusammen.«

Siehe, so zu sprechen bedeutet, Glückseligkeit und Herzensfrieden zu verspüren. Das ist doch im Grunde der Sinn eures Lebens.

Bei einem Herzenswunsch ist es schwer, so ruhig zu bleiben.
Jeder Wunsch, den ihr hegt, drängt doch nach Erfüllung. Erfüllt er sich nicht, fühlt der Mensch sich um sein Glück betrogen und erlebt Leid. Da all das, was der Mensch an Wünschen und Wollen lebt, sich erfüllen soll, bindet er sich an neue irdische Leben: an das Rad der Wiedergeburt, wie ihr es auch nennt.

Der Sinn des Lebens ist es, sich aus dieser Polarität zu erlösen und die Neutralität zu finden. Wer neutral fühlt, dem ist es einerlei, was er arbeitet und ob er eine eigene Familie gründet oder nicht. Und damit wird er frei.

Aber manche Menschen haben, so erscheint es mir zumindest, so etwas wie eine bestimmte Aufgabe im Leben.
Ja. Sei nicht ungeduldig. Das will ich ja gerade erklären. Also noch einmal zum Lebenssinn: Jeder Mensch bringt bestimmte Neigungen und Veranlagungen mit, und wenn man diese erkennt, dann ist es natürlich und normal, dass sie gefördert werden und man an ihnen arbeitet, um sie zu vervollkommnen.

Wenn zum Beispiel ein Kind Freude an einem bestimmten Instrument hat oder wenn seine Eltern dies merken, dann ist es klug und vernünftig, wenn man dem Kind ermöglicht, dieses Instrument zu erlernen, damit sich Anlage und Neigung weiterentwickeln können. Das Kind kann dadurch innerlich wachsen. Genauso ist es auch bei anderen Talenten. Manche Menschen wissen bereits als Kind, dass sie gerne Arzt werden möchten, und studieren dann später tatsächlich Medizin. Auch sie machen aus ihrer Neigung einen Beruf.

Es gibt Menschen, die bereits im Kindesalter einen Schwerpunkt verspüren und diesem dann später auch nachforschen und nachgehen. Das sind dann Menschen, die mit einem Thema in die Tiefe gehen und Spezialisten werden.

Aber die Masse der Menschen hat nicht eine bestimmte Neigung, sondern eher viele Interessen. Mal interessieren sie sich für das, mal für jenes. Kann sein, dass es ein Handwerk ist, aber es kann dann auch mal wieder die Medizin oder die Philosophie sein. Und dann, denken sie sich, wäre die Archäologie auch noch ein hochinteressantes Thema.

Das heißt also, es gibt da gleichzeitig viele Interessen, die aber alle nicht sehr in die Tiefe gehen. In diesem Fall wäre es eigentlich die Aufgabe des Menschen, sich einem Thema stärker zu widmen, indem er es herausgreift und intensiviert. Aber auch wenn er dies tut, heißt das noch lange nicht, dass es ihn dann nicht doch langweilt und er sich sagt: »Ich wäre vielleicht doch besser das andere geworden.«

Das heißt, dieser Mensch fühlt sich dann zwiespältig, statt sich zu sagen: »Das habe ich jetzt erlernt, und diese Tätigkeit dient zum Erhalt meines Lebens. In meiner freien Zeit will ich mich den anderen Interessen noch widmen.« Das wäre klug.

Jetzt ist noch Folgendes: Bevor ihr in dieses euer irdisches Leben eintretet, plant ihr ja dieses irdische Leben. Das bedeutet also, ihr sucht euch das Land, die Nation aus, in die ihr hineingeboren werden wollt, die Kultur und die Familie. Und ihr sucht euch aus, ob ihr in euren Leben Familie leben wollt oder alleine über die Erde geht. Danach wird sich nun euer Lebensplan gestalten.

Kannst du meinen Lebensplan sehen?
Ja, denn ich habe Einblick in die Akasha-Chronik, in das Weltenarchiv. Stell es dir wie einen großen Computer vor. Ich kann deine Daten hineingeben und als Ergebnis kommt dein Lebensplan heraus.

Kannst du mir davon erzählen?
Ja, nun. Das kann ich nicht. Ich darf nicht so weit vorgreifen. Lass mich erst einmal das Thema zu Ende führen. Bist du damit einverstanden?

Entschuldige, ich dachte, du bist schon fertig ...
Siehe: Wenn ihr auf diese eure Erde zurückkehrt, erinnert ihr euch ja nicht mehr, welch einen Lebensplan ihr gewählt habt. Ihr tappt im Dunkeln. Es kommen Wünsche, es kommen Interessen und Neigungen. Etwa so, ihr seht, dass eure Freundin sich verliebt, und möchtet euch auch verlieben. Oder ihr verliebt euch, aber die Liebe hält nicht an. Dann seid ihr enttäuscht und traurig und hofft auf den nächsten Partner, und der kommt dann zwar auch, aber wieder hält die Partnerschaft nicht.

Der Grund kann darin liegen, dass ihr in euren Lebensplan eingezeichnet habt, euer Leben allein zu leben. Aber das wisst ihr nicht. Da ihr euren Lebensplan nicht kennt, kämpft ihr häufig mit Wünschen, die ihr gerne erfüllt haben möchtet, die sich aber nicht erfüllen können, weil sie in eurem Lebensplan nicht stehen. Ihr wisst es nicht und lebt darüber Leid.

Wir erziehen unsere Kinder dahingehend, Träume und Ziele bewusst zu formulieren, damit sie sich erfüllen können!

Die Kinder müssten eigentlich so erzogen werden, dass sie wohl wissen, dass sie Möglichkeiten im Leben haben, aber auch, dass es Grenzen und Begrenzungen für sie gibt. Ihr sollt euch nicht an einem Thema festbeißen, sondern ihm gelassen gegenüberstehen. Wenn ihr so handeln würdet, dann bliebe euch viel Leid erspart. Denn, um bei dem Menschen zu bleiben, der sich so gerne verlieben möchte, bis dieser Mensch akzeptiert, dass er keine Partnerschaft leben wird, weil sich alle seine Lieben nicht zu Partnerschaften entwickeln, siehe, bis dieser Mensch das akzeptiert, ist viel Zeit verschenkt und viel Trauer gelebt worden. Bitternis des Herzens, vielleicht auch Missgunst anderen Partnerschaften gegenüber. Das heißt also, der Mensch hat wertvolle Zeit gar nicht nutzen können, weil er lange nicht sagen konnte: »Auch wenn für mich Familie nicht bestimmt ist, so bin ich dennoch vom Familienleben nicht ausgeschlossen. Ich kann die Welt zu meiner Familie machen. Ich kann mich um Kinder kümmern, die vernachlässigt sind oder abgegeben wurden. Ich kann eine Patenschaft übernehmen.«

Das heißt also, der Mensch hätte diese vertane Zeit bereits sehr klug nutzen können, um in den Themen Befriedigung zu finden, die er gerne mit einer eigenen Familie gelebt hätte.

Kommt mir irgendwie sehr bekannt vor ...

Jetzt zu deinem Lebensplan, mein liebes Kind. Ich darf natürlich nicht vorgreifen, denn es würde ja bedeuten, dass du fortan nicht mehr selbst nachdenkst, sondern dir unbeschwert sagst: »Emanuel hat ja das und das gesagt ... Wunderbar, dem glaube ich mal bzw. ich glaube ihm jetzt mal. Ob ich das in einem Jahr noch tue, werde ich sehen, aber jetzt gehe ich erst einmal unbefangen weiter.«

Solch ein Denken würde dich behindern, dich weiterhin selbst mit deiner Angst auseinander zu setzen und sie zu überwinden. Das Gleiche gilt für deine Unsicherheit dem Unbekannten gegenüber. Du sollst lernen, aus dir selbst heraus unbefangen, mut- und kraftvoll zu gehen.

Aber ich will dir zumindest so viel sagen: Du hast dir einen Weg gewählt, der sehr stark von Individualität und Selbstständigkeit geprägt ist. Damit ist verbunden... ich möchte jetzt nicht das Wort »Einsamkeit« gebrauchen, lass mich ein anderes Wort suchen... Es ist damit verbunden, dass du immer häufiger mit dir alleine bist. Immer stärker wirst du dich mit dir alleine auseinander setzen und Entscheidungen alleine treffen müssen. Meinst du, so ist es deutlich?

Du willst jetzt hoffentlich nicht andeuten, dass meine Beziehung in die Brüche geht!?!

Aber das hat doch damit gar nichts zu tun. Das hat auch nichts damit zu tun, dass du keine Freundschaften mehr haben wirst. Nein. Aber es bedeutet, dass deine Freunde dir nicht immer die Hilfe geben können, die du dir hin und wieder wünschst. Besonders dann, wenn dich die Angst überfällt. Du wirst deine Entscheidung alleine für dich treffen müssen. Aber siehe auch den Vorteil, der sich darin verbirgt, nämlich das Mündigwerden!

Puh... Ich glaube, ich habe eine Menge, worüber ich nachdenken muss... Kann ich nochmal kommen, um mit dir zu sprechen?

Du kannst so oft zu mir kommen, wie es dein Wunsch ist.

Dann sage ich dir für heute danke.

Mach deinen inneren Frieden nicht vom äußeren Frieden und anderen Menschen abhängig. Mach deinen Frieden von Gott abhängig, von der allumfassenden Liebe, und du wirst finden, wonach dein Herz begehrt, Ruhe, Einklang und Einswerden. Wann immer du ängstlich wirst und sorgenvoll in die Zukunft blickst, betrachte dir die Natur und sage dir: »Diese Sorglosigkeit will ich auch leben!« Furcht und Angst und Sorge sind Lähmung. Wenn Gott dein Ziel ist, dann darf da doch nicht Lähmung sein, da muss doch Befreiung sein und Öffnung für diese Liebe.

Und wir helfen dir dabei mit all unserer Liebe. Wir legen sie dir in dein Herze. Wir legen dir in dein Herze die Heiterkeit der Erkennenden, die Gelassenheit der Wissenden und die Geduld der Vertrauenden.

Mein Friede, er geht an deiner Seite.

Emanuel.

Ich weiß nicht mehr, was mir alles auf der Heimfahrt durch den Kopf ging, aber eines war sicher, ich war ziemlich beeindruckt. Christiane Zimmer war nach Emanuels Worten wieder zu sich gekommen. Es war ein Ruck durch ihren Körper gegangen, dann hatte sie die Augen aufgeschlagen und vermutlich in ein sehr verdutztes Gesicht – nämlich in meines – geblickt. Anstatt etwas zu fragen hatte sie ihren Kassettenrekorder überprüft und mir dann die Kassette in die Hand gedrückt, auf der die Sitzung für mich aufgezeichnet war. Wir tauschten noch ein paar Belanglosigkeiten aus, und ich bat sie um einen neuen Termin. Mir war klar, dass ich noch einmal kommen musste. Am liebsten noch ein paar Male. Es gab so viele brennende und interessante Fragen, die ich mit Emanuel besprechen wollte. Ich beschloss, meinen Urlaubssparstrumpf für diese Fahrten zu leeren. Was sollte ich auf Mallorca, wo sich für mich hier im Taunus doch etwas ganz anderes, viel Spannenderes bot?

Emanuel gab mir die Möglichkeit, mehr über mich, meine zwischenmenschlichen Kontakte und den Sinn des Lebens zu erfahren, das spürte ich bis in die Tiefe meiner Seele. Natürlich hätte ich auch Bücher lesen können, aber diese Stunde mit Emanuel war etwas ganz Besonderes und sehr, sehr ungewöhnlich für mich gewesen.

Zwischen meinen euphorischen Gedanken meldete sich auch immer mal wieder leise der Zweifel. War ich da nicht vielleicht doch einem Schwindel aufgesessen? Wenn diese Gedanken kamen, dann erwiderte ich ihnen immer wieder, dass es doch eigentlich egal war. Engel hin und Blödsinn her. Das, was ich da gehört hatte, machte Sinn und berührte mich. Die Stunde war eine gute Gelegenheit, über mich nachzudenken. Ich fühlte mich inspiriert. Allein der Hinweis, meine Angst mal in den Urlaub zu schicken, war doch Gold wert gewesen! Ich sah sie vor mir sitzen, meine Angst ... in einem Liegestuhl am Strand Campari trinken und mir per Postkarte aus ihrer Auszeit zuwinken. Immer wenn ich mir Angst mache, will ich an dieses Bild denken, versprach ich mir. Und ich wollte mich auch nicht mehr länger selbst ausbremsen, sondern versuchen, an mein Glück und meine Kraft zu glauben.

In den nächsten Wochen hörte ich mir immer mal wieder Teile der Kassette an. Ich konnte nicht alles hören, es war einfach zu viel. Es waren vielmehr die kleinen Input-Portionen, die mein Leben nachhaltig zu verändern begannen. Ich erinnerte mich an die Freundschaft mit Bettina, die mir so kostbar gewesen war. Wenn ich nun an sie dachte, klagte ich nicht mehr, sondern schickte ihr mit meinen Gedanken Kraft. Gleichzeitig versuchte ich mich an die Möglichkeit zu gewöhnen, dass unsere Freundschaft in diesem Leben keine Fortsetzung mehr fand, weil wir uns bereits alles gegeben hatten. Es schmeckte bitter, wenn ich mir das vorstellte, denn bislang hatte mich der Gedanke getröstet, dass eine solch besondere Freundschaft nicht vergänglich sei. Dass sich diese Verbindung aber vielleicht erst in einem neuen Leben fortsetzen würde, darauf wäre ich nie gekommen. Wie auch? Trotz Emanuels Worten merkte ich, dass ich weiter darauf hoffen wollte, irgendwann mit Bettina wieder gemütlich auf der Couch zu sitzen und lachend ein Glas Wein zu trinken. Ob sie wohl noch rauchte? Es gab vieles, das ich nicht mehr von ihr wusste. Kleinigkeiten, die an sich völlig banal waren und doch zu schönen Erinnerungen gehörten. Scheiben wollte ich ihr nicht. Das hatte ich bereits versucht, und eine zweite Abfuhr hielt mein Herz nicht aus.

Ich hatte Emanuel wenig zu Nick und mir gefragt, das wollte ich in der nächsten Sitzung unbedingt tun. Ich wollte wissen, was das für eine Beziehung war, die wir miteinander führten. Dieses merkwürdige Ding zwischen Single sein und miteinander leben. Meine romantische Vorstellung von

Partnerschaft und Ehe und dahinter meine Angst vor zu viel Nähe und Verpflichtung. Das passte doch alles nicht zusammen! Immer wieder fragte ich Nick, ob er mich heiraten würde, aber ehrlich gesagt tat ich es nur, weil ich seine Antwort kannte, und die war: »Nein!« Das Nein resultierte aus seiner Abneigung gegenüber der Ehe, nicht gegenüber mir. Zumindest sagte er das mal …

Hätte Nick die Ehe als Möglichkeit in Erwägung gezogen, bestimmt hätte ich ihn nicht so häufig mit meinen Anträgen genervt. Ich wollte mit Nick leben und lachen, aber heiraten und ein gemeinsames Wohnzimmer wollte ich nicht. Selbst wenn ich allein darüber nachdachte, wurde mir ganz schwindelig von den ganzen Jas und Abers.

Die Vorstellung, immer mehr auf mich bezogen zu leben, betrachtete ich mit gemischten Gefühlen. Ich wollte keine alte, egozentrische Dame werden. Auf gar keinen Fall! Ich spürte aber auch, dass ich schon lange nicht mehr so auf den Rat von anderen Menschen angewiesen war, wie ich das aus meiner Vergangenheit kannte. Ich wurde mehr und mehr selbstständig, machte mich in vielen Dingen alleine auf den Weg und sah, wie alte Freundschaften dies nicht mitmachten. Es gab Frauen, die mich lange begleitet hatten und deren Leben seit Jahren auf der Stelle trippelte. Mal einen Schritt vor, mal einen zur Seite, aber es machte keinen Satz nach vorne. Für mich war das o.k. gewesen. Konnte es sein, dass diese Freundinnen meine Unruhe und meinen Hunger nach Entwicklung nicht aushielten? Dass es ihnen zu viel war, auch weil es sie an das eigene Zeitlupentempo zu oft erinnerte? Was wollte ich von diesen Menschen? Ganz sicher wollte ich nicht immer nur erzählen, sondern auch etwas erzählt bekommen. Ein beliebter Spruch von mir war zum Beispiel: »Ich teile später mein

Zimmer im Altenheim nur mit jemanden, der was zu erzählen hat, und dafür muss man was erleben!«

Eigentlich wollte ich aber nicht nur etwas erzählt bekommen, sondern ich wollte auch angeregt sein. Meine Freundinnen und Freunde sollten mir Anstöße geben, so wie ich das umgekehrt ja auch tat. Hatten sie diesen Anspruch gespürt und war er manch einem zu viel geworden? Wen vermisste ich wirklich von denen, die mich verlassen hatten? Bettina ganz sicher... aber sonst? Andere waren längst auf die Plätze gerückt, die frei geworden waren. Und bei diesen Menschen handelte es sich tatsächlich um neue Freunde, die mich inspirierten und auf neue Gedanken brachten. Je mehr ich mich öffnete, desto häufiger geschah dies. War nicht mein Gespräch mit Marlis das beste Beispiel dafür gewesen?

Nick erzählte ich erst einmal sehr wenig von meinem Gespräch mit Emanuel. Er fragte auch gar nicht groß nach. Ein paar Mal hörte er mit mir in die Kassette rein, entschied sich dann aber, diese Erfahrung ganz bei mir zu lassen. Das war gut. Die Themen, die ich bei Emanuel angeschnitten hatte, mussten gären oder wie kleine Samen in mir aufgehen. Wenn ich das zulasse, dachte ich, könnte ein kleiner hübscher Garten der Ruhe daraus werden. Es könnte sein, dass ich gerade Beete der Gelassenheit und Selbstliebe anlege, und ich stellte mir meinen Großvater vor, wie er seine Hand schützend über mich hielt und mich auf diesem Weg begleitete.

Sehr schnell vergingen die Wochen bis zu meinem nächsten Termin. Einerseits, weil ich immer wieder an Emanuel dachte, andererseits, weil ich viele kleine Aufträge hatte, die mich tagelang beschäftigten. Es war viel Kleinvieh, das zwar Mist machte, aber ein ordentlicher Misthaufen war noch nicht in Aussicht. »Du arbeitest zu viel!«, sagte Nick, und ich wusste nichts weiter zu antworten als: »Ja!«

Ich freute mich auf mein nächstes Gespräch mit Emanuel. Je öfter mir seine Worte durch den Sinn gingen, desto mehr Fragen tauchten auf. Sollte ich mir ein Konzept machen, damit ich nichts vergaß?

Als es so weit war, ich mein zweites Treffen mit Emanuel hatte und wieder aufgeregt vor Christiane Zimmers Haus parkte, ahnte ich instinktiv, dass ich kein Konzept brauchte. Es war nicht nötig. Ich konnte mich auf diese Treffen einlassen, als wären es Besuche bei einem weisen, alten Freund.

ZWEITER BESUCH

Mich selbst akzeptieren, damit ich andere akzeptieren kann

Die frohe Botschaft lautet: Ich bin von Gott ohne Vorleistung angenommen. Wenn der Mensch das verinnerlichen könnte, wären alle seine Sorgen zu Ende, er hätte keine Probleme mehr und könnte endlich beginnen, sein Leben zu leben, seine Möglichkeiten auszuschöpfen und sein wahres Selbst zu leben. Ich bin von Gott angenommen ohne Vorleistung. Damit aber der Mensch sich selbst annehmen kann, muss er zuvor heil werden. Nicht allein körperlich, sondern ganzheitliches Heilsein meint Körper, Geist und Seele.

Was hindert ihn daran? Ich will versuchen, es so zu erklären: Der Mensch lebt das »Ich« und das »Ego«. Das »Ich« formuliert den Willen, und das »Ego« setzt den Willen des Menschen um. Oft entsteht dabei eine große Diskrepanz. Eine Frau möchte sich zum Beispiel ein schönes Kleid kaufen. Sie geht in ein Geschäft, wählt eines aus, ist zufrieden mit ihrer Wahl und geht an die Kasse. Vor ihr stehen bereits einige Kunden, die ebenfalls bezahlen wollen. Es tritt jedoch eine Verzögerung an der Kasse ein. Wird diese Verzögerung nun akzeptiert, dann lebt der Mensch in Gleichklang. »Ich« und »Ego«

sind harmonisch. Ärgert sich die Frau über die Verzögerung und tut dies vielleicht noch lautstark kund, dann ist das »Ego« gereizt und die Frau fühlt sich innerlich angespannt. Die Frau möchte sich über ihr Kleid freuen, ist aber über das Warten an der Kasse sehr verärgert. »Ich« und »Ego« gehen nicht Hand in Hand, nicht in Harmonie, sie leben Kampf.

Aber wie kann ein Mensch in sein Heilsein finden, wie kann er sich annehmen, wenn »Ich« und »Ego« nicht wie Zwillinge miteinander gehen? Das ist das große Problem des Menschen. Je stärker das »Ego«, umso zerrissener der Mensch in sich selbst, denn dies ist ein Ausdruck von mangelndem Selbstwert. Je gelassener das »Ego«, je gelassener der Mensch.

Wenn ich mit diesen Worten beginne, so will ich dich dazu ermuntern, immer wieder in Selbstbeobachtung zu gehen und dich zu fragen: Wo lebe ich meinen mangelnden Selbstwert, wo wird mein »Ego« laut? Wo lebe ich die Verärgerung? Wo lebe ich die Wut? Wo lebe ich die Furcht? Wo lebe ich die Missgunst?

All dies sind Emotionen, die den Menschen in Befangenheit und Gefangenheit halten. Die Erlösung ist zu denken: Ich lebe meine Hingabe an die allumfassende Liebe. An die göttliche Liebe. Denn das bedeutet, ich muss keine Beweisnot mehr leben. Ich muss mich nicht mehr dem anderen darstellen, wie meiner Meinung nach es gut und richtig wäre, um von dem anderen angenommen zu sein. Nein, ich darf sein, wie ich bin. Und je stärker ich bin, wie ich bin, umso echter bin ich, umso natürlicher bin ich, umso heiler bin ich.

Das ist die große Herausforderung des Menschen. Menschen, die ihr »Ego« bereits in einem starken Maße neutralisiert haben, werden von den anderen Menschen geliebt. Sie sind willkommen, denn ihre Ausstrahlung signalisiert den anderen gelebten Selbstwert, Selbstvertrauen, auch Disziplin und eine innere Ordnung. Diese Menschen sind verlässlich und sie sind Wegbegleiter, weil sie etwas zu geben haben. Und nun beginnen wir mit deinen Fragen.

Unser erstes Gespräch hat mir sehr gut getan, Emanuel. Ich habe mich in der Zwischenzeit sehr ruhig und aufgehoben gefühlt. Ich habe oft an deinen Vorschlag gedacht, das Leben gelassener und vertrauensvoller zu nehmen. Und doch ist auch die Zerrissenheit immer wieder gekommen und auch dieser Arbeitsdruck. Ich will alles gut machen, weil ich Verantwortung trage, und das setzt mich immer wieder in ungute Spannung.

Aber sieh es doch so: Du forderst von dir sehr viel, weil du im Außen gefallen willst. Du sprichst zwar von Verantwortung, das ist schon richtig, aber lass uns das mal genauer betrachten.

Da ist dein Wünschen und Wollen nach Bestätigung. Ich habe eine gute Arbeit geleistet, denkst du, die von anderen anerkannt wird. Solange du diese Haltung hast, suchst du nach der Bestätigung von anderen. Das Lob von anderen ist für dich in Wirklichkeit ein Maßstab für deine eigene Zufriedenheit. Solange du diesen äußeren Maßstab hast, lebst du kein wirkliches Selbstvertrauen und gerätst immer wieder unter neuen Druck. Das kannst du übrigens auf alle Lebensbereiche übertragen. Wichtig ist, dass du dir sagst: »Was kann mir denn im schlimmsten Fall passieren? Dass meine Arbeit missfällt und bei meinen Kunden nicht ankommt.« Aber ist dies denn wirklich der schlimmste Fall? Geht davon deine Welt unter?

Mit Sicherheit leidet dein Selbstwert darunter, und diesem Gefühl weichst du aus, indem du dir einfach einen neuen Auftraggeber suchst. Das Spiel beginnt damit wieder von vorn, und du kommst erneut unter Beweisnot. Damit du diesen Leistungsdruck loswirst und wieder mehr Gelassenheit und Selbstgenügsamkeit leben kannst . . .

Selbstgenügsamkeit?!

Selbstgenügsamkeit ist nicht Askese, sondern bedeutet: Das, was ich bin, lebe ich!

Also, um diese Selbstgenügsamkeit zu leben, muss es dir im Grunde genommen egal sein, wie deine Arbeit oder etwas anderes von dir ankommt. Denn wenn es dir egal ist, jetzt nicht in eurem negativen Sinne, sondern wenn du es neutral angehst, dann lebst du die Entspannung und die Leichtigkeit. Und mit der Entspannung lebst du die Unbefangenheit und damit kann die Inspirationen kommen.

Ich habe gerade ein Buch gelesen, auf welche Weise man die Inspiration üben kann.

Ich gebe dir lieber folgendes Bild: Der Mensch hat drei Körper. Da ist der grobstoffliche Körper und über ihn wirkt der Mensch mit den Sinneswahrnehmungen: mit dem Sehen, Hören, Tasten, Riechen und dem Schmecken. Dann hat jeder Mensch noch einen Astralleib. Durch ihn wirkt er im Denken, Wollen, in der Vernunft, also im Konzipieren. In seinem Kausalleib ist er, wenn er etwas still betrachtet, Innenschau hält, meditiert und inne hält. Ihr nennt dieses Innehalten auch Kontemplation oder Gebet. Der Kausalleib ist die Verbindung mit dem kosmischen Bewusstsein, der allumfassenden Liebe. Ich sage dazu auch manchmal: Weltenarchiv.

Ist der Mensch in seiner Ruhe und wird nicht durch das Außen und durch inneres Nachdenken abgelenkt, dann ist er mit dieser Energie verbunden und kann Inspiration, Eingebungen und Einfälle empfangen. Er kann mit diesem Wissen daraufhin anfangen zu gestalten.

Es ist also gar nicht so wichtig, was du tust, sondern wichtig sind deine Echtheit, Wahrheit und Wahrhaftigkeit. Die sollst du zum Ausdruck bringen.

Wenn ich so darüber nachdenke, dann empfinde ich mich in meinem Lebensausdruck eigentlich wahrhaftig.
Das bist du ja auch. Aber du genügst dir noch nicht. Das ist ja das Problem! Du lebst sogar in einem sehr starken Maße deine Wahrheit und deine Wahrhaftigkeit. Aber da ist noch immer deine Sorge, dass deine Wahrheit und Wahrhaftigkeit von den anderen nicht erkannt oder angenommen wird.

Offenheit brüskiert. Die Menschen mögen es nicht, wenn ich es sage, wie ich empfinde.
Das Risiko ist da. Aber wenn es dich zurückhält, dann zeigt dir das, dass du noch immer eine Abhängigkeit vom Außen lebst.

Ja klar, ich will ja, dass sie mich mögen. Was habe ich von meiner Ehrlichkeit, wenn sich die Menschen von mir zurückziehen?

Wirst du von jemandem gelobt, dann wirst du durch die Anerkennung berührt und reagierst heiter und gelassen. Ich bin angenommen, denkst du. Ich bin verstanden worden in meiner Wahrheit.

Lehnt dich jemand ab oder kritisiert dich in irgendeiner Weise, dann ist die Berührung die Absage, das abfällige Wort, und die Wirkung ist Missstimmung, Bedrückung, Nachdenklichkeit, Verärgerung, Frustration, vielleicht sogar Wut.

All diese Emotionen zeigen, dass das Ego keine Befriedigung im Außen erfahren hat, und auch, dass der Selbstwert nicht gelebt wird.

Ich bin weder mir selbst noch anderen gegenüber so gelassen. Manchmal denke ich, ich bin viel zu direkt. Ich habe zum Beispiel eine Bekannte, Nora, mit der ich mich gelegentlich treffe. Sie hat einen Buchladen, und ich habe schon einmal einen Prospekt für sie erstellt. Ich treffe sie sehr gerne, auch um gemeinsam Ideen zu entwickeln, aber es gibt in mir auch eine Aggression ihr gegenüber. Wie soll ich denn damit umgehen? Ich kann doch nicht immer platzen, wenn mir danach ist!

Das heißt, dass du hin und wieder ganz gut mit ihr arbeiten kannst. Es gibt da eine Harmonie in der Zusammenarbeit. Habe ich das so richtig verstanden?

Ja, aber sie hat eine Krankheit, eine Essstörung. Sie ist magersüchtig. Ich frage mich, warum mich das so aggressiv macht. Denn es könnte mir ja egal sein.

Fassen wir noch einmal zusammen: Du arbeitest immer mal wieder recht gut mit ihr und trotz allem macht sie dich aggressiv. Also muss es einen Grund für die

Aggression geben. Jetzt sagst du, sie hat eine Essstörung. Essstörung ist ja immer der Ausdruck von Lebensverweigerung. Es ist die Lebensverweigerung, die dich an ihr stört.

Ja, aber dann könnte ich ja trotzdem sagen: Es ist ihre Geschichte.

Ja, das könntest du. Aber du identifizierst dich mit diesem Thema, lässt dich beeindrucken. Du bist ein Mensch, der vorangeht. Du willst Entwicklung, du möchtest bilden, du möchtest formen, du möchtest gestalten, du möchtest dein Potenzial ausleben, und das ist lebensbejahend. Du sagst: »Ich will mich mit dem Leben konfrontieren. Ich weiß, dass das Leben auch schmerzhafte Seiten hat, viele Verwundungen und Verletzungen. Aber trotz allem will ich mich ausschöpfen, will ich mich in meinem ganzen Sein erfahren.«

Ein Mensch aber, der eine Essstörung hat, der lebt dem Leben gegenüber eine Kränkung, die ihre Wurzel meistens in der Kindheit hat. Die Kränkung kann heißen, nicht genügend angenommen worden zu sein oder nicht genügend Beachtung gefunden zu haben und sich deswegen dem Leben verweigern zu wollen.

Und darin liegt nun euer beider Diskrepanz. Du preschst nach vorne und sie bremst im Grunde – auch wenn du sagst, ihr arbeitet recht gut zusammen. Aber das ist das, was im Feinstofflichen, im Unbewussten stattfindet.

Soll ich die Projekte mit ihr besser lassen?

Mach es so: Arbeite mit ihr hin und wieder zusammen, aber eröffnet kein gemeinsames Geschäft. Sie ist seelisch nicht stabil, aber wenn sie daran arbeitet, wird sich auch etwas daran verändern. Warte ab.

(Ohne dass ich bewusst auf dieses Thema lenken wollte, kamen mir Paarbeziehungen in den Sinn, die unter ähnlichen Fragezeichen standen. Immer waren dann zwei Menschen zusammen, die nicht mit und nicht ohne einander konnten oder wollten. Liebe war meist nicht der Grund, dass sie zusammenblieben, sondern etwas »funktionierte« oder »passte gut« und wurde gegen die nervenden Momente ins Verhältnis gesetzt. Ich versuchte, meine Überlegung Emanuel gegenüber zu formulieren.)

Das ist wie bei manchen Ehen. Die Frau will eigentlich weg, aber dann denkt sie sich, ach, mein Mann ist im Grunde doch ein Guter! Er zieht mir die Winterreifen auf und das Hausdach hält er auch in Ordnung, und einkaufen geht er auch. Eigentlich gibt es keinen Grund, ihn zu verlassen. Viele Menschen leben so zusammen.

Ja, da spricht dann die Bequemlichkeit. Es ist ja so: Manche Partnerschaften werden im Himmel geschlossen und andere auf Erden. Die im Himmel geschlossen werden, das sind wahre Liebesbeziehungen. Das bedeutet, der eine Partner akzeptiert den anderen in seiner Persönlichkeit und auch in seinen Eigenheiten. Das schließt Streit oder gelegentliche Unwilligkeiten nicht aus. Aber die Partner lassen sich gegenseitig ihre Persönlichkeit. Sie leben Achtung voreinander und darum auch das Vertrauen ineinander. Es werden nicht die Vorzüge des anderen geliebt, die vielleicht Bequemlichkeit verschaffen, sondern der andere wird um seiner Selbst willen, seiner Individualität willen geliebt. Das sind die himmlischen Partnerschaften.

Die irdischen, die mit der Motivation: Ach, sie sieht so gut aus! Oder: Er hat so eine gute Arbeit … oder: Er macht den Keller immer so schön sauber, während ich fernsehe und die Füße auf den Tisch lege. Das sind die egoistischen Partnerschaften. Die bringen keine Erfüllung und kein Wachstum.

Gibt es dann also doch diesen bestimmten Menschen, der zu einem gehört?
Ich will es einmal anders formulieren. Es gibt Menschentypen, mit denen ihr besser kommunizieren könnt als mit anderen. Und wenn dann noch eine Seelenverwandtschaft hinzukommt oder eine Begegnung aus einem früheren Leben, in der bereits einmal Bezug gelebt wurde, dann fühlt ihr euch natürlich auch emotional zueinander hingezogen. Dort, wo die gleiche Bewusstseinsebene gelebt wird, da ist Vertrautheit und Sicherheit. In den Begegnungen, in denen ihr diese Anziehung spürt und den Wunsch habt, das Leben mit diesem Menschen zu teilen, dort habt ihr meist auch frühere Leben miteinander geteilt.

Diese früheren Leben können so schön gewesen sein, dass ihr erneut eine Anziehung verspürt, oder es blieb zwischen euch etwas unerfüllt und nun findet ihr euch in diesem Leben, um dieses Unerledigte noch zu erledigen. Aber in diesen Begegnungen muss nicht zwangsläufig Liebe oder sexuelle Anziehung sein.

Aber bei mir ist es so: Bevor ich Nick traf, fühlte ich mich von vielen Männern schnell angezogen. So viel kann man ja gar nicht aufarbeiten.
Was ich eben gesagt habe, ist auch ein wenig oberfläch-

lich formuliert. Ausschlaggebend für Partnerschaften ist, wie die Frau ihr Verhältnis zum Vater und der Junge seines zur Mutter lebten. Diese Verhältnisse sind sehr prägend. Der Vater ist ja der erste Mann im Leben einer Frau und spiegelt ihr ein Mannbild vor. Und wenn die Tochter den Vater sehr verehrt und geliebt hat, dann wird sie in den anderen Männern den Vater suchen. Sie sieht einen besonderen Aspekt in einem Mann und meint dann, in diesem Mann den Vater gefunden zu haben. Oder sie findet etwas Wichtiges, das der Vater nicht hatte und das ihr fehlte.

Dasselbe gilt für die Männer und ihre Beziehung zu Frauen. Um sich selbst in der Liebe zu verstehen, muss ein Mensch sein Verhältnis zum Vater beziehungsweise zur Mutter geklärt haben.

Aber es gibt ja Menschen, die sich ein- oder zweimal im Leben verlieben oder eine Anziehung erfahren. Bei mir war das ja doch recht häufig. Ich frage mich, ob ich denn bei Nick jetzt angekommen bin.

Ich formuliere es mal so: Verlieben bedeutet, der andere spiegelt mir etwas, das ich selbst gerne leben würde. Eine sehr lebendige Frau fühlt sich zum Beispiel von einem Mann angezogen, der eine Situation still beobachtet. Er steht da, lächelt ein wenig versonnen und signalisiert ihr dadurch so etwas wie Ernsthaftigkeit. Wunderbar, denkt sie sich, da kann ich mich anlehnen und meine Lebendigkeit leben. Mit ihm bin ich wie das Kind, das von den Eltern versorgt wird. Er ist der ruhende Pol, und ich bin die Lebendige.

Der Mann fühlt sich ebenfalls von dieser Frau angezogen ... aber beide haben einander nicht durchschaut.

Sie haben sich nur oberflächlich gesehen. Plötzlich, in der Beziehung, stellt sich nämlich heraus, der Mann ist gar nicht ausgeglichen, sondern er schweigt und lächelt, weil er unsicher ist, und dies ist auch der Grund, warum er sich von dieser lebendigen und unbefangenen Frau angezogen fühlt. Sie hat etwas, das er gerne hätte.

Die Frau ist enttäuscht, denn der Mann ist nicht wirklich dieser Starke, der eine Situation durchschaut und durchblickt. Er gehört nicht zu denen, die da stehen und denken: »Ach, das muss ich gar nicht kommentieren, da schicke ich nur mein Lächeln hin!«

Nur wenn man in seinem Partner das liebt, was er wirklich ist, und nicht das, was man gerne hätte, weil es einem selbst fehlt, nur dann hat die Beziehung eine Chance, bestehen zu bleiben.

Bei solchen stillen Wassern, wie du diesen Mann beschreibst, werde ich besonders schnell schwach …

Du hast dich häufig angezogen gefühlt und bei diesen Männern Aspekte geliebt, die du in dir selbst gerne verwirklicht oder gelebt hättest. Je länger jedoch diese Beziehung gedauert hat, umso deutlicher hast du erkannt: Moment mal, ich habe mich geirrt, ich habe mich getäuscht, ich habe nur Vordergründiges gesehen, und darum hast du dich wieder zurückgezogen.

Menschen, die sich leicht verlieben, sind mit sich selbst noch sehr auf der Suche. Sie wollen sich im anderen finden. Im Grunde wollen sie sich selbst erfahren. Sie wollen wissen: Wer bin ich? Und der andere spiegelt es ihnen.

Wenn man mit einem Menschen länger zusammen ist, dann will man auch glauben, dass das jetzt die wahre Beziehung ist und die große Liebe. Ich habe mir vielleicht immer auch vieles schöngeredet.
Der Vorgang ist der: Ihr verliebt euch immer erst einmal. Und verliebt sein bedeutet ja, ich liebe das an anderen, was ich nicht habe und was der andere mir geben kann. Je länger Menschen aber in einer Partnerschaft leben, umso stärker beginnen sie, sich auch wieder auf sich selbst zu besinnen. Sie entdecken dabei am anderen, dass das, in das sie sich anfänglich verliebt haben, in Wirklichkeit vom anderen gar nicht gelebt wird. Da habe ich wohl geirrt!, denken sie sich. Das ist ja alles gar nicht so.

Aber in der Zwischenzeit ist etwas Besonderes passiert: Es hat sich nämlich eine Vertrautheit in der Beziehung gebildet. Die Menschen entdecken aneinander Eigenschaften, die ihnen zuvor gar nicht so aufgefallen sind, die sie mit der Zeit aber sehr zu schätzen gelernt haben. Und diese Vertrautheit und dieses Den-anderen-aufgrund-bestimmter-Verhaltensweisen-immer-mehr-Schätzen, lässt eine Beziehung immer stärker zusammenwachsen.

Aus zwei wird eins? Das will ich nicht!
Der Prozess des Zusammenwachsens bedeutet nicht automatisch, dass zwei Menschen eins werden. Eins zu werden würde ja heißen, dass beide ihre Persönlichkeit aufgeben und zu einer Persönlichkeit verschmelzen. Das kann nicht sein. Das wird auch nicht sein. Das gibt es nur in ganz seltenen Fällen, dass ein solcher Einklang und Gleichklang besteht. In der Regel ist es so, dass es Themen gibt, die miteinander geteilt werden und die

einander verbinden. Wenn die Themen groß genug sind, ist die Verbindung stabil. Ihr könnt dann leichter die Eigenheiten des anderen akzeptieren, auch wenn sie euch nicht gefallen.

So schön das ist, in einer Beziehung zu leben – je länger man zusammen ist, desto öfter gerät man doch auch in die Versuchung, mal eine Affäre zu wagen. Da stellt sich nun die große Frage: Soll man den Seitensprung dem Partner sagen oder nicht?
Partnerschaft zu leben ist eine Vertrauenssache. Wenn beide Partner wirklich reife Persönlichkeiten sind, dann wissen sie, dass der andere ihnen ein Begleiter für eine bestimmte Lebensspanne ist. Er ist nicht ihr Eigentum, er ist nicht ihr Besitz, sondern er begleitet freiwillig. Und deswegen gibt es auch keine Garantie, dass ein Mensch sich nicht auch einmal in einen anderen Menschen verliebt.

Bei einer Affäre macht ja die sexuelle Anziehung den großen Reiz aus. Da ist das Flirten, das Schäkern und das Necken. Ihr reizt aus, wie weit ihr gehen könnt.

Wenn ihr in einer guten Beziehung lebt, wäre es klug, sich über deren Wert bewusst zu sein, sie nicht zu gefährden und es beim Flirten zu belassen. In letzter Konsequenz wisst ihr nie, wie sehr sich euer Partner von euch verraten oder benutzt fühlt, geht ihr einer Affäre nach.

Moment, du sagst, dass der Partner sich benutzt fühlt. Ich dachte eher, dass das auf den Liebhaber oder die Geliebte zutreffen könnte.
Wenn der Partner wirklich seine Persönlichkeit und

Individualität lebt, dann wird er sagen: »Ich habe halt ein wenig Pech und einen Partner, der auch noch den Reiz bei anderen sucht.« Wenn er so in sich ruht, dann kann er das akzeptieren, denn er weiß, der andere ist nicht sein Eigentum. Wenn ein Mensch diese Seelenreife aber nicht hat, dann wird er sich gekränkt und verletzt fühlen, denn sein Selbstwert ist dann nicht stark genug. Das wirkt sich auch auf die Beziehung aus.

Wenn man seinen Partner liebt und die Beziehung nicht gefährden möchte, ist es zu empfehlen, sich nicht auf eine Affäre einzulassen.

Und was ist, wenn man sich verliebt?

Gegen das Verliebtsein ist, wie ihr Menschen sagt, ja »kein Kraut gewachsen«. Ihr fallt dann in einen Gefühlstaumel. Einerseits fühlt ihr euch euerem Partner verbunden, denn mit ihm lebt ihr Vertrautheit und eine stabile Beziehung – die ihr auch weiter leben möchtet –, aber euer Herz und eure Gedanken sind vorwiegend bei dem Menschen, in den ihr euch verliebt habt, und diesen Gefühlen gebt ihr in der Regel nach. Ihr könnt euch nicht dagegen wehren. Wenn ihr euch in einen anderen Menschen verliebt, dann wäre es jedoch fair, mit dem Partner darüber zu reden und ihm dies zu sagen.

Das gilt besonders dann, wenn ihr euch bereits im Klaren seid und wisst, dass die neue Liebe euch wichtiger ist als euer jetziger Partner. Dann müsst ihr es sagen, damit es zu einer Trennung kommen kann. Aber in der Regel befindet ihr euch in einer Zwickmühle. Ihr steht vor einer Weggabelung und wisst nicht, welche Richtung die beste ist.

Im Gespräch mit eurem Partner könnt ihr klären und

prüfen, wie wertvoll euch die Beziehung ist. Gemeinsam könnt ihr euch dann überlegen, wie ihr die Zeit überbrücken wollt, bis sich eine endgültige Lösung zeigt.

Sind für dich alle Beziehungen gleich, egal ob verheiratet oder nicht? Stellt der Gang zum Traualtar für dich einen Unterschied in der Ernsthaftigkeit einer Beziehung dar?
Beziehung ist Beziehung. Ihr habt, wenn ihr verheiratet seid, vor dem Standesamt oder in der Kirche euer Ja-Wort gesprochen. Das ist Ausdruck eines Willens, eines Vorhabens. Aber ihr habt doch keine Garantie, ob die Gefühle halten. Es wäre klüger, wenn ihr euch Treue bis zum Ende der Liebe versprechen würdet. Das wäre ehrlich. Das wäre wahrhaftig.

Es ist so schwer, wenn der andere sich neu verliebt.
Es geht ja hier um eine Entscheidung. Die ist leichter zu finden, wenn ein Partner es aushalten kann, dass sich der andere verliebt hat, und nicht mit Eifersucht reagiert, sondern sagt: »Hör zu. Mir ist unsere Partnerschaft sehr wichtig. Ich möchte an ihr festhalten. Und darum warte ich ab, bis du deine Entscheidung getroffen hast.« In diesem Fall wird kein schlechtes Gewissen von einem enttäuschten Partner provoziert, und damit gibt es auch keinen Widerstand, sondern der Mensch, der sich neu verliebt hat, kann neutral abwägen. Neutral ist jetzt vielleicht nicht das rechte Wort, weil er ja verliebt ist. Aber er kann trotzdem abwägen und sich sagen: »Bevor ich mich trenne, will ich abwarten, ob aus der neuen Verliebtheit tatsächlich eine ernsthafte Liebe erwachsen kann.«

Das ist für alle Beteiligten schwer auszuhalten.
Selbstverständlich!

Oft ist es ja so, dass es andere Partner aus früheren Beziehungen oder Ehen gibt. Wie wichtig sind die für eine neue Beziehung?
Sind gemeinsame Kinder vorhanden, dann spielen diese Partner füreinander immer eine Rolle. Der Partner, bei dem die Kinder leben, hat die Aufgabe, den Kontakt zum anderen Elternteil zu halten, damit die Kinder die Möglichkeit haben, sich auch von diesem begleiten zu lassen.

Sind keine Kinder vorhanden, dann kann sich die erste Partnerschaft in eine Freundschaft wandeln. Aber es kommt immer darauf an, wie ihr zu dem ersten Partner steht und wie stark eurer Wunsch ist, eine freundschaftliche Beziehung aufrechtzuerhalten. Wenn dieser Wunsch nicht vorhanden ist, dann gibt es auch keine Notwendigkeit.

(Okay, nun war es so weit. Ich musste, wie man so schön sagt »Butter bei de Fische« geben. Nun kamen Emanuel und ich an ein Thema, das mich sehr betraf, und ich konnte nicht länger um den heißen Brei herumfragen. Nick war vor unserer Beziehung verheiratet gewesen und hatte mit seiner Frau noch immer Kontakt. Ich fühlte oft Eifersucht, manchmal aber auch blinde Wut. Ich konnte nicht verstehen, warum er mit ihr noch immer eine solch vertraute Nähe hatte.)

Nick und seine frühere Frau sind immer noch sehr eng miteinander befreundet. Ich habe dafür nicht immer Verständnis.

Es gibt Paare, die sich in Freundschaft trennen können, und darum bietet es sich geradezu an, diese Freundschaft weiter zu pflegen, denn es wurden ja schließlich eine gemeinsame Zeit, Vertrautheit und auch Erwartungen in die Partnerschaft gelebt. Diese Zeit hat beide Menschen geprägt.

Ich darf bei den beiden allerdings nicht als Nicks neue Partnerin in Erscheinung treten. Seine Ex ist immer noch gekränkt.
Und er will sie nicht verletzen. Das ist das Problem. Dein Partner will ihr nicht weh tun. Er hat nicht die Kraft, ihr diesen Schmerz zuzumuten. Aber es wäre schon wichtig, dass er den Mut hat, ihr mit aller Deutlichkeit zu sagen: »Ich bin in einer neuen Beziehung!«

Nun, das weiß sie ja …
Dennoch. Er hat ihr gegenüber noch immer ein schlechtes Gewissen und fühlt sich ihr gegenüber verantwortlich. Aber das ist nicht notwendig. Sie ist nicht krank. Sie ist nicht schwach im Kopf. Also, in dem Moment, wo er aus seiner Verantwortung ihr gegenüber geht, gibt er ihr ja auch die Möglichkeit zu wachsen. Durch Begegnung, durch Konfrontation wird sie ja auch immer wieder daran erinnert, was sie verloren hat, was sie halten wollte. Und du sagst, du darfst nicht in Erscheinung treten, und es ist sogar besser, dass über dich gar nicht geredet wird.

Ich glaube schon, dass sie über mich reden, aber es ist besser, wenn ich nicht an Orten erscheine, wo sie sich möglicherweise aufhält. Geschieht dies doch, blickt sie durch

mich hindurch, und den Brief, den ich ihr mal schrieb, hat sie nie beantwortet.
Das ist der Ausdruck dafür, dass sie noch gekränkt und beleidigt ist. Das zeigt sich typischerweise auch darin, wenn jemand über seine Nachfolgerin oder den Nachfolger so spricht, als seien dies die Bösen. Also nicht der Partner, der ja gegangen ist, sondern die Person, die den Partner weggenommen hat. Scheinbar weggenommen. So nennt ihr das ja. Das ist aber Unsinn, denn wenn man sich neu und ernsthaft verliebt, dann nehmen sich ja diese beiden Menschen. Keiner kann einem anderen einen Menschen wegnehmen.

Solange sie dies nicht akzeptieren will, wird sie leiden, und solange sie leidet, wird sie den Vorwurf leben und verschließt sich damit ihre Chancen.

Ein wenig bewegt sich da zum Glück.
Ihr sagt: Die Zeit heilt Wunden. Und selbstverständlich wird auch dieser Schmerz in ihr ausklingen oder abklingen. Aber beim einen geht es halt schneller und beim anderen langsamer. Es kommt darauf an, wie stark die Persönlichkeit ist. Siehe, verlassen zu werden bedeutet ja immer zu verlieren, Verlust zu erleiden und ist damit mit Trauer verbunden. Ihr verliert einen Menschen oder ein Wunsch realisiert sich nicht oder ihr wollt gerne etwas festhalten.

Lass es uns so sagen: Wenn ihr einen Menschen verliert, trauert ihr um das, was ihr verloren habt, oder um das, was nicht sein wird. Da ist es sehr wichtig zu trauern, damit der Schmerz sich ausleben kann und nach der Trauer der Lebensfluss erneut beginnt. Je reifer ein Mensch ist, umso eher wird er diese Trauer in Stille und

Würde tragen. Er macht sie mit sich aus und macht nicht seine Umwelt dafür verantwortlich. Und er ist sich dessen bewusst, dass auch er einen Teil dazu beigetragen hat, dass es zu dieser Trennung kam.

(Das konnte noch ein bisschen dauern. Aber Emanuels Worte besänftigten etwas meine aufgewühlten Gedanken. Ich musste abwarten, bis Nick und seine frühere Frau ihre alte Beziehung verabschiedet hatten und sie sich auf die Tatsache einließ, dass er nun mit mir verbunden war. Irgendwie konnte ich sie ja auch verstehen, so war das nicht. Wenn es mich nicht mehr so nervte, dann wollte ich schon zufrieden sein. Ändern konnte ich daran ja sowieso nichts, und an der Zeit zu drehen, die all das brauchte, war auch nicht möglich. Besser also, ich besann mich auf mich selbst und meine Beziehung mit Nick. Es gab da genug, was ich immer mal wieder genauer betrachten wollte.)

Paare wohnen üblicherweise zusammen. Nick und ich wollen das nicht. Manchmal werden wir deswegen etwas misstrauisch beäugt. So, als hätten wir entweder keine richtige Beziehung oder als hätten wir »es« noch nicht kapiert. Wie siehst du das?
Das kommt jetzt wieder darauf an, wie stark die Persönlichkeit ist. Je stärker sie ist und je gefestigter das Selbstbewusstsein, das Selbstvertrauen und die Eigenständigkeit, umso weniger benötigt ein Mensch eine andere Person. Er ist sich selbst genug. So ist das bei euch. Damit will ich nicht sagen, dass ihr zwei Eigenbrötler seid. Ganz und gar nicht. Jeder von euch beiden weiß nur seine Zeit allein auszufüllen und zu gestalten. Wenn du es so siehst, dann wird es ganz verständlich, dass ihr

keine solche Nähe wollt, also dass ihr die Distanz lebt. Das schließt nicht aus, dass Freundschaft und Partnerschaft gelebt wird. Aber zu viel Nähe würde für euch bedeuten, dass ihr in eurer individuellen Beweglichkeit eingeschränkt seid, und in letzter Konsequenz ist ein anderer Mensch euch nicht so wichtig, dass ihr euch von ihm einschränken lassen wollt.

Darf man denn so denken? Es heißt doch immer, man sei dann nicht liebes- oder beziehungsfähig.
Nein, das hat gar nichts damit zu tun. Liebesfähigkeit heißt doch nicht: Ich habe dich so lieb und deshalb musst oder sollst du bei mir sein! Das wäre Egoismus und nicht Liebe.

Aber viele Menschen, die so leben, behaupten, dass sie sich lieben. Sie betrachten es sogar als eine gewisse Voraussetzung, den anderen zu brauchen und wann immer es geht um sich zu haben.
Wenn man jetzt überhaupt von Liebe sprechen wollte, müsste man dies »emotionale« Liebe nennen.

Wenn Menschen auf diese Weise lieben, klingt das etwa danach: »Ach, ich liebe dich so, du bist so schön und deshalb sollst du mir ständig gegenübersitzen, damit ich dich immer anblicken kann.« Oder: »Ach, du kannst so wunderbar kochen und deshalb bin ich so gerne bei dir, weil ich da so gut verköstigt werde.« Oder: »Du kannst so schön tanzen und alle blicken nach dir, wenn du tanzt, und darum sollst du mein Partner sein.«

Das ist aber keine Liebe! Das ist besitzen und festhalten wollen. Siehe, dort, wo wahre Liebe gelebt wird, allumfassende Liebe, wird der andere in seinen Bedürfnissen geachtet und respektiert. Es ist aber so, wenn der eine Freiheitsdrang hat und immer mal wieder Abstand benötigt, um mit sich selbst zu sein, und der andere diesen Abstand nicht akzeptieren kann, weil er gerne Nähe leben möchte, dann muss entweder ein Kompromiss gefunden werden oder das Paar sollte sich trennen. Wenn sich die Partner nicht so wichtig sind, wird dies auch geschehen.

Also, es ist nicht Liebe, sondern »emotionale« Liebe, wenn jemand sagt: »Du gehörst mir, und ich will, dass du neben mir sitzt.«

Das erinnert mich an verschiedene Familienfeste …
Ja, das ist auch ein gutes Beispiel. Bei einer Familienfeier oder wenn ein Verein ein Fest feiert: Sind Ehepaare eingeladen, dann sitzen sie meistens nebeneinander. Warum eigentlich? Die haben sich doch ständig! Warum suchen sie sich denn nicht verschiedene Plätze, damit sie sich mit den anderen Gästen besser unterhalten können? Sie würden auf diese Weise inspiriert werden und hätten später etwas, das sie sich erzählen könnten. Wenn man sich gegenseitig festhält, dann hat man Angst vor Verlust.

Wie würdest du denn Liebe beschreiben? Was ist wahrhaftige, was ist allumfassende Liebe, wie du es vorhin nanntest?
Allumfassende Liebe will nicht besitzen. Wahre Liebe, allumfassende Liebe, schenkt. Sie schenkt sich.

Lass mich so beginnen: Ein Mensch, der sich wahrhaft liebt, der sich genügt, der betrachtet sich und andere Menschen wohlwollend. Er akzeptiert sich selbst und sein Verhalten und kann deswegen auch andere Menschen und ihre Verhaltensweisen akzeptieren, auch wenn sie für ihn nicht nachahmenswert oder nachvollziehbar sind. Es ist durchaus möglich, dass er sagt: »Das mag für diese Person zutreffen, aber ich würde es nicht tun.« Aber er akzeptiert den anderen in seinem Anders-Sein. Er reibt sich nicht an ihm und er verurteilt ihn nicht. Er nimmt den anderen als einen Ausdruck göttlicher Schöpfung an. Großes Verständnis und Mitfühlen liegt einem solchen Denken zugrunde.

Ein Mensch, der so denkt, erkennt die Vorgeschichte eines anderen Menschen an. Er berücksichtigt, dass es vergangene Leben sowie Prägungen in diesem Leben gibt, von denen er nichts weiß. Dass dieser Mensch Erfahrungen und Erlebnisse hatte, die dazu führten, dass er heute so ist, wie er ist.

Ihr könnt die Vergangenheit nicht mehr miteinander teilen oder verändern, aber ihr könnt euch dafür öffnen, warum ein Mensch bestimmte Ansichten und Verhaltensmuster hat. Jemanden zu verstehen bedeutet, die Ursache zu ergründen. Wenn man die Ursache kennt, kann man einen anderen Menschen in seinem Verhalten leichter akzeptieren.

Hast du ein Beispiel?

Also sagen wir, ein Mensch gerät leicht aus der Fassung. Er beginnt, laut zu werden. Ihr sagt dann natürlich: »Das gefällt mir nicht. Das ist mir unangenehm. Ich fühle mich bedroht.« Oder die Situation ist euch peinlich, weil der Nachbar vielleicht alles hören kann. Ihr schämt euch, weil euer Partner derart die Selbstbeherrschung verliert. Wenn ihr den Partner wirklich liebt, dann wollt ihr wissen, was hinter seinem Verhalten steckt. Ihr seht dann auch die Not, die dahinter steckt, denn laut zu werden bedeutet immer, etwas übertönen zu müssen, um es wegzudrängen.

Stell dir vor, du wärst allein unterwegs und es käme jemand auf dich zu, der dich ernsthaft bedrohen würde. Wie würdest du reagieren?

Vermutlich um Hilfe schreien...

Richtig. Entweder trittst du ihn oder du schreist. Und mit diesem Schreien willst du nicht nur andere Menschen alarmieren und um Hilfe rufen – das ist vielleicht das Ergebnis deines Schreiens –, sondern du willst erst einmal durch deine Lautstärke den anderen wegschreien und damit auch wegdrängen. So ergeht es dem lauten Partner möglicherweise auch: Er will aus Angst jemanden wegschreien. Wenn ich aber weiß, warum der andere sich nicht beherrschen kann, wenn ich von der Not erfahre, die sich dahinter verbirgt, dann kann ich dem Verhalten vielleicht anders begegnen.

Deswegen muss man dieses Verhalten noch lange nicht akzeptieren. Und es bleibt auch weiter lästig. Aber es entsteht Verständnis. Wenn wir ein Verhalten verstehen, ziehen wir uns nicht automatisch zurück, sondern erkennen, dass dieser Mensch vielleicht Hilfe benötigt, die wir ihm anbieten können. Das heißt, einem anderen Menschen Achtung und Achtsamkeit zu geben. Und das ist die Basis für wahre Liebe, für emotionsfreie Liebe. Sie liebt nicht jeden Menschen mit Herzklopfen oder sexueller Anziehung, aber sie sieht in jedem Menschen den Ausdruck göttlicher Schöpfung.

Nach dem Motto: Wir haben uns alle lieb?
Nein, Achtung schließt nicht einmal ein, dass ihr das Bedürfnis verspürt, mit jedem Menschen in Kontakt zu stehen. Geht ja gar nicht. Menschen haben unterschiedliche Interessen und Charaktereigenschaften, unterschiedliche Vorstellungen und Werte, die gelebt werden und die nicht immer zusammenpassen. Aber ein Mensch wird deswegen nicht verurteilt. Wenn man einen anderen achtet, kann man ihn lassen und damit auch gehen lassen.

Aber genau das meine ich, wenn ich dir von meinen Schwierigkeiten mit Nora, der Bekannten mit der Essstörung, erzähle. Das ist ja mein Wunsch, sie einfach zu lassen und anzunehmen, wie sie ist – aber es klappt nicht richtig.
Deine Emotionen lassen es noch nicht zu. Da ist dein Wunsch und Wille. Aber das ist eine Sache des Kopfes und keine des Gefühls. Weil ihr beide da Diskrepanz lebt. Weil ihr da in ganz unterschiedliche Richtungen geht.

Und soll ich denn bei mir dran arbeiten oder es akzeptieren, dass ich nun mal empfinde, wie ich empfinde?
Wenn du weiter daran arbeitest, dann hast du die Chance, diese Emotion zu erlösen. Dann bist du gewachsen. Wenn du aber merkst, das behindert mich im Lebensfluss, ich schaffe es nicht, dann hat das keinen Sinn, wenn du dich zu sehr quälst. Wenn du die Ursache kennst, dann kannst du dich dem Thema auch besser annähern.

Sie zeigt ja eine Art von Lebensverweigerung. Ein erster Schritt wäre, dass du einmal mit ihr darüber sprichst. Du kannst sie fragen: »Was stört dich denn am Leben? Was behindert dich am Leben? Welche Erfahrungen hast du gemacht, dass du Essstörungen hast?«

Schließlich ist da ja etwas vorausgegangen, das die Essstörung ausgelöst hat. Jetzt kann sie sagen: »Weiß ich nicht. Da ist nichts gewesen.« Wenn sie das sagt, dann ist die Bereitschaft noch nicht da, das Thema betrachten zu wollen, oder der Schmerz ist noch nicht groß genug.

Aber ist das nicht die Aufgabe von einem Therapeuten, solche Gespräche zu führen?
Das wäre sicher klug, dort hinzugehen. Aber vielleicht weiß sie um ihr Problem noch gar nicht. In diesem Fall könntest du für sie ein Anstoß sein.

Ich glaube, sie geht sogar zu einem Therapeuten.
Das zeigt, dass sie bereit ist, das Thema anzugehen beziehungsweise nun die Chance besteht, dass sie das Thema löst. Und wenn sie es gelöst hat, dann wirst du merken, dass die Aggression nicht mehr da ist. Ich sagte es bereits ... warte ein bisschen ab, wie es sein wird, wenn ihr euch wieder seht und miteinander sprecht.

(Nun, das war immerhin ein kleiner Lichtblick. Vielleicht können meine Treffen mit Nora künftig entspannter ablaufen. Doch eine Frage brannte mir noch unter den Nägeln – in Bezug auf Nick.)

Ich habe noch eine Frage zum Thema Beziehung: Dürfen Partner voreinander Geheimnisse haben?
Ihr seid Persönlichkeiten und Individuen, und jeder Mensch hat auch das Recht auf sein Eigenleben, auf

seine persönlichen Gedanken, sein eigenes Tun und Handeln. Wenn nun beide Partner sich wirklich lieben, dann wird sich gar nicht die Notwendigkeit von Geheimnissen stellen. Ihr lebt doch nur Geheimnisse, wenn ihr dem anderen etwas vorenthalten wollt. Zum Beispiel wollt ihr ihm eine Information nicht geben, weil ihr entweder nicht wisst, wie er reagiert, oder weil ihr Angst habt, ihn mit einer Information oder Handlung zu kränken, zu verletzen oder zu verärgern. Vielleicht befürchtet ihr auch, dass er sich von euch abwendet, wenn er Bescheid weiß. Das sind die Motive von Geheimnissen.

Grundsätzlich könnt ihr tun und denken, was ihr wollt. Aber wenn Geheimnisse da sind, dann ist das immer ein Zeichen dafür, dass ihr nicht wirklich Vertrauen in die Partnerschaft lebt. Wenn ihr den anderen mit eurem Geheimnis konfrontiert, gebt ihr ihm die Gelegenheit, dass er an sich arbeitet.

Wie? Das verstehe ich nicht. Wer soll an sich arbeiten? Bitte gib mir ein Beispiel.

Was nehmen wir als Beispiel? Eine Frau hat sich mit einem Mann heimlich getroffen. Wieso hat sie dies heimlich getan? Weil sie Angst hatte, ihren Partner zu verletzen und ihn zu enttäuschen! Sie fürchtet sich vor seiner Reaktion. Wenn sie ihm aber die Wahrheit sagt, dann konfrontiert sie ihn mit einem Schmerz. Wenn es ihn verletzt, dass sie sich mit jemand anderem getroffen hat, dann ist das ein Zeichen für sein mangelndes Selbstbewusstsein und Selbstwertgefühl. Und darum geht es in Wirklichkeit. Die Probleme beginnen, wenn ein Mensch mangelnden Selbstwert lebt und sich nicht selbst genügt. Also muss er den anderen festhalten. Das ist aber wieder »emotionale« Liebe! »Ich will das nicht! Du hast mir dein Ja gegeben!« Wie schön wäre es aber, wenn die Frau sagen könnte: »Stell dir vor, ich habe heute mit Kurt einen Kaffee getrunken. Er hat mit mir telefoniert, und wir haben uns gleich getroffen.« Und der Partner würde antworten: »Ach ja? Wie war's? Erzähl mal.« In diesem Fall reagiert er nicht mit Eifersucht und Verlustangst, sondern ist wirklich und ehrlich interessiert. »Wie war es denn?«, könnte er fragen und auch: »Was habt ihr denn alles besprochen? Mögt ihr euch noch so wie früher?« Das wäre sehr befreiend.

Meine Güte, ist das alles kompliziert ... Ich habe jahrelang allein gelebt, ohne Mann, und ich muss dir sagen, dass ich das eigentlich auch sehr schön fand. Ich finde, dass in unserer Gesellschaft die Beziehung zwischen Mann und Frau in jeder Hinsicht als wichtiger gesehen wird, als sie vielleicht wirklich ist.

Aber jetzt überlege doch einmal: Die natürlichste Form einer Gemeinschaft ist die Partnerschaft, ist die Familie. Denn dort, wo Partnerschaft ist, kann Familie gegründet werden, und damit wird ja Überleben gesichert. Denk an den Kinderreichtum in früheren Zeiten oder wie es ihn heute noch in den Ländern gibt, die ihr Dritte-Welt-Länder nennt. Die vielen Kinder sichern dort das Überleben der Alten.

Beziehung und Vermehrung ist in euren Zellen festgelegt, denn so wurde über Jahrtausende gelebt. Es ist wie ein Programm, das in euch abläuft. Und deswegen ist für viele Menschen die natürlichste Lebensform die Partnerschaft, und viele Menschen sehnen sich nach ihr.

Aber du kannst auch beobachten, je stärker sich die Individualität und der Intellekt eines Menschen ausprägt, umso stärker hat er auch das Bedürfnis, alleine zu leben, beziehungsweise umso besser kann er alleine leben. Er ist nicht auf die Unterstützung oder Unterhaltung anderer Menschen angewiesen.

Viele Menschen, die sich sehr mit sich selbst auseinander gesetzt haben und an sich gewachsen sind, leben in späteren Jahren ihre Beziehung oft sehr locker. Der eine kann den anderen gehen lassen, auch wenn das nicht immer leicht fällt.

Manche Menschen müssen ihren Weg gehen, und die Partner akzeptieren dies oder trennen sich. Betrachte nur mal die Meister, die Erleuchteten. Selbst wenn sie Partnerschaft lebten, so sind sie doch im Grunde aus der Partnerschaft herausgegangen. Da hat nie Scheidung stattgefunden. Aber die Ehe vollzog sich nicht mehr im alltäglichen Sinn. Es ist immer ein Ausdruck von starker Persönlichkeit, von Intellekt und großer Seelenreife, wenn ein Mensch seinen Weg freiwillig alleine geht. Ist es so deutlich?

Es ist deutlich so.

Also: Die Herausforderung des Menschen ist, innerhalb einer Beziehung sich leben zu können. Nicht auf Kosten eines anderen, sondern die Partner haben die Kraft, einander in ihrem Anderssein wahrhaft zu akzeptieren.

Viele Menschen halten diese Anforderung nicht aus. Sie fühlen sich dabei einsam, und kaum sind sie wieder Single, suchen sie sich einen neuen Partner.

Solange der Mensch sich einsam fühlt, ist er nicht reif

für eine neue Partnerschaft, denn er sucht ja dann in dem Partner wieder nur Ablenkung von sich selbst.

Wenn ein Mensch auch gerne mit sich allein ist, benötigt er eine neue Partnerschaft nicht mehr zwangsläufig, aber wenn er sich dann verliebt, ist dieser Partner ein Geschenk, eine Zugabe für sein Leben. Und das sind die idealen Beziehungen. Solange das Ego sich binden will, wird immer auch mit einer Art von Schuld gearbeitet. »Du schuldest mir was!«, sagen dann diese Menschen. »Ich opfere mich hier auf, und du machst, was du willst!« Siehe, das kann keine befriedigende Beziehung sein.

Na ja, dann bin ich vielleicht sogar auf dem rechten Weg?
Nun, dein Lernprozess heißt: Ich genüge mir. Ich nehme mich an. So, wie Gott mich angenommen hat. Ohne Vorleistung. So, wie ich jetzt bin, darf ich sein. Darum bin ich noch förderungswürdig. Darum muss ich noch an mir arbeiten. Aber zuerst einmal akzeptiere ich mich, und dann beginnt die Arbeit. Denn wenn ich mich akzeptiere, leiste ich dem, was mir an mir nicht genügt, keinen Widerstand mehr. Und diese Energien, die frei werden, weil ich den Widerstand aufgebe, kann ich nutzen, um mich zu verändern und zu verwandeln.

Ich werde darüber nachdenken. Danke.
Also: Gehe, mein Kind, in dem Wunsche und in dem Willen, dir immer stärker zu genügen, dir zuzulächeln und dir zu sagen: Ja! Denn wenn ich dem genüge, durch den ich bin, der mich beseelt hat und der mir seinen Geist eingegeben hat, dann darf auch ich mir genügen. Dann kann auch ich endlich mit mir Frieden schließen.

Wir, mein Kind, wir helfen dir dabei. Mit all dieser unserer Liebe. Wir legen sie dir in dein Herze. Wir legen dir in dein Herze die Heiterkeit der Erkennenden, die Gelassenheit der Wissenden und die Geduld der Vertrauenden.

Mein Friede, er geht an deiner Seite.

Emanuel.

Die Gedanken, die ich mit Emanuel ausgetauscht hatte, seine Fürsorglichkeit und manchmal auch Strenge begleiteten mich die nächsten Tage. Sie waren wie Teeblätter, die in heißes Wasser gegeben werden, nach unten sacken und dann, bei jedem Umrühren, erneut aufwirbeln.

»Darf ich mir genügen?«, fragte ich mich immer wieder. Ich beobachtete mich und stellte fest, wie eisern das Arbeits- und Verhaltenskorsett war, das ich mir selbst geschneidert hatte. Ich war konsequent, diszipliniert, blieb an meinen Arbeiten dran, auch wenn sie mir nicht gefielen, und achtete darauf, dass selbst Freizeitaktivitäten eingeplant und eingehalten wurden, geradeso als wären es Besuche bei einem unverzichtbaren Kunden. Meine Zuverlässigkeit hatte sich mit den Jahren in eine eiserne Rüstung gewandelt. Wie der Panzer einer Arbeitsameise. Ich rannte den ganzen Tag, schaffte, machte und tat und reagierte sauer, wenn meine Umgebung nicht die gleiche Betriebsamkeit wie ich an den Tag legte.

Als ich Nora das nächste Mal traf, ging ich mit meinen Gefühlen wach und vorsichtig um. Wir saßen eine Weile zusammen. Irgendwann, ohne dass ich direkt gefragt hatte, erzählte sie mir, wie schwierig es für sie ist, ihren Körper zu akzeptieren. Ich konnte dabei nur nicken, denn auch ich war viele, viele Male in meinem Leben nahe daran gewesen, nicht nur den Badezimmerspiegel, sondern auch meine Körperwaage wütend aus dem Fenster zu werfen. 1000 Diäten und 2000 Diätversuche lagen hinter mir. War ich denn eins mit meinem Körper? »Mal mehr, mal weniger«, war die einzige Antwort, die mit dazu einfiel, und Rückschläge waren auch »mal mehr, mal weniger« zu erwarten. Immerhin, je mehr ich darüber nachdachte, desto besser erging es mir mit meinem Körper und meinem Gewicht. Und auch mit Nora! Denn dank dieses »An-die-eigene-Nase-Fassens« spürte ich so etwas wie Mitgefühl leise in mir keimen. Nora war mir auf einmal nicht mehr so fremd. Ihre dünnen Ärmchen bedeuteten nicht mehr ausschließlich Provokation. Auch wenn ich diese Einsicht trainieren musste, als wäre es das kleine emotionale Einmaleins.

Emanuel war jeden Tag in meinem Kopf, wenn auch manchmal nur ein paar Minuten. Hin und wieder suchte ich eine bestimmte Stelle auf der Kassette. Es waren kurze Momente des Trostes und des Nachdenkens. Wie sah das eigentlich aus, wenn ich mir selbst genügte? Wie musste ich mich dafür verhalten, wie sahen dann meine Arbeitstage aus, wie mein Liebesleben? »Allein wenn ich darüber nachdenke, wie ich mir selbst genügen könnte, entwickele ich daraus ein Programm«, jammerte ich meiner Freundin Marlis die Ohren voll. Aber ich dankte ihr auch immer wieder dafür, dass sie mich ermutigt hatte, mit Emanuel zu sprechen. »Er tut mir einfach gut!«, beschrieb ich diese Treffen in einem Satz. Und auch die Kassetten waren weiter für mich hilfreich. Sie waren mir wie kleine Inseln im Alltag. Ich hörte sie mir an und dachte über mich und meine Beziehung nach.

Nein, Nick und ich, wir lebten tatsächlich nicht das, was man eine herkömmliche Beziehung nannte. Kein gemeinsames Bett, kein gemeinsamer Stuhl, keine Kinder, kein geplanter Hausbau und keine Weihnachtsfeste mit Omama. Ich war gerne mit Nick zusammen, aber ich war auch sehr gerne allein mit mir. Der Gedanke, mit ihm zusammenzuleben, oder überhaupt mit einem Mann eine Wohnung zu teilen, ängstigte mich mehr, als dass ich darin einen Gewinn sah. Ich dachte nicht ans gemeinsame Älterwerden, sondern plante von Tag zu Tag.

Wenn Nick sich mit seiner früheren Frau traf, um über die Vergangenheit zu sprechen und die neue Freundschaft zu pflegen, war es nicht mehr so, als sei meine Seele ein wütender Kettenhund, der an seiner Kette riss und laut klagend bellte. Ich versuchte zu verstehen, und manchmal erkundigte ich mich auch, ob Nick Schuldgefühle verspürte. Ich nahm, wie man so schön sagt, den Druck raus, aber auch das gelang mir an einem Tag besser als am anderen. Ich war auf dem Weg. Ich musste nicht perfekt sein, auch nicht in meinem Verständnis für andere. Mir selbst auch da genügen und nicht länger über mich hinweggehen, damit sich niemand an mir stört. Es war ungewohnt, erst einmal nachzufühlen, was ich brauchte, bevor ich hinsah, was andere brauchen könnten.

Immerhin – und dafür war ich sehr dankbar – konnten Nick und ich wieder besser miteinander sprechen und planten bewusst Zeit füreinander ein. Unsere Liebe war doch zu kostbar, als dass man ihr die paar freien Stunden ließ, die zwei Terminkalender aufeinander gelegt noch ergaben. Wir wussten, was wir aneinander hatten, und wollten das auch bewahren und erhalten. Ich nahm mir nicht mehr die Beziehungen meiner Freundinnen als Schablone. Es war mir klar, dass ich das so nicht wollte. Ja, ich wollte lieben und dennoch frei sein. Und Nick wollte das auch. Eigentlich konnten wir doch sehr froh sein, dass wir wenigstens in diesem Punkt einer Meinung waren. Es hätte doch viel »schlimmer« kommen können.

Als ich mit Nick das nächste paarbestückte Familienfest besuchte, fühlte ich mich zum ersten Mal nicht mehr als »Falschgeld«, was unsere Beziehung anging, sondern sah es so, dass wir unsere Liebe einfach offener und anders lebten. Es stimmte, wir konnten einander lassen, brauchten den anderen nicht, damit es uns besser ging, sondern es war einfach gut, dass es den anderen gab. »Wir sind zwei Singles, die eine Beziehung miteinander leben«, sagte ich auf einer unserer langen Autofahrten, und Nick wusste sofort, was ich meinte.

Ich versuchte, gnädiger mit uns und mit mir selbst zu sein, aber auch darin war ich wie ein Abc-Schütze. Die alte, genaue und konsequente Karoline war mir zu vertraut, als dass ich sie so einfach gehen lassen konnte. Ich nahm mir vor, beim nächsten Treffen Emanuel noch einmal dazu zu befragen. Aber das war gar nicht nötig. Emanuel begrüßte mich bereits mit diesem Thema.

DRITTER BESUCH

Liebe, Treue und Schönheit

Friede dem Herzen, Freude am Leben durch Achtung vor dir selbst. Gott zum Gruße, mein geliebtes Kind. Einen Menschen zu achten bedeutet, Gott in ihm zu achten. Einen Menschen zu verachten bedeutet, Gott in ihm zu verachten. Einen Menschen zu loben bedeutet, Gott in ihm zu preisen. Siehe, mein Kind, das setzt natürlich voraus, dass der Mensch auch von sich glaubt, Ausdruck göttlicher Schöpfung zu sein.

Wenn ein Mensch das für sich erkannt hat, dann spricht er mit sich: »Wenn ich Ausdruck göttlicher Schöpfung bin, dann ist auch der Gottesfunke in mir. Dann lebe auch ich Göttlichkeit. Aber diese Göttlichkeit und damit allumfassende Liebe ist in mir noch wie eine Knospe oder wie ein Same, der zu sprießen beginnt, aber noch nicht seinen Ausdruck lebt.«

Wenn ein Mensch sich als göttliche Schöpfung erkannt hat, dann wird er sich bemühen, diesen Samen in die Reife und ins Wachstum zu führen, damit daraus eine Pflanze entstehen kann. Das ist das Sinnen und Trachten aller Menschen, egal, ob sie einen geistig-spirituellen Weg gehen oder nicht. Sie trachten danach, ihren Ausdruck zu finden, sich zu erfahren und sich leben zu können.

Emanuel, du hast das beim letzten Mal bereits angesprochen, und ich möchte heute mehr dazu erfahren. Ich möchte mich selbst mehr achten. Aber es ist schwer.

Das ist aber wichtig, denn nur wenn du Achtsamkeit und Achtung dir gegenüber lebst, ist es dir möglich, dein ganzes Potenzial zu erkennen und auszuschöpfen. Ein Mensch, der sich nicht achtet, kritisiert sich permanent selbst. Seine Energien und das, was er an Möglichkeiten und Fähigkeiten in sich trägt, können sich deswegen weder entfalten noch entwickeln, denn die Selbstkritik nimmt den Raum ein, den die Entwicklung braucht.

Wenn du dich selbst lobst und deine Leistung anerkennst, indem du zum Beispiel sagst: »Das habe ich aber gut gemacht. Das ist schön! Das war aber geschickt von mir!«, heißt das nicht, dass du dich selbst übertrieben aufwertest. Nein, es zeigt nur, dass du erkennst, welche Fähigkeiten in dir sind. Welche Gaben in dir schlummern.

Ein solches Lob zu sich selbst gesprochen ist nicht nur eine tiefe Befriedigung für den Menschen, sondern auch eine Animation, weiter zu experimentieren und sich auch weiter auf sich einzulassen, um sich damit noch besser kennen zu lernen. Auf diesem Weg findet der Mensch immer größere Freiheit und Befriedigung.

All das, was ihr an Leistungsmöglichkeiten in euch entdeckt, macht euch zufrieden und unabhängig. Und noch mehr: Weil ein zufriedener Mensch mit sich großes Wohlwollen lebt, wird er auch seinen Nächsten gegenüber wohlwollend sein und damit Akzente des Friedens setzen.

Bin ich denn noch immer zu streng mit mir und anderen?
Siehe, das, was ich zu Beginn gesprochen habe, war eine Ermunterung. Prüfe dich, wo du dir selbst gegenüber noch zu engherzig bist. Engherzigkeit zeigt sich in mangelnder Geduld, mangelnder Großmütigkeit und mangelndem Vertrauen in den Lebensfluss. Wir könnten das jetzt beliebig fortsetzen.

Also, wenn du deine Möglichkeiten – es sind viele in dir – reich ausschöpfen willst, ist es nötig, dass du dich in Achtsamkeit annimmst, deine Liebe lebst und wohlwollend mit dir bist. Je öfter und intensiver du das tust, desto stärker wirst du merken, wie leicht das Leben wird. Nicht etwa im Sinne von oberflächlich. Nein, sondern vieles beginnt, dir zuzufallen. Dinge, die du dir zu dieser Zeit noch gar nicht vorstellen kannst. Möglichkeiten, die sich dir geben wollen, damit du sie nutzen kannst.

Aber was kann ich denn konkret tun?
Indem du erst einmal erkennst, wann du zu streng mit dir bist. Disziplin ist eine wunderbare Sache. Disziplin gehört zum Leben, denn sie zeigt, dass man sich in einer Ordnung bewegt, einen Leitfaden hat und damit auch ein Ziel. Dort, wo du bemerkst, dass du missmutig bist, solltest du lernen, mehr und mehr Gelassenheit und Vertrauen zu entwickeln. Dort, wo du ängstlich wirst und dich unsicher fragst, ob eine Sache wohl gelingt, kannst du dir immer wieder selbst entgegnen: »Wenn es in meinem Lebensplan verzeichnet ist, dann wird es sein, und darum bin ich jetzt einmal gespannt, wie das Ganze sich entwickeln wird.«

Damit lebst du Offenheit und zeigst die Bereitschaft, da zu sein und mitmachen zu wollen.

Und dann sind da so Tage, wie gestern, da stehe ich morgens auf und arbeite bis spät in die Nacht. Da hatte ich den ganzen Tag keinen Moment Zeit, mich zu achten und zu lieben, selbst wenn ich es gewollt hätte. Das ist doch nicht normal!
Wenn du sagst: Da habe ich von morgens bis abends gearbeitet, dann bedeutet das ja nicht sofort, dass du dich auch missachtest. Das bedeutet nur, dass das, was notwendig war oder dir notwendig erschien, aufgearbeitet oder bearbeitet wurde.

Aber es war keine Ruhe zum Atemholen da.
Ja nun. Das ist ja gar nicht weiter schlimm, denn es bringt ja auch eine tiefe Befriedigung, zu beobachten, was man alles an einem Tag leisten kann. Wenn du jeden Tag so arbeiten würdest, ohne dir eine Pause zu gönnen, siehe, dann würdest du dich missachten. Aber wenn ein Thema ansteht und du sagst, ich will es bearbeiten, damit es vom Tische ist, das ist Ernsthaftigkeit der Arbeit gegenüber und das ist auch Disziplin.

Wenn du dann, wenn die Arbeit erledigt ist, an einem anderen Tag oder eine Woche später, dich dafür mit freier Zeit belohnst, dann ist das für den Einsatz, den du zuvor geleistet hast. Das ist dann deine Entspannung, und die kannst du genießen, oder?

Und wie! Ich könnte gut noch mehr davon gebrauchen.
Aber nun überlege einmal, wie viele Menschen sich der Arbeit ganz und gar verschrieben haben und die mit der Arbeit gar nicht mehr aufhören können, weil sie es verlernt haben, mit sich selbst allein zu sein. Sie können sich nicht mehr mit sich selbst beschäftigen und haben weder

den Mut noch die Kraft, es auszuhalten, wenn sie sich selbst begegnen.

Es ist sogar so, dass sie sich vor den Möglichkeiten, die in ihnen schlummern, ängstigen und sich vor den Themen fürchten, die sie berühren könnten, die sie gedanklich beschäftigen. Wie viele Menschen stürzen sich auf die Arbeit, um sich mit deren Hilfe zu betäuben, damit sie nicht ihre innere Leere erfahren!

Du, mein Kind, wenn du dich betrachtest, dann musst du doch zugeben, dass du auch Tage der Entspannung lebst.

Ja, das stimmt.

Und wenn du dann mal einen Tag durcharbeitest, bringt dir das nicht auch Befriedigung, weil danach alles wieder in Ordnung ist?

Das schon.

Also mach nicht diese Scherzchen mit mir.

(Ertappt. Dass ich bei Emanuel nicht rumjammern konnte, hatte ich soeben begriffen. Wenn ich Hilfe brauchte, würde er sie mir geben, aber einfach mal rumjammern war nicht drin. Dennoch beharrte ich erst einmal auf der Schwere meines Problems. Und außerdem … Trotzig muckte etwas in mir auf, und ich stellte eine Frage ganz wie nebenbei, jene Frage, die mir eigentlich extrem wichtig war und die mich schon so oft zur Verzweiflung gebracht hatte.)

Ich bemerke aber, dass ich in diesem Moment nur die Arbeit sehe. Andere Frauen werden Mutter und können dadurch eine Pause im Job haben. Auf ganz natürliche Weise! Ich

kann keine Kinder bekommen. Das ist ein wunder Punkt. Ich habe gewartet, gehofft und es viele Male versucht, aber schwanger wurden immer nur die anderen. Heute frage ich mich, ob ich wirklich alles versucht habe. Hätte ich medizinisch mehr unternehmen sollen? Ich weiß es nicht. Einerseits haben wir heute so viele Möglichkeiten – andererseits, greift man dadurch nicht dem Schicksal vor?
Siehe, es ist ja so: Entweder ihr wünscht euch ein Kind, empfangt es und bringt es zur Welt oder es kommt unangemeldet, weil ihr in der Umarmung nicht genügend Achtsamkeit gelebt habt. Was heißt aber hier wünschen? Sich ein Kind zu wünschen ist Ausdruck von Egoismus. Bedeutet das nicht: Ich will mich in einem Kind erfahren oder ich will mich in meiner Rolle als Frau und Mutter bestätigt sehen?

Ich habe diesen Wunsch immer sehr tief in mir gespürt und nicht oberflächlich oder als Laune.
Ein Kind zu wollen und ein Kind ins Leben zu begleiten ist eine natürliche Anlage, und alles, was natürliche Anlage ist, dient zur Erhaltung des Lebens auf eurer Erde. Wenn ein Kinderwunsch sehr groß ist, werden Eltern alles versuchen, um ein Kind zu bekommen. Aber häufig ist es ja so, dass ein Kind nicht empfangen wird, weil ein zu starker Zwang ist, ein Kind zu wollen. Und das bedeutet, es findet eine Verkrampfung, eine Verspannung statt. Bei jeder körperlichen Umarmung steht der Zwang dahinter: Hoffentlich empfange ich diesmal. Hoffentlich hat es diesmal geklappt. Siehe, dort, wo die Frau die Kraft hat, die Entspannung zu leben, zu sagen: »So, wie es kommt, so werde ich es nehmen«, ist die Wahrscheinlichkeit, dass sie empfängt, sehr

groß. Es sei denn, dass zum Beispiel gynäkologische Unregelmäßigkeiten vorliegen. Siehe, du hast mich gefragt, wie ich zu Eingriffen stehe, wenn etwas reguliert wird, warum sollte das nicht sein?

Ich dachte eher an künstliche Befruchtung.
Künstliche Befruchtung, das, mein Kind, ist etwas Unnatürliches. Und all das, was unnatürlich ist, geht von der Norm fort und damit vom göttlichen Plan. Genau wie die Gen-Manipulationen oder das Klonen. Das bedeutet, gegen den göttlichen Plan zu arbeiten und damit Gott zu missachten.

Wenn ein Ehepaar sich sehnlichst ein Kind wünscht und dieses Kind will nicht auf natürliche Weise kommen, hat das Paar auch andere Möglichkeiten, Familie zu leben. Wie viele Kinder gibt es auf eurer Erde, die ohne Eltern sind und sich nach einem Zuhause sehnen, sofern sie überhaupt wissen, was ein Zuhause ist? Wäre es da nicht besser, sich eines solchen Kindes anzunehmen, um diesem Kind eine Lebensbasis zu schaffen?

Ich bin 42 Jahre alt und nicht verheiratet. Da habe ich keine Chance, ein Kind zu adoptieren, selbst wenn ich es wollte.
Wenn du als Alleinstehende und in deinem Alter kein Kind adoptieren kannst, dann könntest du doch eine Patenschaft übernehmen. Es gibt doch genügend Kinder in eurer Umgebung, die sich freuen, wenn ihr ihnen ein bisschen mehr Aufmerksamkeit und Nähe gebt. Siehe, wenn du sagst, dann möchte ich künstlich befruchtet werden, denn ich will ein eigenes Kind, dann überlege dir auch, wie viel Aufmerksamkeit ein Kind von dir fordern würde und welches dein Alter ist. Oft

fühlen sich alte oder ältere Mütter, wenn ich das mal so sagen darf, von einem Kind auch überfordert. Da ist es doch klüger, sich mit dem abzufinden, wie es ist.

Früher hatte ich nicht den Druck meines Alters.
Dann gestehe dir ein, dass du früher kein Kind wolltest oder einem Kinderwunsch reserviert gegenüberstandest, und ziehe daraus die Konsequenzen.

In eurer Zeit und in eurer Gesellschaft ist es ein ganz großes Problem, dass die Menschen solch vielen Stimmungsschwankungen unterliegen. Selbsterfahrung nennt ihr das. Wenn ihr nur Selbsterfahrung leben würdet! Selbsterfahrung heißt, sein göttliches Selbst in sich zu erfahren. Zu suchen und zu erfahren. Doch was der Mensch lebt, ist Ich-Erfahrung. Ego-Erfahrung. Er denkt sich: Das will ich auch einmal ausprobieren und das interessiert mich auch und das steht mir auch zu und das will ich auch haben. Das bedeutet, jetzt ist diese Stimmung, und ein wenig später kann es schon wieder eine andere sein.

Der Mensch hat in einem reichen Maße verlernt, die Konsequenzen für seine Entscheidungen zu tragen. Das verlangt nicht, stur an einer Entscheidung festzuhalten. Das wäre Uneinsichtigkeit. Natürlich können Einsichten stattfinden und damit ein Sinneswandel. Aber ihr lebt in einer Zeit, wo der Mensch von einem Thema in das andere springt. Wieso wolltest du in den frühen Jahren kein Kind?

Ich wollte schon ein Kind. Ich habe ja sehr früh schon keins bekommen.
Ja, und was hast du unternommen?

Ich war beim Arzt, und der hat gesagt, ich muss Medikamente nehmen, und die habe ich auch eingenommen. Ich bin aber trotzdem nicht schwanger geworden.

Aber siehe, dann ist das vielleicht ein Ausdruck dafür, dass ein Kind nicht in deinem Lebensplan vorgesehen ist. Zumindest keines, das du selbst geboren hast. Dann ist es doch klug, dies als göttlichen Willen zu akzeptieren. Und dann besteht doch auch die Möglichkeit, dass du dich einem anderen Kind oder mehreren Kindern zuwendest. Du könntest ihnen eine liebe Tante oder Ersatzmutter sein.

Vielleicht habe ich aber einfach die Sehnsucht, dass ein Kind zu mir »Mama« sagt, und von mir aus ist das dann Egoismus, aber schön wär's dennoch gewesen.

Das wäre es. Ich sagte ja schon, ein Kind zu wollen ist Egoismus. Es ist im Grunde alles Egoismus.

Du sagst, man kann auch Kinder adoptieren. Es gibt einige Psychologen, für die ist Adoption auch nicht die beste Lösung, zumindest wenn man an die adoptierten Kinder denkt.

Adoption ist immer eine große Belastung für die Adoptiveltern und für das Kind. Die Adoptiveltern wollen dem Kind alles geben, sind bereit, sich ganz auf das Kind einzulassen, und solange das Kind klein ist und noch nichts von seiner Adoption weiß, klappt alles ja auch noch relativ gut. Aber spätestens dann, wenn das Kind erfährt, dass dies nicht seine leiblichen Eltern sind, sucht es nach seinen Wurzeln. Es möchte erfahren, warum seine leiblichen Eltern es nicht angenommen haben, nicht ihr Ja zu ihm gesprochen haben. Und darum ist es wichtig und klug, dass die Kinder so früh wie möglich mitgeteilt bekommen, dass sie angenommen sind, damit sie nicht in einen Schockzustand geraten.

Welchen Schock meinst du genau?
Irgendwann kommt immer der Moment, in dem sich das Kind damit auseinander setzt, dass es von seinen leiblichen Eltern abgegeben wurde. Das ist immer ein großer, schwieriger Moment, wenn man ein Kind adoptiert hat. Die Kinder reagieren unterschiedlich. Einige können es gut verarbeiten, aber viele fallen in eine wirkliche Depression. Ich möchte sagen: direkt in einen Notstand, der dann therapeutisch aufgearbeitet werden muss. Aber wenn die Fachwelt, wie du sagst, gar nicht so begeistert von einer Adoption ist, sie gar nicht für so klug hält...

Siehe, was wird denn den Kindern geboten, wenn sie in Heimen aufwachsen? Sie erfahren nicht die Geborgenheit eines Elternhauses. Sie erfahren vieles nicht, was Eltern an Informationen geben können, und erleben nicht die Ordnung, die eine Familie darstellt.

Vielleicht geht es da auch mehr um Adoption fremdländischer Kinder?
Solange es in eurem Land noch genügend Kinder gibt, die adoptiert werden könnten, wäre es klüger, sie anzunehmen, denn sie leben eure Kultur und sie leben eure Konfession. Sie sind in eure Kultur hineingewachsen, die in ihren Seelen bereits festgelegt ist. Ihre Gene leben in dieser Kultur. Wenn ihr Kinder von einer anderen Nation, von einem anderen Kulturkreis adoptiert, dann sind in diesem Kinde auch die Gene seines Kulturkrei-

ses. Es hat es schwerer, weil es sich in eine fremde Gesellschaft eingliedern muss.

Und was hältst du von Menschen, wie zum Beispiel Katrin Rhode, die nach Afrika gegangen ist, um sich dort afrikanischer Kinder anzunehmen?

Das sind Dienende. Das sind Menschen, die in einem großen Maße in der Nächstenliebe stehen. Die das Leid der anderen kennen und sich verpflichtet, ja geradezu gezwungen sehen, zu handeln. Das sind ganz große Seelen, die sagen: »Ich sehe meine Aufgabe darin, diesen Kindern eine Anlaufstelle zu sein, einen Rahmen zu bieten, sodass sie eine Lebenschance haben.« Das ist großartig.

Aber ich will noch etwas dazu sagen, wenn du von Kindern aus anderen Kulturkreisen sprichst. Damit meinst du ja Länder, die ihr Dritte-Welt-Länder nennt. Viele sehen in den Menschen, die dort leben, Menschen, die ein schlichtes Bewusstsein haben. Oder sie denken, dass dort wenig Lebensqualität vorhanden ist, weil dort noch keine Industrie vorgedrungen ist. Ob das weniger Lebensqualität ist, das wollen wir mal dahingestellt sein lassen. Wenn du die Menschen in diesen Ländern beobachtest, erkennst du, dass sie eine ganz andere Gemeinschaft leben. Sie rücken viel mehr zusammen und gehen aufeinander zu und nicht aneinander vorbei, wie viele Menschen in den Industrieländern. Wenn sich ein Mensch bereit erklärt oder viele Menschen sich bereit erklären, Kindern dort ein Zuhause zu bieten, ein Heim zu bauen, ist dies eine gute Vorgehensweise, weil dann die Kinder in ihrer gewohnten Gemeinschaft Halt finden.

Ich komme mit den Geschichten dieser Frau immer wieder in Berührung. Habe ihr Buch gelesen, sie im Fernsehen gesehen. Ist das so etwas wie ein Ruf? Soll ich auch dorthin gehen und mithelfen?
Ich will es einmal so sagen: Es bedeutet zum einen, dass du Bezug zu Kindern hast. Zum zweiten bedeutet es, dass du ein großes Liebespotenzial in dir hast, also, dass dein Egoismus schon auf ein gesundes Maß begrenzt wurde, geschrumpft ist. Und dass du dadurch in der Lage bist, Nächstenliebe zu leben und die Not anderer zu erkennen, die aufgrund deines geistigen Wachstums dein Gewissen in Schwingung bringt, sodass du das Empfinden hast, etwas unternehmen, unterstützen zu müssen.

Aber gibt es nicht so etwas wie Aufgaben, die sich melden?
Ja, siehe, es ist so: Wenn der Ruf in dir immer stärker würde, dann wäre das eines Tages so, dass du dich gezwungen sehen würdest, dorthin zu gehen. Du hättest im Grunde gar keine andere Wahl. Würdest du dann daheim, in deinem Land bleiben, um deiner gewohnten Tätigkeit nachzugehen, dann würdest du bemerken, dass alles auf einmal ganz schal ist und irgendwie nicht mehr sein kann.

Siehst du mich bei einem Projekt in Afrika?
Nein. Nicht in den nächsten Jahren. Vielleicht einmal zu einem späteren Zeitpunkt, aber jetzt bist du mit deinem Büro im Aufbau. Du wirst erst einmal dein berufliches Haus bauen, so will ich es nennen. Wenn du später dann in einer größeren eigenen Beweglichkeit bist, dann wirst du auch äußerlich etwas bewegen, denn siehe, dann hast du mehr Einfluss auf die Gesellschaft.

Du wärst zum Beispiel eine ganz wunderbare Person, um die Gesellschaft zur Hilfe zu motivieren, die Menschen aufzurufen. Nicht, dass sie in ein hilfebedürftiges Land gehen. Die, die den Ruf im Herzen fühlen, können so oder so nicht zu Hause bleiben. Sie gehen. Aber du wirst die Menschen mobilisieren können, für die die Nächstenliebe ein berührendes Thema ist und die dann bereit sind, im Rahmen ihrer Möglichkeiten eine Spende zu leisten.

Es gibt da viele Möglichkeiten ...
Ja. Wieder andere Menschen engagieren sich für Tiere. Sie sehen deren Not. Es kommt immer darauf an, wo eure Neigung hingeht, wo ihr einen Bezug spürt.

Ja, aber du beschreibst es ja auch so, dass ich irgendwann mal in so einer ...
Konstellation stehen wirst? Dass du diese Möglichkeiten haben wirst aufzurufen? Ja, selbstverständlich. Das kann ich dir mit Ja beantworten. Und dann wirst du natürlich auch in dieses Land reisen. Aber du wirst dann zu Besuch dorthin reisen. Oder du wirst sagen, aufgrund meiner beruflichen Situation kann ich es mir erlauben, drei Monate dort zu bleiben. Aber du packst nicht deinen Rucksack und wanderst aus. Das sehe ich nicht.

Nein, es ist auch nicht so mein Bestreben. Ich würde nur gerne unterstützen.
Das ist ja im Grunde der Aufruf an jeden Menschen. Wenn ihr sagt, ich bin Ausdruck göttlicher Schöpfung, dann ist jeder Mensch ein Ausdruck göttlicher Schöpfung und damit euer Bruder und eure Schwester. Es gilt,

die Hand zu reichen, um ihm aufzuhelfen, damit er ein lebenswürdiges Leben hat. Je ärmer Menschen sind, je schlichter sie sind, je weniger Intellektualität, umso mehr halten sie zusammen. Weil eigene Bedürfnisse sich noch nicht so ausgeprägt haben.

(Nun, bezüglich dieses Themas hatte ich – fürs Erste – befriedigende Antworten erhalten. Kinderkriegen ... Frausein ... Menschenwürde ... Ah, dazu musste ich dringend etwas loswerden.)

Du sprichst von Achtung und Würdigung des anderen. Das klappt ja oft nicht mal zwischen Männern und Frauen. Ich denke an eine große Preisverleihung, auf der ich war. Es handelte sich dabei um einen Musikpreis. Es war ganz schrecklich, wie dort die Frauen, die nicht mehr 25 Jahre alt, schlank und blond waren, von den Männern übersehen wurden. Selten habe ich mich als Frau weniger geachtet gefühlt.

Ich erkläre dir, was da ist. Das ist der Jugendwahn. Das Gleiche hast du bei Mannequins, die immer jünger werden. Und genau das Gleiche ist in der Musikbranche, das heißt in der *Popmusikbranche.* Die Masse, die Jugend, die wird dort erreicht. Dort erreichst du ja nicht das reife Alter, und das bedeutet, es ist ganz natürlich und ganz normal, dass dort das Thema Jugend im Vordergrund steht. Und siehe, die Männer, die also diese Geschäfte inszenieren, die sind ja unterschiedlichen Alters. Das wirst du ja registriert haben, dass das nicht alles junge Männer sind.

Diese Männer, im mittleren oder reifen Alter, die in diesem Geschäft tätig sind, haben permanenten Umgang mit der Jugend. Siehe, Männer sind doch auch eitel. Und eine junge Frau an der Seite schmückt einen älteren Mann insofern, als er nach außen signalisiert: Seht, ich bin noch in der Lage, eine junge Frau für mich zu gewinnen und sie zu befriedigen. Das ist die billige Täuschung, die solche Männer leben! Da ist kein Fundament. Das ist die Wegwerfgesellschaft. Und darum fühltest du dich weggeworfen dort.

Dass du sagst, dass es so ist, ist mir keine Hilfe.
Lass mich noch einmal ganz kurz sagen: Gehst du zu einer Veranstaltung, bei der klassische Musik im Vordergrund steht, sagen wir: ein Wettbewerb, da würdest du alle Altersstufen finden. Dort triffst du auf ein ganz anderes Niveau. Die Basis ist eine ganz andere, denn hier interessiert nicht allein das Alter, ob jung und flott oder etwas älter und etwas welker, sondern da interessieren ausschließlich die Themen.

Diese Ungerechtigkeit zwischen Männern und Frauen kann doch unmöglich zum göttlichen Plan gehören! Wieso werden Frauen ab einem gewissen Alter nicht mehr gesehen, und Männer dürfen sich dafür immer reifer und begehrenswerter fühlen?
Das bilden sie sich ja nur ein, dass sie begehrenswerter sind. Das sind sie ja gar nicht. Diese Männer machen sich selbst etwas vor. Sie leben einen Selbstbetrug. Und diese jungen Frauen, die wenden sich doch gerne an ältere Männer, in der Hoffnung, durch sie Karriere zu machen, einen Aufstieg erreichen zu können. Siehe, dort, wo ein Mensch Niveau hat, wird er sich doch an deinem Alter nicht stören. Er wird vielleicht sagen, ja,

sie ist zu alt für mich. In meinem Alter hätte ich gerne eine jüngere Frau. Aber das wird vielleicht ein 30-Jähriger sein, der so etwas denkt. Aber nicht ein 50-Jähriger. Jugendwahn hat doch was mit geistigem Niveau zu tun.

Wie findest du es, wenn es bei Paaren große Altersunterschiede gibt? Frauen mit jüngeren Männern, Männer mit Frauen, die ihre Töchter sein könnten?
Das kommt auf die jeweilige Seelenreife an. Das biologische Alter ist ein Thema und die seelische Reife ist ein anderes. Wenn sich zwei Menschen begegnen, sagen wir eine junge Frau und ein älterer Mann, und beide haben eine entsprechende Seelenreife, dann werden sie auch eine gute Verbindung miteinander leben können.

Zum Glück gibt es auch immer mehr ältere Frauen, die mit jüngeren Männern verbunden sind.
Da gibt es noch einen anderen Aspekt. Die Beziehung hält oft länger als die von älteren Männern mit jungen Frauen, denn jüngere Männer haben häufig eine starke Gefühlsseite. Sie leben eher den weiblichen Aspekt und weniger das Männliche, das Erobernwollen. Darum können sie auch die Gemeinschaft mit einer älteren Frau besser leben als der ältere Mann mit der jungen Frau.

Dafür, das habe ich nun wieder beobachtet, sind diese jüngeren Männer aber oft wirtschaftlich recht unselbstständig.
Ja, das kommt häufig hinzu. Sehr gefühlsbetonte Männer haben ja viele weibliche Aspekte, und wenn sie dann nicht gerade in Berufen arbeiten, die künstlerische Kreativität erfordern, ist es häufig so, dass sie wirtschaftlich keinen Erfolg haben. Das ist schon richtig. Sie leben ja

nicht genügend Mann-Energie: Kraft, Durchsetzung, Kampfbereitschaft, Standhaftigkeit.

Wenn ich jetzt noch einmal an diese Party zurückdenke und an diese Männer, dann hatte ich dort zudem den Eindruck, dass für Männer kurze Affären oder One-Night-Stands weniger Bedeutung haben als für uns Frauen.
Ja sicher. Das ist im männlichen Geschlechte angelegt. Die Frauen beklagen sich über die Untreue der Männer. Ich will ja nicht zu den Männern halten, aber sie sind biologisch angelegt, sich zu vermehren und damit das Leben zu garantieren. Je mehr Kinder, umso sicherer der Clan. Das ist in früheren Zeiten so üblich gewesen, damit die Sippe erhalten bleibt. Mit nur einer Frau konnte ein Mann nicht so viele Kinder zeugen, also waren mehrere Frauen notwendig, damit die Sippe groß und stark wird und sich gegen Angriffe verteidigen kann. Die Angriffe kamen von einer anderen Sippe, aber auch von Naturgewalten und anderem.

Es liegt in der Natur des Mannes, dass bei ihm die Sexualität so angeregt und der Trieb so stark ist. Er will sich vereinigen, um Überleben zu sichern. In eurer heutigen Zeit ist das anders. Die Männer wollen Sexualität, um ihren Trieb auszuleben, aber nicht immer, um Kinder zu zeugen.

Willst du damit sagen, dass die Frauen, da die Männer für ihren Trieb ja angeblich nichts können, ihnen – ich nenn es jetzt mal: freien Lauf lassen sollen?
Ja, nun … was heißt »freien Lauf lassen sollen«? Ihr habt ja eine ganz andere Gesellschaftsordnung als die Menschen in früherer Zeit. Entsprechend gibt es einen ande-

ren Umgang mit der Treue. Es ist nicht gut zu sagen: »Du kannst gehen, wie du willst und zu wem du willst.« Das sollte nicht sein. Denn das würde in eurer heutigen Zeit einen Vertrauensbruch zwischen den Partnern bedeuten. In früheren Zeiten, überlege doch einmal, was hatte denn die Frau für eine Bedeutung? Es wurde doch viel stärker das Patriarchat gelebt! Die Frauen mussten sich fügen und unterordnen. Sie waren nicht stimmberechtigt.

Jetzt lebt ihr in einer Zeit, in der Frauen stimmberechtigt sind, ihre Wünsche anmelden und auch durchsetzen können. Aber die Ur-Information lebt noch immer in den Männern fort. Deswegen ist es an der Zeit, dass Männer jetzt erkennen, dass sie ihr Verhalten ändern müssen. Viele Männer leben ja auch Treue und Wahrhaftigkeit.

Und die Männer, die hin und wieder einen Ausrutscher haben und die darüber schweigen, tun auch gut daran, es für sich zu behalten, denn sie würden in den meisten Fällen die Partnerschaft gefährden. Das bedeutet jetzt aber nicht, dass ich einen Freibrief für heimliche Liebschaften will.

Ja, aber so fängt es doch auch mit den Lügen an!

Ja, selbstverständlich. Dann fängt man mit den Lügen an. Aber wenn es ein Ausrutscher ist und der Mann weiß, dass die Partnerschaft diese Belastung nicht aushält, dann ist es doch klüger zu schweigen, als die Partnerschaft zu zerstören.

Und muss er es irgendwann ihr nicht trotzdem sagen?

Siehe, wenn es eine tolerante Partnerin ist, wenn sie

großzügig und selbstbewusst ist, ist die Gefahr viel geringer, dass der Mann das Bedürfnis hat, eine kurzfristige Affäre zu leben, denn seine Frau signalisiert ihm ihre Selbstständigkeit und ist dadurch reizvoll für ihn. Wenn er zu Hause aber eine Frau hat, die ständig fragt: »Wo warst du? Wann kommst du? Wo bleibst du? Was ist los mit dir?«, dann beginnt der Mann darunter zu »stöhnen«.

Wenn es die Partnerin aufgrund ihres Verständnisses ertragen kann, dass der Partner in eine Affäre gegangen ist... nein, wir müssen jetzt wirklich zwischen einer Nacht und einer Affäre unterscheiden...

Nehmen wir eine Nacht.

... wenn es also nur eine Nacht ist, dann wird die Partnerin wissen, dass diese Begegnung nur aufgrund der Stimmung und der ganzen Atmosphäre stattgefunden hat. Vielleicht denkt sie sich auch, dass die andere halt eine Frau war, die es verstanden hat, den Mann für sich zu gewinnen. Wenn sie stark ist, dann wird sie diese kurze Begegnung akzeptieren und der Situation keine Bedeutung beimessen. Aber wenn sich aus dieser einen Nacht eine Liebschaft entwickelt, dann ist die Partnerschaft natürlich gefährdet. Es kann sein, dass der Mann sich zwar in eine Liebschaft verstrickt, aber an der Partnerschaft mit seiner Frau festhalten möchte und deswegen mit ihr darüber spricht. Wenn die Partnerin nun die Stärke hat, sich dadurch nicht verletzt zu fühlen – wenn also das Thema Eitelkeit außen vor bleibt –, dann kann sie ihrem Mann helfen, aus der Situation wieder herauszukommen.

Oft ist es ja so, dass dann die Frauen der Gerechtigkeit wegen auch eine Nacht erleben wollen.
Das ist dann Selbstbetrug, denn es heißt im Grunde nur: Was du kannst, kann ich auch! Das führt letztendlich zu einer Trennung der Partnerschaft. Und es ist keine Lösung. Wenn sich die Frau in einen Mann verliebt und mit ihm eine kurze Affäre beginnt, siehe, dann haben wir doch das gleiche Thema wie mit dem Mann, nur umgekehrt.

Nur ein Partner, der gekränkt ist und in seiner Eitelkeit verletzt, will sich revanchieren.

Werden diese One-Night-Stands von den Männern schneller vergessen als von den Frauen, die zurückbleiben?
Diese Nächte sind von den meisten Männern nach dem Frühstück schon vergessen. Ja, das ist so.

Und viele Frauen hängen diesen paar Stunden manchmal noch Monate lang nach.
Es kommt darauf an, wie ernst die Frau diese Nacht genommen hat. Ob sie eine Erwartung hat, dass sich die Nacht wiederholt. Wenn sie eine Beziehung mit diesem Mann anstrebt und hofft, ihn durch diese Nacht an sich zu binden, dann wird sie ihm oder dieser Nacht natürlich nachhängen. Aber wenn sie wie der Mann nur die Umarmung leben wollte, die Sexualität, dann werden beide am nächsten Tage ihre getrennten Wege gehen und sagen: »Es war schön mit dir, lebe wohl!«

Ich kenne kaum Frauen, die das aushalten. Ich glaube, Frauen sind für solche oberflächlichen sexuellen Begegnungen nicht geschaffen.

Das zeigt sich mir nicht. Es kommt darauf an, welche Erwartung die Frau an den Mann hatte. Wenn sie es nur als Lustbefriedigung gesehen hat, dann ist es für sie erledigt.

Das hat für mich alles auch wieder mit dem Alter zu tun. Frauen kommen ab einem gewissen Alter gar nicht mehr in die Verlegenheit zu entscheiden, ob sie einen Mann vernaschen wollen oder nicht. Bei Frauen wird auf das Aussehen einfach mehr geschaut, und das kann manchmal ganz schön ausbremsen.

Wenn du einer Frau oder einem Mann im vorgeschrittenen Alter begegnest, die entweder etwas korpulent oder sehr dünn sind, dann registrierst du das, mehr nicht. Du unterhältst dich in erster Linie mit ihnen, und wenn diese Person dir etwas zu sagen hat, dann wirst du darüber erfreut und beglückt sein, und die Figur und die Falten, die dieser Mensch hat, verlieren ihre Bedeutung. Das Aussehen hat gar keinen großen Stellenwert mehr. Du suchst die Nähe des Menschen aufgrund seiner menschlichen Qualität. Manchmal kann sich daraus dann etwas entwickeln.

Nicht jeder Mensch hat so viel Selbstbewusstsein.

Dann sagen sie: »Aber worüber soll ich denn etwas Kluges oder Geistreiches sagen, es fällt mir ja gar nichts ein!« Wenn sie so denken, dann fühlen sie sich noch schlechter. Wegen ihres Aussehens und weil sie sich nicht für klug genug halten. Siehe, wenn ein Mensch aber seine Unbefangenheit lebt und damit seine Spontaneität und Lebendigkeit, dann berührt er den anderen. Die Falten und die Figur treten in den Hintergrund.

Es geht mir aber auch um den eigenen Blick in den Spiegel, um das Wohlwollen mit sich selbst.
Das geht nur durch akzeptieren und sich bewusst machen, dass es allen Menschen so ergeht. Das Bindegewebe lässt bei jedem Menschen irgendwann in seiner Elastizität nach. Ihr könnt durch Kosmetik und Gymnastik etwas dagegen tun. Selbstverständlich. Aber ihr müsst für euch prüfen, ob ihr die Gymnastik, diese Strapazen wirklich auf euch nehmen wollt. Ob die straffe Haut euch jedes Opfer wert ist. Wenn euch das zu lästig ist, dann müsst ihr die Falten und Runzeln halt akzeptieren.

Und jetzt zur Korpulenz. Da ist jetzt zu klären: Besteht die Korpulenz aufgrund eines körperlichen Leidens, eines Stoffwechselthemas oder einer Krankheit? Oder besteht kein Krankheitsbild und der Mensch ist dennoch korpulent? Jetzt könnt ihr sagen: Ja, das habe ich geerbt von der Tante Anna, die hatte das auch. Ja nun, aber warum hatte es denn die Tante Anna? Siehe, in diesem Fall könnte auch ein psychisches Thema dahinter stecken.

Ob psychisch oder Stoffwechsel, dick sein ist – im wahrsten Sinne des Wortes – »schwer«.
Gut, nehmen wir eine Frau, die sich nicht gefällt. Früher war sie schmal, nun ist sie dick und unzufrieden mit ihrem Leben. Was machen die meisten Menschen, wenn sie mit sich unzufrieden sind? Sie essen Süßigkeiten! Sie holen sich über die Süßigkeiten die Süße des Lebens. Das bedeutet zum einen, dass sie zu süß essen, zum anderen überhaupt zu viel essen. Der Kühlschrank wird geplündert. Orale Befriedigung nennt ihr das. Orale

Befriedigung ist die erste Erfahrung, die ein Säugling macht. Er bekommt die Brust seiner Mutter oder die Milchflasche, und er merkt, wenn er daran saugt, bekommt er warme Milch, und die sättigt und tut gut. Das Kind liegt in den Armen der Mutter. Sie hüllt das Kind in ihre Wärme ein, es fühlt sich geschützt und geborgen.

Also leben diese Menschen die orale Befriedigung, um sich Wärme, Sicherheit und Geborgenheit zu holen. Aber jetzt kommt der Bumerang: Diese Befriedigung ist nur von kurzer Dauer. Denn dieses »In-sich-hinein-Essen« löst nicht das Problem. Sie »fressen« etwas in sich hinein. Fressen bedeutet ja, ich fresse mich auf, ich fresse an einem Thema. Wenn sie dann am nächsten Tag auf der Waage stehen und wieder ein wenig zugenommen haben, kommt die Frustration. Und jetzt schließt sich der Teufelskreis. Sie sind über ihre Figur frustriert und müssen etwas gegen diese Frustration unternehmen. Dies geschieht dann wieder über die orale Befriedigung. Sie lassen den Kühlschrank nicht geschlossen, gehen nicht lieber ein bisschen spazieren oder in das Fitnessstudio. Nein. Es findet orale Befriedigung statt.

Wenn sich also Pfunde auf dem Körper bemerkbar machen, dann heißt das im Grunde übersetzt: Ich bin in Not. Ich bin einsam, ich bin hilflos. Ich fühle mich verlassen. Von mir, von meinem Umfeld, von wem auch immer. Und meine Nerven liegen blank, darum muss ich meine Nerven gut polstern, eine Pufferzone schaffen, damit ich von außen nicht so leicht zu verletzen bin.

Wenn ihr also unter eurer Figur leidet, hat es keinen Sinn, verschiedene Diäten zu probieren. Je mehr Diät, desto größer wird der Hunger und der Heißhunger.

Meinst du, wir sollen Dicksein akzeptieren?
Nein, es ist wichtig, sich zu fragen, wonach die Seele Hunger hat, und es ihr dann auch geben. Ihr solltet euch außerdem beobachten, was und wie ihr esst. Kleinere Mahlzeiten sind gesund. Lieber häufiger essen, aber kleine Portionen. Und schön bunt angerichtet sollten die Speisen sein. Dann ist es auch noch wichtig, langsam zu kauen. Das Essen soll nicht hastig hinuntergeschluckt oder gar geschlungen werden. Das sollte aufhören, das »In-sich-hinein-Fressen«, stattdessen ab jetzt langsam kauen und einspeicheln, damit die Verdauung leicht ist und der Magen nicht so viel arbeiten muss. Wenn ein Mensch bewusst isst, findet eine schnellere Sättigung statt.

Trotzdem ist das ungerecht. Die einen können essen, so viel sie wollen, und werden nicht dick, und andere, wie ich, werden schon vom Zugucken dick. Warum hat der liebe Gott das so gemacht?
Ja, nun, das hat doch nicht der liebe Gott so gemacht, sondern es liegt in der Anlage des Menschen. In dem, was er mitgebracht hat.

Ja, aber warum ist die Veranlagung so unterschiedlich?
Die Anlage ist immer ein Thema aufgrund von vergangenen Leben oder sie wird mit einem Familienmitglied geteilt.

(Damit war der Kreis geschlossen. Es gab kein Verantwortlichkeiten-Abschieben nach oben. Kein »Richte mal aus, ich bin jetzt 40 Jahre lang von Torte dick geworden, die nächsten Jahre hätte ich gerne mal einen anderen Stoffwechsel

und zwar den von sehr schlanken Menschen, die essen können, was sie wollen!« Ich hatte schon von anderen Frauen gehört, die zugenommen hatten, nachdem sie sich selbstständig gemacht hatten. Würde Emanuel mich direkt fragen, dann könnte ich nur sagen: »Ja, ich brauche Schutz!« Mein Freund ist oft weg, die Kunden sind eklig, die Kasse ist leer, aber zum Glück habe ich immer was im Eisfach liegen. Was das angeht, sorge ich nämlich für mich. Und mein kleiner Speckbauch war prima geeignet, einiges an Ärger abzufedern. Also, kam mir in den Sinn, könnte ich ihn auch einfach akzeptieren, wie eine afrikanische Madonna triumphierend vor mir herschieben und mit dem Abnehmen warten, bis ich so viel Sicherheit wieder im Leben hatte, dass ich meinen Speck als Schutz nicht mehr brauchte. Schön! Ich hatte mal wieder etwas für mich begriffen.)

Ich habe eben nachgedacht und gemerkt, ich will erst einmal noch eine Weile mit meinem Bäuchlein leben. Kann gut sein, dass ich es in dieser Lebensphase brauche. Vielen Dank für diese unerwartete Einsicht! Ich möchte nun über die anderen Dinge auch nachdenken und ein anderes Mal unser Gespräch fortführen.
Dann komme ich jetzt zur Verabschiedung?

Ja, bitte.
Die Würde ist gefordert. Dass ein Mensch sich selbst gegenüber Würde lebt. Ich sagte am Anfang, einen Menschen zu achten bedeutet, Gott in ihm zu achten. Und wenn der Mensch mit sich in dieser Achtsamkeit geht, würdigt er Gott in sich und darum zwangsläufig sich selbst. Und das ist die große Herausforderung: herauszufinden, wann man sich sich selbst gegenüber

unwürdig verhält. Wie begegnet man einem Menschen, den man würdigt? Genauso soll ein Mensch sich selbst auch begegnen! Denn auf diese Weise beginnt er immer stärker, sich selbst und seinem Leben zu entsprechen. Er hört auf, sich an Unzulänglichkeiten zu reiben, und beginnt ein erfülltes Leben.

Wir, mein Kind, wir helfen dir auf diesem Weg zu deiner Würde. Mit all dieser unserer Liebe. Wir legen sie dir in dein Herze. Wir legen dir in dein Herze die Heiterkeit der Erkennenden, die Gelassenheit der Wissenden und die Geduld der Vertrauenden.

Mein Friede, er geht an deiner Seite.

Emanuel.

Mit der Würde war das so eine Sache. Wenn man mich fragte, dann antwortete ich natürlich, dass ich auf meine Würde achtete und sie von niemand so schnell beschmutzen ließ. Wenn ich mir Würde vorstellte, dann war sie wie ein großer Baum mit einer weiten, dichten Krone. Und wenn ich dieses Bild in den Alltag transportierte, dann musste ich zugeben, dass es nur das »Beinheben« eines Dackels brauchte, dass meine Würde zitterte und bebte, so als zöge gerade der heftigste Sturm über sie hinweg. Ich gestand mir ein, dass meine Würde kein großer Baum war, sondern ein kleines Pflänzchen im Topf, das ich am besten jeden Tag goss. Aber wie konnte dieses Bewässern aussehen? Wie pflegt man etwas, von dem man erst dann merkt, dass es Pflege braucht, wenn es geknickt ist und einzelne Blätter abzusterben drohen? Wieso ging es an meine Würde, wenn Nicks Exfrau mich in einer Menge ignorierte? Das hatte mit Würde doch nichts zu tun, sondern bestenfalls damit, dass es hier ein Problem gab, das noch immer nicht so richtig gelöst war. Ich sprach mit Nick darüber, und – oh Wunder! – wir konnten in einem ruhigen Ton das schwierige Thema miteinander angehen. Nicht nur ich, auch er war auf dem Weg, und sei es nur der Weg der Ablösung.

Was ich erkannte, war, dass alles seine Zeit brauchte und ich oft viel zu ungeduldig war. Vielleicht nahm ich das Leben auch zu wichtig. Emanuel half mir, »halblang« zu machen. Ich versuchte, mehr und mehr die spielerische Komponente in meinem Alltag einzubauen, und wehrte mich, wenn meine innere Maschine zu laut anspringen wollte. Das hatte sie auch bei vielen sozialen Projekten in der Vergangenheit getan. Ich fühlte mich ständig aufgerufen. Eigentlich brauchte es da nur ein paar Bilder in der »Tagesschau«. Wenn ich sah, wie Menschen hungerten oder verzweifelt kämpften, dann krampfte sich mein Herz zusammen. Anstatt dies einfach nur mal zu registrieren, schimpfte ich mit mir selbst, dass das »ja wohl nicht genüge«. Schön und gut, wenn sich das Herz zusammenkrampfte, aber leider wurde davon kein Kind satt! Neben Geldspenden hatte ich meine tatkräftige Unterstützung verschiedenen Organisationen angeboten und war immer wieder gegen eine unsichtbare Wand gelaufen. Man fand es »klasse«, dass ich mich engagieren wollte, aber damit war dann alles auch schon gesagt. Wie oft hatte ich mich über diese Reaktion geärgert.

Gab es denn wirklich nichts für mich zu tun, als mein PR-Wissen in Telefonaten einzusetzen und für Kinder Geld zu sammeln? Wenn ich schon half, dann wollte ich etwas anderes tun, als nur zu telefonieren. Schließlich tat ich das doch bereits den ganzen Tag! Nachdem ich immer mal wieder meinen guten Willen gezeigt hatte, hatte ich monatelang nicht mehr viel über dieses Thema nachgedacht. Dann fiel mir das Buch »Mama Tenga« von Katrin Rohde in die Hände, und wieder fragte ich mich, ob lesen denn alles war, was ich konnte.

Nach meinem Gespräch mit Emanuel begriff ich, dass meine Zeit noch nicht gekommen war. Im Moment gab es außer zu spenden nicht sehr viel mehr für mich zu tun. Vielleicht würde sich das ja einmal ändern. Emanuel hatte meinen Weg zumindest so beschrieben. Also lehnte ich mich erst einmal zurück. Okay, dann war eben auch hier Leichtigkeit angesagt und nicht ständiger Kampf und Krampf.

Das Loslassen fiel mir leichter als gedacht, nur manchmal brachen die alten Muster durch. Dann überlegte ich mir, ob ich meine berufliche und private Situation am Ende nicht zu leicht nahm. Für diesen Frühling und Sommer, entschied ich mich, will ich es mal gelten lassen. Wenn es einen Einbruch gibt, werde ich Emanuel fragen, und ansonsten vertraue ich nun mal auf die Fügungen meines Lebens. Vertrauen und nicht mehr kontrollieren und dirigieren wollen.

Nick bemerkte meine Veränderung, traute dem Frieden aber noch nicht so recht. Wir sprachen nicht viel über Emanuel. Manchmal erzählte ich ihm ein paar Sequenzen, aber es stellte sich heraus, dass diese Zitate auf Nick wirkten, als spräche ich von einem Freund, den ich gerade sehr oft sah. »Emanuel hat gesagt … Emanuel hat gesagt …«, neckte mich Nick, und ich konnte ihn verstehen. Von Emanuels One-Night-Stand-Statement erzählte ich ihm freilich nichts. Schlafende Hunde soll man nicht wecken, dachte ich mir, überlegte aber dennoch immer mal wieder, wie ich reagieren würde, würde Nick mich mit einer anderen Frau betrügen. Wäre ich großzügig und selbstbewusst? Könnte ich verstehen und verzeihen?

Und ich selbst? Würde ich alte Plappertasche es schaffen, ihm einen Seitensprung nicht zu beichten? Obwohl mir diese Ansicht fremd war, tastete ich mich daran, dass auch Paare sich nicht alles sagen müssen. Dass jeder Mensch erst einmal die Verantwortung für sein eigenes Leben trägt, und manchmal gehört da eben auch eine solche Erfahrung mit hinein. Wer wollte sich da zum Richter erklären? Ich wusste und vertraute darauf, dass uns unsere Beziehung so wichtig war, dass wir sie beide nicht leichtfertig gefährden würden.

»Was würdest du tun?«, fragte ich meine Freundin Marlis. »Beichten oder schweigen?« »Erst einmal genießen«, antwortete sie mir lachend, und ich begriff, dass ich schon wieder dabei war, über ein Problem tief nachzudenken, das ich im Moment ja gar nicht hatte.

Leicht zu leben ist gar nicht so leicht, schrieb ich in mein Tagebuch. Aber dann gab es auch wieder Grund für Lob: Ich stöpselte nämlich eines Tages mein Telefon aus, legte eine CD auf und tanzte dann eine ganze Stunde lang zu einer wunderbar beschwingten afrikanischen Musik.

Die Geschäfte durften sich gedulden …

Wenige Tage später besuchte mich traurig meine Nachbarin Margret. Sie blieb über den ganzen Abend bei mir, und wir sprachen über Trauer und Tod. Ihre Schwester war jung gestorben, und Margret kam über die Trauer nicht hinweg. Ich suchte nach tröstenden Worten und wusste nicht genau, wie ich wirklich trösten konnte. Was sagt man zu einer

Frau, die solche Sehnsucht nach ihrer verstorbenen »zweiten Hälfte« hat? Gibt es da überhaupt Trost? Es war mir klar, dass das Sterben zum Leben gehört. Oft genug hatte ich darüber nachgedacht. Aber wollte ich es auch wirklich glauben? Hatte ich nicht selbst solche Angst davor, »zu früh« zu gehen oder wichtige Menschen zu verlieren?

Ich war froh, dass mein nächster Termin bei Christiane Zimmer nahte. Emanuel war die richtige Person – Person? –, der richtige Engel, um über Leben und Tod zu sprechen. Etwas nervös fuhr ich zum verabredeten Termin hin und war beruhigt, als ich unmittelbar feststellen durfte, dass Emanuel auch für diese Ängste die richtigen Worte fand.

VIERTER BESUCH

Tod, Trauer und das Leben danach

Friede dem Herzen, Freude durch Achtung vor deinem göttlichen Selbst. Gott zum Gruße, mein geliebtes Kind. Mit Licht, mit Liebe, mit Frieden und Freude segne der Einzige und Wahrhaftige, der Ewige und Wahre, der Ursprung allen diesen Seins dieses dein Herze und lasse es gehen in der Freude des Erkennens. Der Mensch, mein Kind, wird geboren, um zu sterben. Wohl dem, der seine Lebensspanne zu nutzen weiß, der am Tag seines Abschieds in Frieden gehen kann und von dem die Hinterbliebenen sagen: »Dieser Mensch hat das Zeitliche gesegnet!«

Aber was heißt es denn genau, das Zeitliche zu segnen? Ihr bringt durch diesen Satz erst einmal zum Ausdruck, dass dieser Mensch gestorben ist. Aber »das Zeitliche zu segnen« ist viel mehr. Es beinhaltet, noch einmal in die Tage der Kindheit, der Jugend und des Erwachsenseins zurückzugehen, um das Leben wie einen Film an sich vorüberziehen zu lassen. Diese Bilder zu betrachten, um sich an den gewesenen heiteren Tagen noch einmal zu erfreuen und sich mit den Tagen des Mangels, der Trauer, der Sorgen und Enttäuschung auszusöhnen. Ein

Mensch, der die Aussöhnung lebt, segnet. Er kann etwas auf sich beruhen lassen. Er kann stehen lassen, was ihn über eine lange Zeit bedrückt hat, ihm innere Spannung brachte und vielleicht sogar die Lebensfreude nahm.

Wenn ein Mensch die Kraft hat, sein gelebtes Leben zu segnen, wird er einen ruhigen Abschied nehmen, er wird, wie ihr sagt, einen ruhigen Tod sterben.

Was du sagst, klingt schön, trifft aber auf die Realität nicht zu. Menschen sterben nicht gerne …

Ja, aber betrachte die Menschen in ihrem Sterbeprozess doch einmal genauer. Wie viele alte Menschen können nicht sterben! Ihr Körper ist bereits zerfallen, aber der Tod will nicht zu ihnen kommen. Warum ist denn das so? Weil diese Menschen bitter an ihr Leben denken. Weil diese Menschen im Grolle mit ihrem Leben sind und glauben, das Leben habe noch etwas gutzumachen, und weil sie das, was sie in ihrem Leben erworben haben, nicht verabschieden, loslassen oder nicht weitergeben wollen. Ein Mensch, der die Kraft hat zu sagen: »So, wie es ist, so soll es mir recht gewesen sein. Ich will mich nicht mehr reiben an Vergangenem!«, der ist bereit für den nächsten Schritt.

Ein Mensch, der ausgesöhnt sein Leben betrachten kann, wird nach seinem Tod, in der feinstofflichen Welt wenig Emotionen leben. Er wird, wenn er die Dinge erkennt, die er nicht recht gemacht hat, weder Trauer noch Bedauern leben, denn er hat sich noch zu seinen Lebzeiten mit diesen schwierigen Momenten ausgesöhnt. Und weil er in der feinstofflichen Welt seinen Lebensfilm emotionslos betrachten kann, bindet er sich nicht zwangsläufig an ein neues irdisches Leben.

Denn all das, was der Mensch an Willen und Wollen lebt, will auch Erfüllung finden, und in der Regel ist das nicht in dem Leben, das ihr gerade lebt. Also muss es in einem neuen irdischen Leben gelebt werden.

Und wie kann ich mir dieses Bedauern vorstellen? Doch nicht so wie auf der Erde, oder?
Wenn der Mensch oder richtiger: die Seele in der lichten Welt ihren Lebensfilm betrachtet und gewisse Handlungen bedauert oder enttäuscht ist, wie so manches war, dann läuft er Gefahr, sich durch diese Stimmungen in ein neues Leben zu verstricken. Es ist also sehr wichtig, sich zu Lebzeiten das eigene Leben immer wieder zu vergegenwärtigen. Das muss nicht erst beim irdischen Tod sein oder kurz davor. Es ist wichtig, immer wieder einmal innezuhalten und Rückschau zu halten, um sich zu verdeutlichen, wo man steht und wo man falsch gehandelt hat.

Der Mensch sollte sich immer wieder fragen, ob er wohl etwas versäumt hat oder in welchen Situationen er gegen das Gesetz der Liebe verstieß. Er sollte sich diese Bilder betrachten, aber dabei nicht in Schuld verfallen, denn Gott ist allumfassende Liebe und kennt keine Schuldigen. Es gibt nur Fehlverhalten. Wenn der Mensch dies erkennt und er sein Verhalten auf diese Weise betrachtet, dann kann er auch sagen: »Ich habe daraus gelernt und will von nun an einen anderen Weg gehen.«

Das ist Wachstum und Entwicklung, und das wird diesem Menschen die Kraft, den Wunsch und den Willen geben, am Ende seines irdischen Lebens diese seine Lebensspanne segnend zu verabschieden.

Wenn man alt ist und stirbt, ist es vielleicht leichter zurückzuschauen, als wenn man noch sehr jung ist und krank.
Selbstverständlich! Das ist ja ganz normal. Ein junger Mensch hat ja eine Lebenserwartung. Und wenn jemand so früh sterben muss, dann heißt das ja auch, dass das Leben noch vor ihm lag. Und dann trauert ein Mensch sehr, wenn er gehen muss. Ich will jetzt nicht sagen, dass das bei jedem so ist, aber es wird dem Leben gegenüber schon eine Enttäuschung gelebt, dass die Spanne so kurz gehalten wurde.

Aber die Engel der Liebe werden der Seele helfen, dass sie die Enttäuschung überwinden kann, um dann durch den Erdgürtel und die Nebelwand in die lichte Welt gehen zu können. Nun ist es ja so, wenn Menschen jung sterben und Familie hinterlassen, dann ist da auch immer die Sorge um die Familie. Also der Verstorbene, die Seele, möchte gerne die Familie weiter begleiten, möchte ihre Trauer auch mildern, um sie wieder in das Leben, in den Lebensfluss zu führen. Nur ist das der Seele ja gar nicht möglich, weil die Hinterbliebenen ihre Präsenz nicht wahrnehmen können, nicht fühlen. Also, was ist nun zu tun? Der Verstorbene, mein Kind, er wird begleitet von den Engeln der Liebe, so lange, bis er sich von dem Erdmagnetismus trennen kann.

Ich bin sehr aufgewühlt von dem Besuch meiner Nachbarin Margret, deren Schwester gestorben ist, sehr jung gestorben ist, mit 34 Jahren. In so einem Fall ist es sehr schwer, Abschied zu nehmen. Diese Nachbarin ist in tiefer Trauer und kann ihre Schwester nicht loslassen.
Sie leben ein Blut, und darum ist es doch auch ganz verständlich, dass die Schwester eine tiefe Trauer fühlt.

Was ihr seit Kindertagen gewohnt und vertraut war, ist nun von ihrer Seite genommen. Die Gedanken, die sie mit der Schwester ausgefüllt hat, sind nun eine Energie ohne Inhalt. Wenn ein Mensch einen Verlust erlebt, wird eine Gedankenenergie frei, die er nun mit neuen Themen füllen muss.

Wie könnt ihr einen Menschen begleiten, der trauert? Trauer bedeutet ja immer: Mein Wünschen und Wollen wurde nicht erfüllt. Mir ist etwas genommen worden – ein Mensch oder ein Gegenstand oder eine Tätigkeit –, das ich halten wollte, und nun stehe ich allein da. Verlust führt immer in Trauer. Und es ist auch ganz wichtig, dass der Mensch trauert, denn in dem Maße, in dem er sich der Trauer hingibt, kann er den Verlust überwinden. Über das Leid, über den Schmerz lebt er den Verlust aus. Ein Mensch, der durch einen Todesfall erstarrt und ins Schweigen fällt, der kann die Trauer entweder nicht verarbeiten oder es wird viel länger dauern, bis sie verarbeitet ist, und das heißt, dass er sich in dieser Zeit vom Leben ausschließt. Er isoliert sich.

Betrachten wir aber nun einen Menschen, der auch nach außen hin trauern kann. Wie seid ihr früher damit umgegangen? Trauernde haben sich schwarz gekleidet. Dies bedeutet nicht nur zu zeigen, dass man einen Verlust erfahren hat, sondern zeigt auch, dass man sich von äußeren Energien abschirmen möchte, um so besser bei sich bleiben zu können.

Dadurch werde ich aber auch immer wieder durch mich selbst an den Verlust erinnert.

So ist es. Wenn man bei sich bleibt, bedeutet das, dass man sich nicht von seiner Trauer ablenken lässt und sie dadurch schneller ausgelebt werden kann. Viele Menschen geben einem Trauernden diese scheinbaren Worte des Trostes: Die Zeit heilt Wunden. Und selbstverständlich ist es so, denn ihr steht ja im Lebensfluss und damit in Verwandlung, in Veränderung. Nur wenn ein Mensch den Verlust eines lieben Menschen erfahren hat, interessiert es ihn nicht, dass die Zeit die Wunden heilt. Es ist dann wichtig, ihm eine liebevolle Begleitung zu sein. Ihr könnt euch zum Beispiel von dem Verstorbenen erzählen lassen. Ihn fragen: Wie war es denn in der Kindheit? Was habt ihr miteinander gemacht? Was waren die schönen Tage? Wann habt ihr euch übereinander geärgert? Was waren die Vorlieben dieses Menschen, den du jetzt verloren hast? Womit hat er sich nicht gerne identifiziert? Dadurch wird der Trauernde aktiv mit seinem Verlust konfrontiert, und der Verstorbene beginnt durch die Erzählung wieder lebendig zu werden. Die Trauer kann jetzt besser verarbeitet werden.

Im Fall meiner Nachbarin Margret ist es aber auch so, dass viele belastende Bilder von der Krankheit, an der die Schwester gestorben ist, wieder hochkommen. Die Gedanken sind wie ein Kinofilm. Es kommen diese Bilder, wie die Schwester im Krankenbett liegt, immer magerer wird, und meine Nachbarin ihr nicht helfen kann.

Das ist ganz normal, denn die ganze Situation ist noch sehr frisch. Und darum wäre es ja auch klug zu sagen: Erzähle mal, wie es in eurer Kindheit war. Was habt ihr denn miteinander gespielt? Habt ihr häufig gestritten oder seid ihr mehr die einigen Schwestern gewesen? Damit auch die Energie von diesen Bildern des Abschiedes, also der Krankenbettzeit, etwas abgezogen werden, lebendiger werden durch die Bilder der Vergangenheit.

Margret hat mir erzählt, dass sie oft ihre tote Schwester anspricht und diese um Rat oder ein Zeichen bittet. Dürfen wir so mit Toten sprechen?
Ja nun, es ist so: Wenn die Schwester vor kurzem erst verstorben ist, ist sie natürlich noch stark mit sich selbst beschäftigt. Sie hat einen Leidensweg hinter sich, körperliche Schmerzen, und dann ist da ja auch das Leid über den frühen Abschied, den sie zu Lebzeiten gelebt hat. Das muss erst noch aus ihrem Emotionalkörper genommen und neutralisiert werden. Der Schmerz muss verabschiedet werden. Das bedeutet, dass eure Verstorbenen in den ersten Monaten mit sich selbst sehr stark beschäftigt sind, um dieses irdische Leben oder diesen Abschied zu verarbeiten. Und darum können die Verstorbenen nach ihrem Tode euch noch gar nicht wirklich so sehr Hilfe sein und euch ihre Liebesenergie schenken. Aber wenn deiner Nachbarin dies eine Erleichterung ist, dann soll sie mit ihrer Schwester sprechen.

Bindet sie dadurch nicht die Schwester?
Nun, in gewisser Weise schon, wenn sie fragt: »Was glaubst du denn? Wie soll ich etwas denn tun?« Denn mit diesen Worten spricht sie die Schwester ja an. Also muss auch eine Reaktion von der Schwester kommen.

Und kann diese reagieren?
Ja, selbstverständlich. Ihr lebt ja nicht in der feinstofflichen Welt im Tiefschlaf. Ihr lebt ja eure Lebendigkeit weiter. Aber ihr müsst erst einmal euer irdisches Leben

emotional verarbeiten. Wenn ihr diesen grobstofflichen Körper ablegt, siehe, was ist denn dann? Es bleibt die Seele, der Geist und euer Emotionalkörper. Dies bedeutet, dass ein Verstorbener selbstverständlich erst einmal sehr stark mit sich und mit seiner Trauer über den Abschied beschäftigt ist. Das richtet sich natürlich immer danach, wie der Mensch zu Lebzeiten der feinstofflichen Welt, also dem Leben nach dem irdischen Tode, gegenübergestanden hat. Ob er daran geglaubt oder darüber nachgedacht hat. Wenn ein Mensch an die Unsterblichkeit der Seele glaubt, wird solch ein Übergang viel leichter und sehr selbstverständlich sein. Er wird dann eher mit Neugierde als mit Angst reagieren und gespannt auf das sein, was alles passiert. Mal sehen, denkt er sich, was es hier alles zu entdecken gibt. Er wird nicht so irritiert darüber sein und sich nicht fragen: »Was geschieht denn hier? Ich habe doch meinen grobstofflichen Leib liegen sehen, ich habe doch gesehen, wie er beerdigt wurde, aber jetzt bin ich ja gar nicht tot. Was ist denn hier los?« In diesem Fall ist er dann sehr verwirrt.

Wichtig für den Übergang ist also, ob ein Mensch an die Unsterblichkeit seiner Seele glaubte und sich bereits zu Lebzeiten mit der feinstofflichen Welt auseinander gesetzt hat oder ob er unvorbereitet und nicht wissend stirbt.

Grundsätzlich wäre es für deine Nachbarin besser, wenn sie nicht fragen würde: »Was meinst denn du?« oder »Wie soll ich das jetzt machen?«, sondern wenn sie ihrer Schwester erzählen würde. Sie könnte sagen: »Erinnerst du dich noch? Damals, an Weihnachten oder an deinem Geburtstag?« Auf diese Art und Weise ist sie in Begegnung mit der Schwester und kann das Band mit ihr halten. Das heißt nicht, die Schwester festzuhalten, sondern das Liebesband bleibt bestehen.

Margret hat ihre Schwester, als diese so schwer krank war, belogen. Sie hat damals vom Arzt die Diagnose erfahren und sie verschwiegen. Sie hat der Schwester sogar geschworen, dass der Arzt nichts Bedeutendes gesagt hat. Seit diesem Moment fühlt sie sich schuldig und weiß nicht, wie sie diese Schuld loswerden kann.

Ja, siehe: Sie hat ja die Schwester belogen, um sie zu beschützen. Das heißt also, es war eine Lüge, um zu bewahren, um die Schwester nicht zu ängstigen. Aber trotz allem war sie unaufrichtig der Schwester gegenüber, hat sie nicht mit der Wahrheit konfrontiert und hat darum die Schwester im Nebel gehalten. Die Schwester hatte nicht die Möglichkeit, sich mit der Wahrheit des Arztes oder der Diagnose auseinander zu setzen. Sie anzunehmen oder abzulehnen, je nachdem, was ihr Bedürfnis gewesen wäre.

Ich sagte bereits, es gibt nicht Schuld, sondern es gibt nur Fehlverhalten. Und das ist wichtig, dass deine Nachbarin das nicht als Schuld annimmt, sondern dass sie sagt, ich habe es getan, um meine Schwester zu schützen. Und wenn das jetzt auch nicht der richtige Weg war, so muss ich es doch akzeptieren. Es war keine Hinterlist, es war keine Bösartigkeit, und es war kein Mutwille. Es war Liebe, so wie ich gehandelt habe. Missverstandene Liebe. Und dann sollte sie das Thema auf sich beruhen lassen. Wenn ihr glaubt, Fehlverhalten gelebt zu haben, dann könnt ihr das Thema neutralisieren, indem ihr euch versprecht, dass ihr in Zukunft so nicht mehr handeln werdet. Und das würde nun für die Nachbarin bedeuten, dass sie sich sagt: »Gut, wenn eine ähnliche Situation noch einmal eintreten wird, werde ich den anderen nicht fälschlicherweise schonen, sondern ihm Achtung entgegenbringen und ihm die Wahrheit sagen, weil er ein Recht darauf hat.«

Es wäre klug, wenn sie diesen Vorfall als einen Lernprozess begreift. Sich weiter schuldig zu fühlen, wozu soll das gut sein? Es nimmt ihr die Lebensqualität. Es kann zu nichts gut sein.

Ich nehme auch an, dass sie auf ein Zeichen von der Schwester wartet, auf ein Zeichen, dass sie verziehen hat.
Die Schwester hat ihr doch gar nichts verübelt. Deine Nachbarin setzt das nur voraus. Aber siehe, in dem Moment, wo ihr zurückkehrt in die feinstoffliche Welt, geschieht doch Folgendes: Wenn ihr diesen euren Lebensfilm betrachtet, dann kommt ja auch dieses Thema von der anderen Schwester vor, die die Diagnose unterschlagen hat. Ihr betrachtet euren Lebensfilm in der Energie der allumfassenden Liebe. Wenn ihr zu Lebzeiten über euer Leben nachdenkt, dann bewertet ihr es nach eurer Moral, nach eurer Ethik, nach eurem Gewissen. Also individuell. Aber in der feinstofflichen Welt betrachtet ihr euren Lebensfilm in der Energie der allumfassenden Liebe, und damit hinterschaut ihr jedes Thema, erkennt die Motive und weshalb etwas auf eine bestimmte Weise geschehen ist. Ob Hilfsbereitschaft das Motiv war oder Eigennutz. Ob ihr bewahren wolltet oder feige wart. Insofern kann die Schwester ihr gar nichts verübeln.

Gilt das auch für den Fall, dass jemand stirbt und man hat das Gefühl, nicht alles ist ausgesprochen, nicht alles ist gesagt worden?
Ja, natürlich. Siehe, es ist ja häufig so, ihr geht zu einem Schwerkranken, ihr wisst, dass er den Weg des Abschieds geht, und was sagt ihr? »Das wird schon wieder! Jetzt lass dir mal ein bisschen Zeit. Du wirst sehen, du kommst schon wieder auf die Beine. Du schaffst das!« Das heißt, es ist ein permanentes Täuschen. Aber warum denn? Weil der Besucher betroffen ist von dem Thema Abschied, von dem Thema Tod, weil er den Umgang damit nicht leben kann. Er täuscht also, um mit dem Sterbenden nicht über das Thema Tod sprechen zu müssen.

Viele Sterbende wollen das aber auch gar nicht, glaube ich.
Ja nun, natürlich, es kommt auf die jeweilige Situation an. Aber trotz allem ist es ein Lügen, ein Täuschen, wenn ihr wisst, die kranke Person lebt nur noch wenige Tage oder wenige Wochen, und ihr sagt: »Das wird schon! Das machst du schon!« Viel passender wäre es doch zu sagen: »Schade, dass es so gekommen ist. Ich hätte dir so sehr gewünscht, dass du in deine Kraft findest. Wir wollen es Gott überlassen.« Jetzt kann der Sterbende darauf reagieren. Er kann sagen: »Hör mir auf mit Gott, wenn er da wäre, würde er mir doch helfen!« Oder er könnte sagen: »Ich glaube auch, dass mein Leben zu Ende geht.«

Viele Sterbende möchten reden, aber sie trauen sich nicht, denn sie sind selbst vom Thema befangen. Und wenn ein Außenstehender den Mut hat, das Thema anzuschneiden, dann ist das für viele Sterbende wie eine Erlösung, denn dann ist es endlich ausgesprochen.

Das ist vergleichbar mit folgender Situation: Ich habe meinem Nachbarn etwas entwendet. Jetzt bin ich befangen. Jetzt schäme ich mich, ihm zu begegnen. Und der Nachbar hat es vielleicht sogar gesehen, dass ich etwas entwendet habe. Wenn er nun sagen würde: »Entschuldigung, hattest du dir dieses Gerät bei mir ausgeliehen?« Was wäre das für eine Erleichterung!

Warum fürchten wir uns so vor dem Tod?
Weil der Selbsterhaltungstrieb, der Lebenstrieb, der stärkste Trieb im Menschen ist. Das zum einen. Zum anderen, weil die Religion den Menschen von einem strafenden Gericht Gottes erzählt hat. Vom Höllenfeuer und vom Fegefeuer. Und nun kommt am Ende des Lebens die Angst, dass das vielleicht alles stimmen könnte. Der Sterbende fragt, wie er diese Prüfungen wohl bestehen wird. Er hat Angst vor dem Ungewissen. Er geht in ein Nichts hinein, denn nichts ist mehr kalkulierbar. Nichts ist greifbar. Nichts bewiesen. Es wird zwar viel darüber geredet, wie es nach dem Leben weiter geht, aber keiner kann es beschwören.

Woran es dem Menschen mangelt, ist Urvertrauen. In frühen Zeiten haben die Menschen sich noch auf das Urvertrauen verstanden, denn das vermittelte der Glaube. Das heißt, ich lebe innerhalb meiner Möglichkeiten das Vertrauen in mich, und dort, wo ich meine Grenzen überschreite, beginne ich, in mein Urvertrauen – in das Vertrauen in die göttliche Führung – zu gehen. Und seit der Mensch das Urvertrauen verloren hat, hat er Angst, die Zügel aus der Hand zu geben, sich führen zu lassen.

Wie wird man denn geführt? Merkt man das? Und wenn man stirbt, weiß man das vorher?
Wenn es ein langsamer Sterbeprozess ist – also jetzt nicht bei einem Blitztod oder bei einem Unfall, der sofort zum Tode führt – wenn es ein langsamer Sterbeprozess ist, dann beginnt der Mensch, wie in einer Zwischenwelt zu leben. Das bedeutet, er nimmt die hiesige, also eure Welt noch wahr, aber seine Seele beginnt sich bereits über die Silberschnur vom Körper zu trennen. Er bleibt natürlich mit der Silberschnur verbunden, gleichzeitig wird er mit der lichten Welt konfrontiert.

Der Mensch beginnt in seinen letzten irdischen Tagen, stille zu werden. Er geht in die Innenschau, und das bedeutet, dass er jetzt hauptsächlich durch seinen Kausalleib wirkt, der in direkter Verbindung mit dem kosmischen Bewusstsein steht. Das bedeutet, dass diese Seelen jetzt bereits Einblick in die lichte Welt nehmen.

Bewusst oder unbewusst!?
Ja nun, was heißt unbewusst? Sie nehmen sie wahr.

Aber sie sehen doch nichts. Es sagt doch keiner: »Ich sehe jetzt Engel« oder Dergleichen.
Selbstverständlich sehen viele etwas. Alles geschieht bewusst. Sie nehmen plötzlich Anverwandte wahr, die bereits eine lange Zeit in der lichten Welt sind und nicht mehr dem Erdmagnetismus unterworfen. Weil das so ist, können sie durch die Nebelwand und den Erdgürtel zurückkehren, um die Sterbenden im Sterbeprozess in die lichte Welt zu begleiten. Die Sterbenden nehmen die Engel wahr, die Engel der Liebe, die Verstorbenen, die sie erwarten, also um ihr Bett stehen.

Das hat man uns als Kinder immer erzählt, dass die Engel ums Bett stehen.
Es ist wahrhaft so, sie stehen auch in der heutigen Zeit am Bett, um den Sterbeprozess zu lindern, die Furcht zu nehmen und das Vertrauen zu stählen.

Ihr kennt doch die Geschichten von Sterbenden, beispielsweise einem Vater, der im Sterben liegt und der seine Söhne zu sich ruft. In diesen Geschichten wird immer ein weiser Rat weitergegeben. Dafür braucht der Vater im irdischen Leben nicht mal ein gebildeter Mensch gewesen sein ... aber nun ruft er die Kinder zusammen, und der Rat ist immer von höchster Weisheit. Warum kann der Vater so sprechen? Weil er bereits mit dem kosmischen Bewusstsein in Verbindung steht und darum die Wahrheit der allumfassenden Liebe erkennt und ausspricht.

Und was ist mit jenen, die wegdämmern, die einfach »so« wegsterben?
Ja, siehe, den Menschen, die wegdämmern, denen geht es genauso. Sie sind nur nicht mehr in der Lage, das, was sie vielleicht sagen oder weitergeben möchten, zu formulieren. Auch wenn ein Mensch im Koma liegt, geschieht das Gleiche. Wenn dieser Mensch aus dem Koma wieder erwacht, also zurückkehrt in das aktive Leben, dann ist diese Erinnerung in der Regel gelöscht.

Du sprachst vom Lebensfilm. Wie kann ich mir das vorstellen?
Etwa wie Kino, wie Lichtbilder. Lass uns Dias als Beispiel wählen. Bilder, die von einem Menschen im Laufe seines Lebens gemacht werden. Da sind die Bilder der

Kindheit, wie die Mutter den Säugling stolz in den Armen hält, und dann das Kind, wie es spielt, und später mit dem Ranzen, der erste Schultag. Und wenn ihr euch dann im Sterben diese Lebensbilder betrachtet, kommen nur die Themen, die mit der allumfassenden Liebe zu tun haben. Also, der erste Schultag wird nicht interessieren. Denn was ist da geschehen? Das Kind war aufgeregt. Aber es ist nichts geschehen, das mit Gewissen, Moral und Ethik zu tun hatte.

Kannst du mir ein Beispiel geben?
Ein Mensch meint, dem Nachbarn ständig helfen zu müssen, weil es dem Nachbarn nicht gut geht. Und das ist ja sehr lobenswert. Er putzt für den Nachbarn und kocht für ihn, und dann geht er in den Ort und erzählt, heute war ich wieder drei Stunden beim Nachbarn. Siehe, das wäre zum Beispiel solch ein Bild. Ist diese Handlung nun Handlung der Liebe gewesen oder war es eine Handlung des Egos? Wenn es eine Handlung der Liebe gewesen wäre, hätte diese Person darüber nicht geredet. Und wenn sie auf die Handlung angesprochen worden wäre, dann hätte sie gesagt: »Aber nun, das war doch Nachbarschaftsdienst! Das habe ich doch gerne getan.« Oder sie hätte gesagt: »Ja, manchmal wird es mir ein bisschen viel, aber das geht schon in Ordnung so.« Aber wenn die Handlung getan wurde, um Selbstdarstellung zu leben, also um das Ego in den Vordergrund zu stellen, dann ist das keine Handlung der Liebe. Das ist dann eine Handlung, die umsonst war.

Und wenn man nicht aus dem Ego heraus erzählt, sondern um anderen ein Vorbild zu sein, um andere auch auf die

Idee zu bringen, Menschen, Tiere oder Projekte zu unterstützen. Also frei nach dem Motto: Tu Gutes und sprich darüber.
Das kommt immer darauf an: Will der Mensch tatsächlich sprechen, um zu animieren oder um für seine Großartigkeit bewundert zu werden? Manche Menschen denken dann eher: Was bin ich für ein guter Mensch. Was rackere ich mich für die anderen ab. Alle bediene ich, und selbst bin ich erschöpft.

Dieser Mensch hat nicht den Mut, sich zu verweigern, und er hat auch nicht den Mut, ein Nein auszusprechen, weil er Angst vor Ablehnung hat und weil er es nicht aushält, wenn es dem anderen mit dieser Verweigerung nicht gut geht. Er kann das Thema des anderen nicht bei ihm lassen. Er identifiziert sich damit.

Und wo bleibt da das Mitgefühl oder Mitleid?
Ein mitfühlender Mensch sieht das Problem des anderen, hört sich an, was der andere zu sagen hat, kann Hinweise geben, seine Meinung sagen oder auch mithelfen, wenn er darum gebeten wird. Aber er lässt immer den anderen erst einmal versuchen, sein Thema selbst zu lösen. Beim Mitleid habt ihr selbst das gleiche Thema: Ihr spiegelt euch im Thema des anderen, und damit verstrickt ihr euch mit dessen Geschichte. Beim Mitfühlen hingegen ist es so, dass ihr den Schmerz und das Problem des anderen nachvollziehen könnt, aber es wird nicht zu eurem Problem. Ihr habt die Kraft, es beim anderen zu lassen. Darum wendet ihr euch nicht von dem anderen ab. Eure Bereitschaft, ihm zu helfen, ist da, aber ihr unterstützt ihn, dass er sich aus seinem Thema selbst befreien kann. Beim Mitleiden

wollt ihr das Thema mit dem anderen gemeinsam aufarbeiten.

Wenn ich jetzt noch mal an den Lebensfilm denke... Nehmen wir an, ich sehe ihn. Was mache ich denn dann damit? Das Leben ist ja gelebt, ich kann ja nichts mehr zurückdrehen, nichts mehr ändern, nichts mehr verbessern.
Ja, so ist es. Darum sprach ich das auch in den Worten der Begrüßung. Wenn ihr diese Lebensbilder betrachtet, wo ihr scheinbar aus Liebe gehandelt habt, es aber gar keine Liebe war, seid ihr natürlich sehr betroffen, sehr beschämt, denn jetzt wisst ihr ja, aus welchen Motiven ihr etwas getan habt, nämlich damit andere zum Beispiel sagen: »Eine tolle Person! So etwas von hilfsbereit!« Das ist Ausdruck von mangelndem Selbstwert. Wenn diese Bilder im Lebensfilm auftauchen, wird ein tiefes Bedauern gelebt, denn der Mensch erkennt, wie viel Zeit er nutzlos vertan hat. Oder ein Schwätzer, der gerne über andere geredet hat, erfährt plötzlich, dass Reden Energie ist und in dem Moment, wo er über einen anderen abfällig gesprochen hat, diese Energie um diese Person kreist und um ein Vielfaches auf ihn selbst zurückfällt. Er fühlt nun Betroffenheit und Scham. Er erkennt, wie viel Zeit er verschenkt hat durch Unkenntnis oder durch Bequemlichkeit. Denn viele wissen ja davon, aber sind zu bequem, um nach dem Gesetz der Liebe zu handeln.

Aber siehe, in dem Moment, wo Reue ist, wo der Wunsch ist, das wieder gutzumachen, bindet der Mensch sich an ein neues irdisches Leben. Emotionen bedeuten Polarität. Und darum sagte ich, es ist ganz wichtig, wenn ihr diese Lebensbilder betrachtet – egal, was ihr getan habt an Sinnvollem oder Sinnlosem –, dass ihr sagt, ich will es so akzeptieren. So soll es gut gewesen sein. Ich will es auf sich beruhen lassen. Denn das bedeutet, jetzt seid ihr den Themen gegenüber neutral, ausgewogen, wertfrei. Und dadurch habt ihr die Chance, euch nicht so schnell an ein neues irdisches Leben zu binden.

Und wie ist es, wenn man gar nicht richtig gelebt hat? Ich hatte noch Geschwister. Sie kamen tot zur Welt.
Nein, nein. Sie betrachten nicht diesen Lebensfilm. Es wurde ja nicht gelebt.

Haben diese Kinder sich im Mutterleib entschieden, nicht auf die Welt zu kommen?
Das kann sein. Es ist gut möglich, dass beide Seelen bereits in der feinstofflichen Welt entschieden, dass sie tot geboren werden wollen, damit sie die Eltern mit Leid und Verlust konfrontieren. Es kann aber auch sein, dass sich beide Seelen während der Schwangerschaft der Mutter dafür entschieden haben, nun doch nicht auf die Welt kommen zu wollen.

Beim »plötzlichen Kindstod« ist das so, denn bis zu einem bestimmten Alter kann sich die Seele wieder aus dem Körper zurückziehen, wenn sie das will. Sie kann ihre Entscheidung, leben zu wollen, noch einmal revidieren.

Besteht zwischen meinen Geschwistern und mir, obwohl wir uns nie getroffen haben, dennoch eine Verbindung? Ein Band ... eine Liebe ... eine Zugehörigkeit?
Ja, natürlich. Eine Verbindung ist da. Das ist selbstver-

ständlich. Denn gezeugt vom Vater und herangewachsen im Leib der Mutter, pulsierte in ihnen beiden ja das Blut der Eltern, und damit bestand auch eine Blutsverwandtschaft. Sie haben also auch eine Verbindung mit dir und du mit ihnen, denn auch in dir fließt ja das Blut deiner Eltern.

Ich hätte so gerne Geschwister gehabt, und deswegen denke ich oft an diese beiden Brüder. In diesen Momenten wünsche ich mir dann, sie könnten mich hören und wären meine Geschwister »im Himmel«, wenn schon nicht hier auf der Erde. Dann denke ich mir wieder, das ist jetzt alles schon so lange her, bestimmt sind die beiden schon längst wieder irgendwo auf der Erde.
Das eine hat mit dem anderen gar nichts zu tun. Selbst wenn sie inzwischen wieder auf der Erde wären, bleibt doch wahr, was gewesen ist, nämlich dass sie als deine Geschwister geboren wurden. Deswegen kannst du auch immer noch mit ihrer Energie Kontakt aufnehmen. Das gilt auch dann, wenn sie jetzt in eine andere Familie hineingeboren wurden.

Ich verstehe, was du meinst, aber ich fühle dennoch einen Unterschied. Es ist nicht das Gleiche für mich, ob ich sie mir im Himmel vorstelle oder als Menschen, etwa als Kollegen, auf der Erde. Sie sind mir im Himmel näher, denn nur dort sind sie »meine Brüder«, und nur von dort aus können sie mich als »ihre kleine Schwester« wahrnehmen und vielleicht mal winken.
Aber die Seele kann dich doch auch auf der Erde wahrnehmen!

Aber ich würde sie doch gar nicht als meine Brüder erkennen!
Du machst dir also ein Bild von ihnen! Aber es wäre viel besser, mit der Energie zu arbeiten. Wie stellst du sie dir denn vor? Stellst du sie dir als Säuglinge vor? Stellst du sie dir als junge Männer vor?

(Ich musste schmunzeln, denn, ehrlich gesagt, stellte ich mir meine beiden Brüder als zwei ziemlich knackige Typen vor, die sich für mich einsetzten, mich beschützten und mit denen alle, die es nicht gut mit mir meinten, gehörigen Ärger bekamen. Ich wusste, dass ich bei dieser Vorstellung ganz klar einen eigenen Kinofilm produzierte. Diesen Kitsch wollte ich Emanuel nicht zumuten und äußerte mich daher zurückhaltend auf seine Frage.)

Als junge Männer. Also so in meinem Alter.
Ja siehe, wenn du sie dir so vorstellst, dann bleibe doch bei diesem Bilde. Und selbst wenn sie jetzt wiedergeboren sind – ihre Energie liegt in diesem Bilde, das du dir von ihnen machst.

(Es war ganz deutlich, Emanuel wollte mir nicht von sich die Auskunft geben, die ich eigentlich hören wollte. Ich hatte um den heißen Brei herumgeredet, mich nicht getraut, die Frage so klar zu stellen, wie ich sie eigentlich dachte. Mutig holte ich Luft …)

Könntest du mir denn sagen, wo sie sind?
Deine Frage ist, ob ich sehen kann, ob sie noch in der feinstofflichen Welt sind oder wieder auf der Erde? Dazu müsstest du mir deinen Mädchennamen sagen.

Also, Karoline der Vorname, Winkler der Elternname.
Gib mir noch die Namen deiner Eltern.

Helene Winkler und Johann Winkler.
Nein, beide Seelen zeigen sich mir in der lichten Welt. Sie haben sich bereit erklärt, nicht geboren zu werden. Das ist etwas anderes, als wenn Seelen durch eine Abtreibung verabschiedet werden. Totgeburten sind häufig Seelen, die den Eltern Gefühle des Verlustes vermitteln wollen, damit deren Liebespotenzial durch diese Erfahrung reift. Die Partner sollen durch diesen Verlust stärker zusammengeführt werden. Die Seelen möchten die Eltern durch diese Verlusterfahrung aufeinander zugehen lassen, also stellen sie sich zur Verfügung, um den Eltern eine Erfahrung zu bringen. Danach kehren sie wieder in die feinstoffliche Welt zurück. Oft handelt es sich dabei um Seelen, die längere Zeitspannen in der lichten Welt bleiben, weil sie einen Auftrag übernommen haben.

Deine Brüder zeigen sich mir noch in der lichten Welt. Aber unabhängig davon, ob sie dort sind oder ob sie auf der Erde wären – der Kontakt besteht über die Seelen.

(Also keine zwei »knackigen Beschützer-Typen«, sondern Seelen, wie Emanuel sagte. Doch »Seelen« konnte ich mir nicht so gut vorstellen ... Tja, und da war jetzt auch Margrets Schwester. Ob sie meine Brüder kannte und ob sie der Grund war, warum mir Margrets Verlust so nahe ging?)

Dieses Treffen mit der Nachbarin, von der ich dir erzählte, ging mir so nah, dass ich schon überlegte, ob der Tod ihrer Schwester etwas damit zu tun hat. Schließlich sind wir

schon seit neun Jahren Nachbarinnen und haben erst jetzt etwas miteinander zu tun ... ganz plötzlich ... sie hat auch noch am selben Tag wie ich Geburtstag! Das kann doch kein Zufall sein! Und obwohl sie in ganz anderen Umständen lebt als ich, ist sie mir sehr nah.
Ja, was ist jetzt deine Frage dazu?

Ja, also ...
Ihr lebt da eine Erfahrung. Zuvor habt ihr beide aneinander vorbeigelebt und euch nicht richtig wahrgenommen. Jetzt, durch ihr Leid, seid ihr aufeinander zugegangen. Und das Leid dieser Frau hat dich berührt, und dadurch bist du offen dafür geworden, ihr zuzuhören und mit ihr zu sprechen.

Aber es gibt so viele Menschen, die einem ihr Leid erzählen. Bei ihr spüre ich irgendwie noch etwas Tieferes, eine ganz andere Verbundenheit.
Ja, eine Vertrautheit spürst du bei ihr. Ihr Energiefeld ist dir vertraut.

Werden denn Menschen von der feinstofflichen Welt zusammengeführt?
Lass es mich noch einmal so formulieren: Ihr Energiefeld ist dir vertraut, weil ihr, ich will jetzt nicht sagen, die gleiche Chemie habt, aber weil da Aspekte vorhanden sind, die sich gleichen. Deswegen fühlt ihr diese Vertrautheit.

Aber führt die feinstoffliche Welt, also Engel oder wie man es auch immer nennen will, Menschen zusammen oder zu bestimmten schicksalhaften Begegnungen?

Nein, Engel führen keine Menschen auf Erden zusammen. Die Seelen verabreden sich in der feinstofflichen Welt miteinander. Sie vereinbaren, dass sie sich auf der Erde begegnen wollen, um bestimmte Erfahrungen miteinander zu machen.

Schicksalhafte Begegnung heißt doch, dir begegnet eine Person, du stehst vor ihr und deine Welt ist erschüttert. Revolution tobt in dir. Das bedeutet ja nicht nur, dass ihr aufgrund eurer Vertrautheit in einem hohen Maße eine Anziehung lebt, sondern es bedeutet in der Regel, dass ihr euch in der feinstofflichen Welt verabredet habt und mit höchster Wahrscheinlichkeit auch vergangene Leben miteinander gelebt habt. Ein Thema wurde dann in früheren Leben nicht erlöst, und ihr begegnet euch deswegen im heutigen Leben wieder.

Das erinnert mich wieder an das Thema Fehlverhalten. In der katholischen Kirche sagt man, durch die Beichte werden Sünden vergeben. Geht das überhaupt?

Ein Mensch, der etwas getan hat, das unrecht war, geht zur Beichte und der Priester sagt: »Kraft meines Amtes spreche ich dich von deinen Sünden frei!« Du empörst dich jetzt vielleicht und sagst: »Unsinn, kann er nicht!« Aber es ist etwas anderes, was du da sehen musst. Dieser Mensch ist durch Schuld belastet und hat durch die Beichte nun die Möglichkeit, gegenüber einer vertrauenswürdigen Person das auszusprechen, was ihn belastet. Er befreit sich dadurch vom Druck und damit auch von der Bedrückung. Im Anschluss bekommt er gesagt: »Als Mittler Gottes und Kraft meines Amtes bin ich befugt, dir deine Sünden zu vergeben.« Welch eine Erlösung!

Ich sagte dir ja bereits, es gibt keine Sünde, es gibt nur Fehlverhalten. Der Mensch hält aber am Begriff der Sünde fest, weil die Kirche auch so viel von Sünde spricht und ihm von einem strafenden Gott erzählt.

Aber ist dieser Priester denn tatsächlich von Gott befugt?
Im Grunde seid ihr alle befugt, die Beichte abzunehmen, denn ihr seid alle Ausdruck göttlicher Schöpfung. Was euren Brüdern oder euren Schwestern zur Erleichterung dient, könnt ihr ihnen geben. Das heißt »von Gott befugt« sein.

Gott ist allumfassende Liebe, und Gott befugt ja nicht diesen oder jenen Menschen, sondern diese Kirchenmänner haben sich ganz Gott geweiht – wir wollen es jetzt loyal formulieren. Ein Mensch wird ja Priester, weil er sich von Gott gerufen fühlt. Nicht berufen, sondern gerufen. Und wenn er dann sein ganzes Leben aufrichtig Gott weiht, dann steht er ganz selbstverständlich in einer hohen Liebesenergie, denn er wird das Gesetz der Liebe leben. Wenn ein solcher Priester die Beichte abnimmt, dann wird er dem Menschen vermitteln, dass Gott Liebe ist und dieser Mensch nicht mehr bedrückt sein muss. Er wird ihm sagen: »Mache das, was du verschuldet hast, wieder gut.«

Das klingt menschlich und warmherzig. Mir persönlich ist die Kirche oft zu formal und streng.
Ihr habt Riten und eine davon ist die Formel »Kraft meines Amtes«. Und weiter »von Gott befugt«. Aber Priester müssen diese Worte gar nicht sprechen. Sie könnten auch sagen: »Gott ist allumfassende Liebe. Wenn du fehlgehandelt hast, wenn du scheinbar eine Schuld be-

gangen hast, dann musst du Buße tun. Buße tun bedeutet nicht, im Büßergewand und mit eingezogenem Kopfe herumzugehen, sondern Buße tun bedeutet: Ich denke über mein Fehlverhalten nach, und ich tue etwas Gutes, um das Fehlverhalten auszugleichen.« Das ist »Buße tun«. Es heißt: die Rechnung bezahlen. Meine Schulden bezahlen. Wenn du die Schuld siehst wie Schulden, die du hast, dann musst du diese ja auch begleichen. Wer eine Schuld hat, muss eine Leistung erbringen, um das Unrecht wieder auszugleichen, denn das Unrecht ist immer Trennung von der allumfassenden Liebe.

Aber ich muss nicht unbedingt in die Kirche gehen, um die allumfassende Liebe zu spüren, oder?
Nein. Aber betrachte doch die Geschichte: Die Menschen haben einen starken Bezug zur Kirche gelebt. Die Kirche war ihnen Halt und bedeutete Autorität. Jeder Mensch sucht doch Halt und Autorität! Meistens nicht in der Zeit, in der es ihm gut geht. Aber wenn Menschen sich hilflos und schwach fühlen, wenn sie Not spüren oder Sorge, dann lehnen sie sich gerne an und suchen Führung und Begleitung. Und das ist das Amt der Kirche, das ist die Aufgabe der Kirche gewesen.

Nun setzt sich die Kirche aus Priestern zusammen, die in einem tiefen Glauben stehen und Boten des Lichtes sein wollen. Aber ihr findet natürlich auch Priester, die die Kirche als eine Möglichkeit sehen oder gesehen haben, Karriere zu machen. Das bedeutet also, ihr könnt nicht die Kirche dafür verantwortlich machen, weil in ihr auch ungläubige Priester sind oder Priester, die eigennützig sind oder Eigennützigkeit für die Kirche leben.

(Ja, das machte für mich Sinn. Aber wo wir schon bei der Sünde waren – was ist mit der Hölle, und: Gab es so was wie den Teufel? Jetzt wollte ich es genau wissen!)

Und der Teufel, was ist mit dem? Gib es ihn oder nicht?
Nun sind wir beim Jüngsten Gericht, beim Fegefeuer. Siehe, natürlich gibt es weder Jüngstes Gericht noch Fegefeuer im Sinn von Gerichtssaal und wirklichem Feuer, aber das erkläre ich dir gleich. Zum Teufel kommen wir später. Das Jüngste Gericht ist im Grunde dieser Lebensfilm, wo ihr erkennt: »Oh je, da hätte ich mal besser die Finger davon gelassen! Das war gegen das Gesetz der Liebe! Hier habe ich etwas getan, was der Buße bedarf.« Diese Erkenntnis ist das, was unter dem Jüngsten Gericht zu verstehen ist, und sie kann für einen Menschen das Fegefeuer bedeuten, wenn er sich von seinem Fehlverhalten nicht freisprechen kann und es weiter als Schuld mit sich herumträgt.

In der feinstofflichen Welt denkt und fühlt man noch immer so?
Ja, das ist dann der Bewusstseinszustand. Der wird mitgenommen und kann Himmel oder Fegefeuer sein. Du hast mich auch nach dem Teufel gefragt. Siehe, wo Licht ist, ist auch Schatten, so sagt ihr. Licht ist allumfassende Liebe und Schatten ist das Böse. Der Teufel ist also der Gegenpol zur Liebe. Er entsteht in euren Gedanken, dann, wenn ihr Eigennutz und gegen das Gesetz der Liebe lebt. Damit schafft ihr Elemente, die sich verselbstständigen, sich mit gleichwertiger Energie verbünden und dann um ein Vielfaches auf euch zurückkehren. Sagen wir, ein Mensch ist eifersüchtig

und neidisch. Er gönnt dem anderen nicht sein Glück. Er sitzt daheim und wird zornig, wenn er nur an diese Person denkt, die scheinbar vom Glück begünstigt ist. Seine Gedanken sind voller Gram, Missgunst und Neid. Mit diesen Gedanken schafft er Energie und zwar die des Missmutes, des Neides, der Habsucht und des Zornes. Diese Energie verbündet sich mit gleichwertiger Energie von anderen Menschen, und nun wird diese Energie immer stärker und kommt wie ein Bumerang auf ihn zurück.

Klingt gruselig ...
Das kannst du aber auch im Schönen sehen. Stell dir einen Menschen vor, der auf der Straße steht und singt. Es gehen Menschen vorbei oder bleiben stehen, um gemeinsam mit ihm zu singen. Das Lied wird immer lauter und die Energie des Liedes immer stärker. Die Menschen, die singen und die sich an dem Gesang erfreuen, lächeln und erfahren Heiterkeit. Die Energie, die diesmal positiv ist, kommt zurück. So ist es mit allen intensiven Gedanken und Gefühlen.

Und was passiert mit dieser Energie, wenn wir gestorben sind?
Ja, ihr seid ja diese Energie.

Mmmmh ...
Die Energie fällt ja nicht von deinem Körper ab, wenn du gestorben bist. Um bei dem negativen Beispiel zu bleiben: Dieser Mensch *ist* ja Neid, *ist* ja Hass, *ist* ja Missgunst. Aber jetzt kommt wieder dieser Lebensfilm, wo er sich betrachtet und tiefste Betroffenheit lebt.

Allerdings kommt es nun auf das geistige Niveau an, denn viele Seelen leben darüber noch nicht einmal die Betroffenheit.

Was passiert mit denen?
Die leben jetzt das so genannte Fegefeuer: Sie leiden unter sich selbst.

Und wenn sie wieder auf die Welt kommen, was dann?
Ja, dann werden sie das ganze Thema erneut angehen.

(Draußen schlug die Kirchenturmuhr und ich bemerkte, dass ich schon wieder die Zeit vergessen hatte. Ich musste weg, denn daheim wartete ein beruflicher Termin. Schade, dachte ich, ich hätte gerne noch etwas länger mit Emanuel gesprochen.)

Hoppla, ich muss ja gehen!
Dann spreche ich jetzt die Worte des Abschiedes ...

Ja, schön! Ich danke dir!
Also: Der Mensch wird geboren, um zu sterben. Es ist wichtig, sich immer wieder einmal mit diesem Thema zu konfrontieren. In frühen Zeiten wurde da eine größere Unbefangenheit gelebt, weil die Familienmitglieder zumeist zu Hause starben und die Angehörigen von klein auf mit dem Tod konfrontiert wurden. Sie haben im Sterben etwas Natürliches gesehen. Ein Kommen und Gehen. Die Geburt in die Welt ist die Geburt in die grobstoffliche, die irdische Welt, und der Tod ist die Geburt in die feinstoffliche Welt, ihr sagt dazu Himmel. Jetzt lebt ihr in einer Zeit, wo der Tod mit Befangenheit

und Angst erlebt wird. Ihr fürchtet euch, euch mit dem Endlichen auseinander zu setzen. Die Herausforderung der Menschen ist aber, in die Rückbesinnung zu gehen, damit eine größere Lebensqualität entstehen kann.

Dieser Lebenshunger, den ihr in diesen Zeiten erfahrt, ist nicht natürlich. Es ist ein ständiges Fliehen und ein ständiges Sich-Betäuben. Die Herausforderung der Menschen liegt darin, wieder mehr Rückbesinnung zu leben und die wahren Werte zu suchen. Was ist wert, gelebt zu werden? Wert, gelebt zu werden, ist all das, was die Seele in den Frieden stellt. Der geistig-spirituelle Mensch fragt sich nicht: »Was benötige ich noch, um meinen Frieden zu finden?«, sondern überlegt: »Was benötige ich *nicht* mehr, um meinen Frieden finden zu können?« Das ist die große Aufgabe der Menschen, diesen Weg zu gehen. Sie werden dadurch wieder erfahren, dass im Kommen und Gehen Wandlung liegt.

Wir, mein Kind, helfen dir, in dieses Erkennen zu finden. Jeden Tag aufs Neue, mit all unserer Liebe. Wir legen dir in dein Herze die Heiterkeit der Erkennenden, die Gelassenheit der Wissenden und die Geduld der Vertrauenden.

Mein Friede gehe an deiner Seite.

Emanuel.

Wieder zu Hause, fasste ich mir ein Herz und erzählte meiner Nachbarin Margret, wo ich gewesen war. Ich wusste nicht genau, wie ich meine Besuche bei Emanuel erklä-

ren sollte. Margret war keine Frau, die sich mit Spiritualität beschäftigte. Wir trafen uns auf einen Kaffee, und ich fing umständlich an, über Engel, Tod und Leben zu sprechen. »Ich habe schon mal ein Buch über Engel gelesen«, erzählte sie mir zu meinem großen Erstaunen. Ich bekam Mut, über Emanuel zu sprechen. »Ich weiß nicht, was da passiert. Aus Frau Zimmer spricht etwas heraus. Er nennt sich Emanuel, aber man kann auch sagen: Es spricht aus ihr heraus. Die Gespräche tun auf alle Fälle gut.« Ich gab ihr das Band mit und bemühte mich, nicht gleich am nächsten Tag neugierig nachzufragen. Margret würde die Antworten für sich herausziehen, die sie brauchte, und vielleicht half ihr ja Emanuel bei der Verarbeitung der Trauer ein Stückchen weiter. Als wir uns das nächste Mal über den Weg liefen, bedankte sich Margret sehr liebevoll bei mir, und ich hatte das Gefühl, dass Emanuels Botschaft angekommen war.

Ansonsten versuchte ich, alles ein wenig lockerer zu sehen, aber es glückte mir nicht immer in dem Maße, wie ich es wollte. Richtig schlecht gelaunt wurde ich allerdings, als ich mich mit zwei Kollegen einer anderen PR-Agentur traf. Wir kannten uns flüchtig und trafen uns von Zeit zu Zeit, um uns über den Markt und über Ideen auszutauschen. Michael und Peter fragten mich aus, und ich fühlte mich mit jeder Frage mehr in die Ecke gedrängt. Wie hoch war mein Umsatz? Welche Projekte verfolgte ich? Was war geplant? Wohin steuerte ich mit meiner Agentur? Und vor allem: Ich hatte doch das letzte Mal von einem Pilotprojekt erzählt, was war denn aus dem Auftrag geworden? Bereitwillig gab ich Auskunft und fragte auch bei ihnen nach, aber nach diesem Treffen blieb ein schaler Geschmack zurück und meine Gelassenheit sackte in den Keller.

Beide Kollegen vermittelten mir das Gefühl, nicht kompetent zu sein, und spät am Abend, als wir uns schon längst verabschiedet hatten, fühlte ich mich mir selbst gegenüber auch nicht mehr besonders fähig. Diese Männer, oder überhaupt Männer, die gingen alles ganz anders an. Sie konnten auch nicht verstehen, dass ich gar kein riesiges Büro haben wollte, sondern beabsichtigte, »klein und fein« zu bleiben, damit ich Zeit für Nick und mich hatte. Nick und ich sprachen über eine gemeinsame Wohnung in Wien, planten ein wenig hin und her. Oder eine Ferienwohnung in Italien? Beides war sehr reizvoll, und es war schön, mit Nick entsprechende Anzeigen zu studieren. Wenn ich ehrlich war, so wollte ich lieber erst mal nach Wien ziehen; für Italien schlug mein Herz nicht so heftig. Nick fand das schade, aber wir konnten uns auch in diesen Gesprächen mehr und mehr genießen. Es ging uns gut miteinander. Ich sah ihn gerne an, hatte ihn gerne an meiner Seite und freute mich über unsere Tage, ohne alles gleich für die Ewigkeit festschreiben zu wollen.

Mal sehen, was das Leben mir noch brachte. Ich war gespannt. Und meine Angst? Die schickte mir immer mal wieder eine Ansichtskarte aus dem Urlaub, und wenn sie vorzeitig nach Hause wollte, dann sagte ich ihr: »Entspanne dich doch noch ein Weilchen und bleibe am Strand!« Sätze wie dieser machten, dass ich schmunzeln musste, und dann war alles schon wieder ein bisschen besser.

Ich begann, stärker zu glauben, aber es war ein anderer Glaube als der, den ich im Religionsunterricht gelernt hatten. Ich dachte darüber nach und fragte mich, warum ich solch ein schlechtes Gewissen bekam, wenn ich über einen Austritt aus der Kirche auch nur nachdachte. Noch immer »tat man das« in meiner Familie nicht und noch immer ver-

band ich Kirche auch mit Spiritualität. Wie also, wenn das eine mit dem anderen gar nichts zu tun hatte? Wenn Priester einfach Menschen waren, die einen tiefen Glauben in sich spürten und diesen mal besser, mal schlechter umsetzten? Wenn wir alle einander Sünden vergeben konnten? Vielleicht musste ich mit Emanuel noch mal darüber sprechen. Das Thema Kirche war für mich mit vielen Fragen behaftet. Ein Engel musste doch Antworten wissen... wenn nicht er, wer sonst?

Ich dachte wieder an meine frühere Freundin Bettina. Ob wir uns wohl vergeben konnten, wenn wir uns eines Tages wiedersahen? Ich war oft launisch und muffig zu ihr gewesen. Mit schlechtem Gewissen erinnerte ich mich an einen Anruf, bei dem ich ihr ohne Grund über den Mund gefahren war. Wir hatten das Telefonat damals zu Ende geführt, so getan, als wäre nichts passiert. Aber eigentlich wäre es an mir gewesen ihr zu sagen: »Entschuldige, ich habe mich im Ton vergriffen!« Das ist es doch, was der Glaube von uns verlangt. Nicht nur den Mut für Fehltritte zu haben, sondern auch den Mut für Entschuldigungen. Ich nahm mir vor, mich zu entschuldigen, wenn mir so etwas wieder passieren sollte, und bekam bereits wenige Tage später dafür eine Gelegenheit. Wann würde ich endlich so zahm wie ein Lämmchen werden? Vermutlich nie... das war einerseits ganz schön bitter und andererseits auch sehr erfreulich. Ich nahm mir vor, mich weiter zu zähmen und zu streicheln, und gab die Hoffnung nicht auf, dass mich die Menschen auch trotz meiner gelegentlichen rauen Auftritte schätzten und mochten.

In Zukunft wollte ich an meinem Selbstbild noch ein wenig feilen. Ich wünschte mir, ein bisschen entspannter zu werden, und hoffte, dass Emanuel mir dafür ein paar Tipps geben konnte. Mein nächster Besuch bei ihm stand in Kürze an.

Draußen grünte und blühte die Natur, und als ich im Schritttempo über die Autobahn rollte, hatte ich ausreichend Gelegenheit, mich daran zu erinnern, wie aufgeregt ich doch die ersten Male gewesen war, als ich zu Emanuel fuhr. Jetzt war es ein vertrauter Besuch. Es fehlten nur noch Kaffee und Kuchen...

FÜNFTER BESUCH

Gotteskindschaft in all ihrer Fülle leben

Friede dem Herzen, Freude am Leben durch Achtung vor deinem göttlichen Selbst. Gott zum Gruße, mein geliebtes Kind. Mit Licht, mit Liebe und mit Freude segne der Einzige und Wahrhaftige, der Ewige und Wahre, der Ursprung allen diesen Seins dieses dein Herze und schenke ihm Freiheit und Freude. Siehe, überall dort, wo der Mensch Freiheit lebt, ist die Freude an seiner Seite. Denn Freiheit lässt nicht Sorge und Bedürftigkeit zu. Nun bedeutet nicht Freiheit, alles zu tun und zu machen, was ich möchte. Nicht alles zu lassen, was ich sollte. Nein. Freiheit ist die große Gabe des Menschen, vor Gott Entscheidungen treffen zu können. Und dort, wo der Mensch beginnt, von seinen Unzulänglichkeiten abzusehen, von dem, was er glaubt, dass es seine Bedürftigkeit sei, dort kann er die Fülle des Lebens wahrnehmen.

Die Freiheit des Menschen besteht darin, sich für oder gegen die Liebe entscheiden zu können. Und ein Mensch, der den Mut hat, sich für die Liebe zu entscheiden, also nicht mehr unter seinen Unzulänglichkeiten oder Herausforderungen zu leiden oder darüber sogar gekränkt zu sein, der hat die Kraft, sich immer wieder aufs Neue der Fülle des Lebens zuzuwenden.

Ihr lebt in einer reichen Zeit. Es ist Frühling und die Natur macht euch vor, was Entfaltung bedeutet. Wenn der Mensch den Mut hat, sich die Natur als Beispiel zu nehmen, und sich auf die Entfaltung einlässt, dann lebt sein Herz in Freude. Er spürt ein tiefes Auf- und Durchatmen in sich, erfährt das Gefühl der Freiheit, wie auch immer seine persönliche Situation momentan gelagert ist, denn er lässt sich vom Wachstum und von der Entwicklung in der Natur animieren.

Ein Mensch, der sich auf Wachstum und Entwicklung konzentriert, sein frohes Lied singt und frohe Gedanken hat und Gedanken des Vertrauens, der Gelassenheit und der Zuversicht, wird aus seiner Enge und Zwanghaftigkeit herausgeführt. Überall dort, wo Zwanghaftigkeit und Enge nicht mehr wahrgenommen und nicht mehr registriert werden, tritt Entspannung ein, und das bedeutet, es kann auch wieder Verwandlung stattfinden. Alte Themen verabschieden sich, damit Neues sein kann. Und jetzt, mein Kind, beginnen wir mit deinen Fragen.

Emanuel, deine Worte tun mir gut. Und es stimmt, wenn ich in die Natur blicke, dann erfreue ich mich und mein Herz wird weit. Dennoch hält dieses gute Gefühl nicht lang, denn kaum klingelt das Telefon, ist es auch schon vorbei mit der Naturbetrachtung. Meine Gelassenheit weicht den Problemen des Tages oder jenen aus der Vergangenheit. Ich würde aber das gute Gefühl gern in meinen Alltag integrieren. Wie mache ich das?

Ich will das, was ich sagte, mit einem Beispiel wiederholen: Wenn ihr esst, dann nehmt ihr dafür die Nahrung in den Mund, zerkleinert sie und schluckt sie hinunter, damit Magen und Darm der Nahrung das entziehen können, was der Körper für seine Erhaltung braucht. Ein Mensch, der die Nahrung in den Mund nimmt und nicht bereit zu schlucken ist, der wird verhungern. Er ist nicht mehr lebensfähig. Genau das geschieht auch bei Menschen, die an ihren Themen festhalten und die wie du sagen: »Die Probleme lassen mich nicht los.« Oder sie sagen: »Ich lebe in Unfreiheit und in Zwängen, von denen ich mich nicht befreien kann.«

Es kann aber nur dort Neues entstehen, wo das Alte akzeptiert oder verwandelt wird. Dies gelingt, wenn durch Bemühung alte Muster, Gewohnheiten und – vor allen Dingen – auch Bequemlichkeiten überwunden wurden. Nach dieser Überwindung fühlt ihr eine neue Lebensqualität und die Fülle des Herzens. Freude und Freiheit sind dann im Leben.

Emanuel, was denkst du denn, was ich nicht so richtig »schlucken« will?

Mein Kind, dein Thema ist, dass du noch immer nicht genügend Vertrauen hast. Dabei ... wenn du dir dein Leben betrachtest: Durch wie viele Stationen bist du schon gegangen und wie wunderbar war immer deine Führung? Eigentlich könntest du doch vertrauen, oder?

Ja, das stimmt. Du hast Recht.

(Ich fühlte mich ein wenig ertappt und zerknirscht. Emanuel hatte Recht. Vieles in meinem Leben hatte sich auf wunderbare Weise gefügt, und ich reagierte darauf noch immer mit Misstrauen. Wenn man diese Führung mit einem

Geschenk verglich, dann war ich eine Beschenkte, die zum Beispiel eine kostbare Uhr bekam und anstatt sich zu freuen nur dachte: Die bleibt bestimmt stehen! Macht keinen großen Spaß! Der Beschenkte kann sich nicht freuen, und der Schenkende... na, dem müsste eigentlich die Lust am Schenken vergehen. Ich nahm mir vor, mich mehr an den Dingen des Lebens zu erfreuen und vor allen Dingen: ihnen auch zu trauen!!! Emanuel spürte, dass ich über seine Worte nachsann, und ließ mir meine Zeit. Dann fuhr er fort.)
Es ist wichtig, dass du mit dir noch gelassener und souveräner wirst. Also: Was du noch nicht so richtig »schluckst«, ist die Gelassenheit und die Souveränität. Das kannst du aber lernen.

Ja, ich bemerke es selbst immer wieder. Ich biete meinen Kunden meine Dienstleistung und meine Ideen an. Oft kommen wir ins Geschäft und meine Kunden sind zufrieden. Und dann sehe ich die Konkurrenz und denke: Die machen das alles viel besser und haben mehr Erfolg. Ich bin doch nur ein kleines Würstchen, und es ist egal, ob ich mit meiner Agentur da bin oder nicht... Dabei liebe ich meine Arbeit so und wünsche mir den Erfolg!
Aber der Wunsch alleine wird nicht den Erfolg bringen. Siehe, du kannst dir zwar etwas wünschen, aber deswegen muss es sich noch lange nicht realisieren. Es funktioniert ganz anders: In dem Moment, wo du dir etwas *nicht* wünschst, nimmst du den Druck aus der Sache. Und wo kein Druck ist, ist Gelassenheit.

Wenn du kreativ bist und eine Ideen entwickelst, um damit an die Öffentlichkeit zu gehen, dann ist es ja ganz normal, dass du dir den Erfolg wünschst. Das ist selbstverständlich. Und du *bist* kreativ, und es wäre wichtig, dass du dir das verdeutlichst: dass du um der Kreativität wegen kreativ bist, dass es dir Spaß macht, Ideen zu haben, zu planen und über mögliche Projekte nachzudenken. Da ist dann nicht gleich der Erfolgsdruck. Du »bastelst« dann und »tüftelst« aus, weil du es magst, und auf diese Weise entdeckst du dann die wirklich tiefe Freude in dir.

Die spüre ich schon, diese Freude. Dennoch ist es ein bisschen frustrierend, wenn Konkurrenten mehr Aufträge erhalten und besser bezahlt werden.

Aber siehe, ist es denn so, dass jeder sofort Erfolg hat? Gehe doch erst einmal den Weg, jetzt will ich nicht sagen, der kleinen Schritte, aber den gelassenen Weg und warte doch noch ein wenig. Es zeigt sich mir, dass der Erfolg kommen wird. Das muss jetzt nicht gleich der Riesenauftrag sein, aber solch ein Umsatz, dass du dich freust und sagst: »Ja, das ist eine wirkliche Resonanz! Ich habe etwas erreicht, ich habe mit meiner Kunst andere berührt.« Denn die Leichtigkeit der Kreativität, die hast du ja. Die Ideen fallen dir leicht zu.

Sieh genau hin: Du befindest dich ja in einer Zeit der Umwandlung. Du hast Altem den Rücken gekehrt und bist in deine Selbstständigkeit gegangen. Völlig neue Wege hast du beschritten, und diese musstest du sogar noch aufbauen. Du hast doch nicht die ganze Zeit in der Hängematte gelegen und überlegt: »An welcher Idee könnte ich weiterspinnen?«, sondern du bemühst dich, verschiedensten beruflichen Herausforderungen nachzukommen, damit du eine stabile Existenz erreichst. Wenn diese Grundlage gelegt ist – das wirst du sehen –, dann kommt auch der Erfolg.

Wenn es das Richtige für mich ist. Wer weiß ... Ich zweifle schon wieder, siehst du?! Gibt es vielleicht nicht doch eine bestimmte Berufung für jeden Menschen? Einen bestimmten Zweck im Leben, ein Lebensziel? Du hast es mir schon einmal erklärt, aber ganz verstanden habe ich es doch nicht.

Berufung – oder das, was ihr auch Herausforderung, Lebenszweck oder Lebenssinn nennt – ist im Herzensfrieden zu finden. Es gilt, in die allumfassende Liebe zu gehen und euch selbst in Liebe zu finden. Deine Frage bezieht sich aber auf die Tätigkeiten im Leben, den Beruf. Auch wenn dir das schwer fällt zu glauben: Nicht jeder Mensch lebt eine Berufung! Aber jeder Mensch sehnt sich nach einer Berufung ...

Jeder Mensch ist Ausdruck göttlicher Schöpfung und darum an sich schon vollkommen. Das Sehnen in den Menschen ist der Wunsch, diese Vollkommenheit umzusetzen. Sie auszudrücken, sie zu leben und auch für sie zu leben. Wenn das gelingt, so kann der Mensch sich erfahren, bestätigen, und das heißt wieder, der Welt etwas von sich selbst, der eigenen Persönlichkeit zu geben. Siehe, aber nicht jeder Mensch hat im Sinne von Beruf auch eine Berufung. Berufung ist dort, wo eine Anlage oder eine Gabe ist, wo ein Interesse gespürt wird, das gefördert sein will oder bereits gefördert wird, damit das Thema sich immer stärker herausbilden kann. Dem Menschen ist dann die Herausforderung keine Last, denn er ist von dem Thema erfasst, es bereitet ihm eine große Freude und fesselt ihn so, dass er das Thema zu seinem Beruf macht.

Wenn ein Mensch eine Berufung hat, dann zeigt sich das bereits sehr stark im Kindesalter. Es gibt ja Kinder, die sagen: Ich werde später Arzt oder Chemiker oder Lokomotivführer ... na ja, das ist kein guter Vergleich, denn Lokführer wollen die meisten Jungen werden ... also, ich spreche von Interessen, bei denen die Kinder wissen, dass sie mit einem Thema sehr eng verbunden sind. Tritt dies ein, dann handelte es sich hier um eine Berufung, und die Menschen werden ihren Weg gehen. Du findest oft Kinder, die sehr musisch sind, das ist dann natürlich eine Berufung. Wenn diese Kinder von den Eltern gefördert werden, dann gehen die Kinder mit ihrem Talent immer stärker in die Tiefe und können es so zur Vollkommenheit führen, weil nicht nur ihr Interesse, sondern auch ihr Herz dabei ist. Sie spüren dann nicht mehr allein die Anlage, sondern das ganze Herz ist involviert. Diese Seelen sind dann schon mit diesem speziellen Berufswunsch in das heutige Leben getreten. Deswegen wissen die Kinder, welchen Beruf sie einmal später ergreifen wollen, und sie werden diesen dann auch in irgendeiner Form ausführen.

Die meisten Menschen jedoch kommen mit unterschiedlichen Interessen zur Welt. Es interessiert sie vieles, sie gehen nicht mit einem Thema in die Tiefe, sondern mit mehreren in die Breite. Das birgt die Gefahr in sich, dass diese Menschen sich verzetteln. Sie sehen nach hierhin und nach dorthin. Es gefällt ihnen dies, und das interessiert sie auch, und jenes ist auch ein spannendes Thema. Sie besuchen Kurse oder fangen an zu sammeln und suchen sich die Themen wie aus einem Katalog aus.

Ich hab da eine Freundin, die das genau so handhabt. Wenn ich mit ihr darüber spreche, dann sagt sie mir, dass sie einfach keinen Drang verspürt, sich einem Thema inten-

siver zu widmen. Sie ist immer weiter auf der Suche und hofft, dass es irgendwann einmal in ihr »klick« macht. Was soll sie tun?

Sie könnte aus der Vielfalt ein Thema wählen und sich diesem dann widmen und es fördern, damit es eine Berufung werden kann. Mit der Zeit und durch Einsatz und Freude kann sich dann daraus eine Berufung entwickeln. Viele Menschen kommen zu mir und beklagen sich: »In meinem Beruf langweile ich mich. Ich würde so gerne meine Berufung leben!« Wenn ich sie dann frage: »Was verstehst du denn unter Berufung?«, dann antworten sie: »Ich würde so gerne helfen. Etwas für Menschen tun.«

Daran kannst du erkennen, dass es im Menschen angelegt ist, sich in seine Vollendung zu führen. Sie wollen den anderen etwas geben, was ihnen hilft, in die Klarheit zu finden. Nun siehe, du, mein Kind, du lebst eine ganz wunderbare Ideenvielfalt und Kreativität. Du hast einen wachen Geist, eine große Inspiration und du bringst deine Projekte gerne zu Papier. Es ist bei dir eine Berufung und keine fixe Idee, du merkst ja jeden Tag in deiner Arbeit, wie wunderbar leicht sie dir von der Hand geht. Wie du Menschen zusammenbringst, sie zu ihren Themen führst und mit ihnen Projekte gestaltest und entwickelst. Es ist für dich jetzt wichtig, nicht den Druck des Erfolges zu spüren, sondern einfach deine Freude an der Arbeit zu leben und deine Projekte um der Projekte willen zu verfolgen.

Seit ich mich selbstständig gemacht habe, spüre ich diesen Druck aber immer mehr. Und nicht nur das. Wenn andere erfolgreicher sind, dann sage ich zu mir: »Siehst du, du kannst es ja gar nicht! Denn wenn du es könntest, dann

gäbe es mehr Resonanz auf deine Angebote.« Ich unterstütze mich nicht, sondern mache mich eher regelmäßig selbst klein.
Aber siehe, dann kann es auch nicht erfolgreich werden. Schreibe um des Schreibens willen, und höre auf, irgendetwas dabei zu bewerten. In dem Moment, wo du bewertest, sendest du diese Energien in das Thema. Arbeite weiter. Lasse dich da nicht beirren. Habe Geduld. Es läuft.

(Ich hätte losheulen können, als Emanuel das so sagte. In dem Moment, wo ich schlucken musste, wurde mir klar, wie wenig ich noch immer an mich und meine Fähigkeiten glaubte. Es tat gut, dass wenigstens Emanuel es tat. Er glaubte offenbar an mich, und dadurch konnte auch ich wieder mehr glauben.)

Lass mich es dir so sagen: Wenn du nicht an dich glaubst, wie kannst du dann erwarten, dass andere es tun?

(Bingo! Er hatte mich erwischt!)

Das ist die große Aufgabe.
Eben.

Wie gehe ich denn am besten damit um, wenn Neidgefühle in mir auftauchen? Was mache ich, damit sie sich wieder verflüchtigen?
Indem du dir darüber klar wirst, dass du in dem Moment, wo du Neid lebst, auch Mangel lebst. Der andere hat dann etwas oder kann etwas, was du noch

nicht hast oder nicht haben kannst. Das heißt, du beginnst zu vergleichen und zu messen. Solange dies passiert, bist du dir nicht treu, sondern du bist bedürftig. Dort, wo du dir selbst Mangel zugestehst, kannst du nicht Erfolg haben.

Neid ist immer der Ausdruck von Mangel, den der Mensch sich selbst zuspricht. Nun kannst du auch anders mit dir umgehen. Du könntest zum Beispiel den anderen auch als Anstoß nehmen. »So soll es auch bei mir laufen!«, kannst du sagen. Dann spricht aus dir nicht mehr der Neid, sondern der Ansporn. Damit meine ich aber nicht Ehrgeiz, denn der kann ja auch zerfressen und in Zwanghaftigkeit führen, sondern ich meine ausschließlich Ansporn im Sinne von Animation. Der Glaube an sich selbst, dass man es *auch* schaffen kann.

Ich habe das Gefühl, dass es nicht nur mir, sondern auch vielen anderen Menschen immer schwerer fällt, an sich selbst zu glauben. Was können wir denn für uns selbst tun, damit wir mehr eins mit uns werden?

Wenn du stärker an dich selbst glauben möchtest, dann ist der erste Schritt dahin, dass du beginnst, dir selbst zu genügen. Ich erzählte es dir ja bereits. Die Menschen sind Ausdruck der göttlichen Schöpfung und streben von daher nach Vollkommenheit. Sie wollen diese Gotteskindschaft in all ihrer Fülle leben. Sie spüren sie in sich wie eine Knospe, die noch nicht erblüht ist und die endlich erblühen will, um sich ganz zum Ausdruck zu bringen.

Wenn der Mensch beginnt, sich zu akzeptieren in all seiner Unzulänglichkeit und Unvollkommenheit, dann beendet er damit seinen inneren Leistungsdruck. Er wird sich nicht mehr zu Dingen zwingen oder diese sich abfordern, indem er sagt: »Ich muss es tun!« oder »Ich schaffe es nicht!« Das sind übrigens wieder die beiden Pole. Auf der einen Seite der Zwang und auf der anderen der mangelnde Selbstwert.

Wenn man innerlich wachsen will und sich entfalten möchte, ist es wichtig, sich erst einmal in seinen Stärken und Schwächen zu betrachten. Das ist eine ganz nüchterne Bilanz. Die Schwächen werden weder zugedeckt noch verleugnet, aber auch nicht aufgebläht. Was ist die Aktiv-, welches ist die Passiv-Seite? Was behindert den Lebensfluss? Was lässt einen sich selbst nicht genügen? Und wenn das erkannt wird, dann ist es wichtig, nicht dagegen anzukämpfen, denn wenn man beginnt, gegen etwas zu kämpfen, will man es unterdrücken. Es muss beides angenommen werden, denn indem der Mensch annimmt, söhnt er sich aus.

Hast du ein Beispiel? Es fällt mir dann leichter zu folgen.
Sagen wir, ein Mensch ist ungeduldig und er leidet unter seiner Ungeduld. Das ist verständlich. Wenn er jetzt akzeptiert, dass ein Teil seiner Wesenszüge die Ungeduld ist, und damit aufhört, darunter zu leiden oder dagegen anzukämpfen, befreit er sich allein durch dieses Annehmen von einem sehr starken Druck. Und weil er nun nicht mehr kämpft und darum dieser Druck nicht mehr da ist, kann die Energie, die zuvor in dem Druck lag, verändert werden. Sie wandelt sich in die Energie des festen Willens, des guten Willens, des Mutes und der Bereitschaft zur Veränderung. Nun erlebt dieser Mensch eines Tages, sagen wir im Frühling, dass er schon wieder ungeduldig ist. Er bemerkt, wie er hastet

und hetzt, und auf einmal hält er inne und sagt zu sich: »Moment, ich möchte ja die Geduld erlernen!« Also bleibt er stehen und lässt seine Augen eine Weile schweifen. Er nimmt die Fülle der Natur wahr und lässt sie auf sich wirken. Indem er sie auf sich wirken lässt, erfährt er den Reichtum. Er geht in die Energie der Natur, des Wachstums, der Entfaltung. Und plötzlich stellt er fest, dass er ruhiger geworden ist, und ihm wird klar, dass er, wenn er hastet, an wahrer Lebensqualität vorbeirennt.

Die Voraussetzung, um sich anzunehmen, mit sich liebevoller zu werden, ist also, Bilanz zu ziehen. Sich die Passiv-Seite zu betrachten und zu sagen: »Ja, das bin ich auch. Aber ich werde es noch verändern. Nicht mit Gewalt und nicht mit aller Kraft. Das wird nicht gehen, da kommt der Gegendruck. Sondern mit Einsicht, mit Geduld, mit Zuwendung. So, als wäre diese Passiv-Seite ein Kind, das noch erzogen werden muss, das die Spielregeln des Lebens noch lernen muss.«

Wenn ihr so geduldig mit euch sprecht, so einsichtig und großmütig und so gelassen, dann werden die Muster, die ihr nicht mehr leben wollt, sich ganz von selbst verabschieden. Und selbst wenn sie sich nicht verabschieden, dann stören sie euch wenigstens nicht mehr. Denn ihr söhnt euch mit ihnen aus. Aussöhnung mit der Unvollkommenheit!

Das Ziel, der Ruf, ist, in die Vollkommenheit zu finden. Das ist euer Motor. Der Weg in die Vollkommenheit kann aber nicht schnell begangen werden, denn es ist ein Weg der kleinen Schritte. Vollkommen zu sein heißt nicht, alles zu haben, alles zu können, alles zu wissen, sondern Vollkommenheit bedeutet: Ich schließe mit mir Frieden! Dann gibt es kein Vergleichen und Messen mehr, kein Aufblicken oder Herabblicken, sondern wenn ein Mensch mit sich in Frieden lebt, können sich seine wunderbaren Möglichkeiten entfalten. Er entdeckt sich plötzlich selbst.

Ich erinnere mich noch gut an die Zeit, als ich in einem großen Unternehmen tätig war. Da bekam ich die Aufgaben und Projekte zugewiesen. Ich konnte nicht frei entscheiden, und der Leistungsdruck, das vorgegebene Ziel erreichen zu müssen, war sehr groß. Da ging das gar nicht, sich in seiner Schwäche anzunehmen, sondern man bekam von oben gesagt: »Sie können das!« Oder eben: »Sie können das nicht! Sie sind ein Nichts!« Wie kann man sich denn selbst schützen, wenn jemand versucht, einen so zu demolieren?

Du kannst dich doch nur von den äußeren Stimmen distanzieren, wenn du es besser weißt! Und das bedeutet, dass du dir sagst: »Ich weiß, dass ich noch Mängel habe, und ich kenne meine Unzulänglichkeiten. Deswegen kann der andere sich seine Rede sparen. Er muss mir nichts erzählen.« Siehe, ein Mensch, der sich selbst vertraut, der um seine Stärken und Schwächen weiß, den kränkt es nicht, wenn ein Kollege sagt: »Das hast du noch immer nicht verstanden!«, denn er weiß ja selbst um seine Unzulänglichkeit oder seine Bedürftigkeit.

Problematisch wird es erst, wenn ihr euch selbst nicht genügt und dies den anderen weder zeigen wollt noch könnt, weil ihr fürchtet, als minderwertig eingestuft zu werden. Dadurch entsteht Druck, und ihr geratet in eine Beweisnot.

Aber viele Menschen haben Angst, ihren Arbeitsplatz zu verlieren.

Wenn diese Angst da ist, dann ist die Herausforderung, sich zu sagen: »Ich mache es so gut, wie ich kann. Mehr kann ich nicht geben. Wenn ich damit der Stellenbeschreibung nicht genüge, dann muss es mir mein Arbeitgeber sagen, denn dann muss ich mich um einen anderen Arbeitsplatz bemühen.« Das hört sich zwar hart an, aber es gibt keine andere Lösung. Überlege dir doch einmal: Du kannst doch nicht Woche für Woche und Monat für Monat mit Angst zur Arbeit gehen! Das würde doch bedeuten, dass du erkrankst. Wer so lebt, lebt weder Lebensqualität noch Lebensgenuss, sondern permanente Unterdrückung! Unterdrückung findest du immer dort, wo mangelndes Selbstvertrauen und mangelndes Selbstbewusstsein sind.

Dann müsste ja die momentane Arbeitsmarktsituation in Deutschland ein kollektiver Ausdruck von Mangel an Glauben und Vertrauen an sich selbst sein.

Nein, es ist Folgendes: Ihr seid jetzt in einer wirtschaftlichen Situation, bei der die Spitze überschritten ist. Was ihr jetzt lebt, ist Abbau und Abstieg. In den Zeiten, wo Aufbau ist, gibt es keinen so starken Konkurrenzkampf. Jeder hat Arbeit und es werden Arbeitskräfte gesucht. In dem Moment, wo gesucht wird, wo ich mich darstellen und vorstellen kann, lebe ich auch Selbstvertrauen und Selbstbewusstsein. In den Zeiten des Aufbaus bewirbt sich ein Mensch und erhält eine Antwort. Das ist dann entweder eine Zusage oder Absage. In den Zeiten des Abbaues, wo Arbeit weniger wird, bewerbe ich mich und erhalte keine Antwort oder eine Absage. Nicht weil ich schlecht bin, sondern vielleicht einfach deswegen, weil sich viele beworben haben und die Konkurrenz groß ist. Das hat dann nichts mit mangelndem Selbstvertrauen zu tun, sondern die Situation ist eine andere.

Und geht denn die wirtschaftliche Talfahrt noch lange weiter?

Ja nun, was ist lange? Siehe, alles im Leben ist ja Wellenbewegung. Ihr geht jetzt erst einmal hinunter in das Tal, und das ist auch eine ganz gesunde Entwicklung. Aber wenn dann wieder der Aufstieg kommt, siehe, dann liegt ja eine Zeit des Mangels und der Bedürftigkeit hinter euch, und das bedeutet, dann ist wieder der große Nachholbedarf. Überlege doch einmal, mein Kind, ihr habt über viele Jahre hinweg wirkliche Fülle gelebt, aber leider können die meisten Menschen nicht besonders gut mit Fülle umgehen.

In dem Moment, wo du Fülle hast, bietet es sich an, Rücklagen zu bilden und Sicherheiten zu schaffen. In früheren Zeiten, wo der Landwirt noch sehr stark vom Wetter abhängig war, hat er genau das getan. Er hat von seiner Ernte für Notzeiten zurückgelegt, falls die kommende Ernte nicht so reich ausfallen sollte. Das haben heutzutage die meisten Menschen versäumt. Sie haben die Fülle gerne genommen und gelebt, aber jetzt kommt die Zeit des Mangels. Das bedeutet auch, dass der Mensch durch diese Reduzierung die Chance erhält, wieder zu der Erkenntnis zu finden, was in seinem Leben wirklich von Bedeutung ist.

In Zeiten der Fülle lebt der Mensch ja nur Befriedigung. Er befriedigt sich an der Materie. Aber Befriedigung kann nie zum Frieden führen. Befriedigung will immer neue Reize. Wenn der Mensch Herzensfrieden leben will, muss er sich von der Materie unabhängig machen. Dafür muss er nicht auf Lebenserleichterungen verzichten, sondern er muss prüfen. Benötige ich dies wirklich, um in meinen Frieden zu finden?

Es geht nicht darum, dass ihr euch von den Freuden des Lebens abwendet, sondern ihr müsst euch verdeutlichen, dass Konsum und Zerstreuung immer nur eine kurzweilige Befriedigung bringen und nicht diesen ersehnten Frieden.

Nick findet seinen Frieden in Italien. Dort lebt er dann ganz bescheiden im Grünen und ist der glücklichste Mensch. Am liebsten würde er dort leben. Mir geht es ähnlich mit Wien. Wenn ich in Wien bin, dann brauche ich fast nichts anderes als gutes Schuhwerk und etwas Eintrittsgeld für Museen. Wie kommt es, dass man sich in manchen Ländern oder Städten so zu Hause fühlt?

Wenn ihr zu einem Land oder zu einer Stadt eine ganz starke Affinität lebt, dann liegt es daran, dass ihr in diesem Lande oder in dieser Stadt schon einmal gelebt habt und dort ein sehr gutes, freies und sorgenfreies Leben geführt habt. Wenn ihr zu einem Land oder zu einer Stadt eine Aversion lebt, dann kannst du davon ausgehen, dass ihr in einem früheren Leben dort Not erlitten und Leid erfahren habt, vielleicht sogar gewaltsam um euer Leben kamt.

Das interessiert mich jetzt genauer, was du sagst. Ich kann für Italien nicht die gleiche Liebe wie für Wien aufbringen. Es fällt mir schwer, mich mit Italien vertraut zu machen, es wirklich zu mögen. Ist mir in einem früheren Leben dort vielleicht mal etwas zugestoßen?

Das stimmt so nicht ganz, wie du es beschreibst … Du

zeigst dich mir dem Lande gegenüber eher gleichgültig. Ich kann keine Aversion gegen das Land sehen. Es ist dir eher egal. Wenn du daran denkst, schwingt in dir nichts.

Meinst du denn, die Schwingungen werden irgendwann mal kommen? Ich glaube, dass das für Nick sehr wichtig ist. Und ich bin ja auch bemüht.
Ja siehe, die Schwingung wird intensiver werden, weil deine Liebe für ihn sehr stark ist. Das heißt, ihm zuliebe wirst du dich mehr und mehr auf das Land einlassen.

Ja, das wäre gut. Mal sehen. Ich selbst bin sehr gerne und häufig in Wien. Habe ich dort mal gelebt?
Ja, selbstverständlich! Du fühlst dich in dieser Stadt ja auch so, als würdest du jedes Mal neu nach Hause kommen. Die Stadt ist dir vertraut.

(Kaum hatte Emanuel mir mein Gefühl bestätigt, kribbelte es in meinem Bauch. Allein der Name »Wien« vermittelte mir ein Gefühl von Geborgenheit und erzeugte Sehnsucht.)

Das ist sehr aufregend für mich, Emanuel. Kannst du mir ein klein wenig davon erzählen? Was ich dort gemacht habe und so?
Was hast du dort gemacht? Lass mich hinsehen. Es zeigt sich mir eine Art Zirkel. Da ist ein Kreis von Menschen, die sich treffen, die sich begegnen, die sich austauschen. Es wird über schöngeistige Themen gesprochen, und du bist häufig die Gastgeberin. Du hast dort kein wildes Leben geführt, kein Vagabundenleben, sondern eher ein gesittetes Leben. Aber es war ein schöngeistiges Leben, und darum empfandest du viel Erfüllung.

Ah, deswegen gehe ich in Wien in alle Museen, die sich mir anbieten! Das mache ich sonst in keiner anderen Stadt!
Ja, siehe, da hast du schon den Beweis dafür. Es ist so, du hast damals eine große Offenheit gelebt und konntest interessante Gäste begrüßen. Menschen, die sich mit der Philosophie beschäftigten und die hohe Ansprüche an die Kunst lebten. Sie hatten alle etwas sehr Feinsinniges, waren auf der Suche nach Antworten.

Wir Menschen sind noch immer auf der Suche und fragen nach dem Sinn des Lebens. Gibt es auf diese große Frage eine Antwort?
Natürlich! Der Sinn des Lebens ist, dass ihr euren Frieden findet. Wenn du mit dir Frieden lebst, lebst du damit einen großen inneren Reichtum. Ich sagte dir dies bereits bei deinen Fragen zur Berufung. Sinn des Lebens ist, sich selbst zu lieben und sich anzunehmen, wie Gott den Menschen annimmt. Ohne Vorleistung und ohne Beweis. Der Mensch wird überhaupt erst lebensfähig, wenn er sich so annimmt, wie er ist. In diesem Moment, wo er sich von seinen inneren Zwängen verabschiedet, ist er nicht mehr permanent mit sich beschäftigt. Ein Mensch, der in inneren und äußeren Zwängen lebt, kann sich nicht entfalten, denn er lebt den ständigen Druck. Das ist ja keine Lebensqualität!

(Okay, ich hatte es noch einmal versucht. Noch immer wollte ich einen Satz hören wie »Der Sinn des Lebens ist, gut zu sein und andere zu lieben …«, oder etwas in der Art. Zugegebenermaßen hätte ich Emanuels Antwort wissen können. Er hatte es mir ja längst erklärt. Aber diese Selbstliebe war als Antwort nicht sehr aufregend … oder etwa doch?)

Ich denke, ich hab's kapiert ...
In dem Moment, wo der Mensch sich annimmt, wie er ist, hat er die Möglichkeit, in seine allumfassende Liebe zu finden. Das ist der Sinn des Lebens: Entwicklung, Entfaltung, geistiges und spirituelles Wachstum.

Du sprichst immer von Gott, und ich habe deswegen eine Frage zum Thema Spiritualität. Es gibt verschiedene Religionen auf dieser Welt, und da gibt es nicht nur einen bestimmten Gott. Welche Religion ist denn da die richtige?
Jede Religion – und wenn du dich auf sie einlässt, dann wirst du das erkennen – hat nur ein Ziel: Sie führt zu dem All-Einen. Zum Schöpfer des Lebens, des Seins. Die Wege sind dabei unterschiedlich, aber das Ziel ist immer das gleiche. Deswegen hat jede Religion ihre Berechtigung! Nehmen wir die Religionsstifter, die ihr kennt: Buddha, Zarathustra, Mohamed oder Jesus. Siehe, jeder Einzelne von ihnen hat Christus-Bewusstsein gelebt. Christus-Bewusstsein bedeutet, den Willen Gottes zu erfahren, zu erkennen. Christus-Bewusstsein bedeutet, in die allumfassende Liebe gefunden zu haben. In die allumfassende Liebe gefunden zu haben bedeutet, die Polarität überwunden zu haben. Ihr seid dann fähig, in einer Situation selbst zu entscheiden. Nicht die Situation entscheidet dann für euch, sondern der Mensch.

Ich will versuchen, dir das Christus-Bewusstsein genauer zu erklären. Wenn ihr Christus sagt, ist nie eine Person gemeint, sondern es ist der Erstgeborene Gottes gemeint. Und wenn ich jetzt von »geboren« spreche, dürft ihr das nicht vergleichen mit einer irdischen Geburt, sondern Gott bringt sich – seinen Willen – über dieses Bewusstsein zum Ausdruck. Verstehst du, was ich meine?

Nicht ganz. Das ist ein bisschen schwer für mich zu verstehen. Christus ist einerseits keine Person, andererseits nennst du ihn aber einen Sohn.
Ihr sagt ja Christus, der erstgeborene Sohn Gottes. Christus ist aber keine Person, sondern ein Bewusstseinszustand. Vergleichbar mit einem Titel ... wie Doktor! Verstehst du es nun besser?

Noch immer nicht richtig.
Christus ist ein Titel, der erworben wurde. Das bedeutet also, ihr könntet sagen: Mohamed Christus, Buddha Christus. Christus ist der Titel, der den erreichten Bewusstseinszustand eines Menschen anzeigt.

(Alles klar. Ich hatte es nun verstanden. So war das also!)

In der westlichen Welt verabschieden sich übrigens immer mehr Menschen von der katholischen und evangelischen Kirche und interessieren sich zum Beispiel eher für den Buddhismus. Mich persönlich spricht er auch mehr an. Andererseits hat es aber vielleicht auch einen Sinn, dass ich in der westlichen Welt geboren wurde. Auch was die Religion betrifft. Was meinst du dazu?
Ich werde dir erklären, warum nicht nur du, sondern immer mehr Menschen sich dem östlichen spirituellen Gedankengut zuwenden. Eure Kirche hat Jesus, also das Leben von Jesus, als absolute Tatsache hingestellt. All das, was er gesagt haben soll, wird als absolut angesehen. Die Evangelisten, die die Botschaft Jesu festgehalten

haben, haben die Person Jesus aber nie kennen gelernt. Das heißt also, sie haben ihre Vorstellung oder das, was ihnen übermittelt wurde, mitgeteilt und dabei nach ihrem Verständnis formuliert.

Aber ein paar waren auch dabei, die ihn gekannt haben.
Nein. Keiner hat ihn gekannt. Auch nicht der Apostel Paulus. Wenn du dessen Schriften liest, dann wirst du sehen, dass die Person Jesus überhaupt nicht im Vordergrunde steht. Er spricht permanent von sich. Was er durch Jesus erfahren hat und wie nun die Menschen, die er bekehren wollte, leben sollten, damit sie gottgefällig werden. Aber er selbst schreibt nicht vom Lebensweg Jesu. Paulus wirkte erst *nach* Jesus.

Und nun kommt das Problem: Ihr lebt im 21. Jahrhundert. Eure Wissenschaft und euer Verstand sind weit gereift. Wer glaubt denn da zum Beispiel noch an eine jungfräuliche Empfängnis? Das ist doch biologisch gar nicht möglich! Siehe, da wäre es an der Zeit, dass die Kirche die Bereitschaft zeigt, diese Dogmen zu verabschieden und das Leben Jesu mehr als Mythos zu sehen. Die Botschaften, die ihr übertragen bekommen habt, sind von höchstem Wert, von großer Sinnhaftigkeit und einer großen Hilfe. Sie sind sehr lehrreich.

Östliches spirituelles Gedankengut hingegen ist auf Mythos aufgebaut. Es gibt dort Gottheiten. Überlege einmal, im christlichen Glauben von Gottheiten zu sprechen! Das wäre ja mit einer Gotteslästerung vergleichbar!

Euer Glaube hätte eine Überlebenschance, wenn die Geschichte Jesu als Mythos betrachtet werden würde.

(Mein Gott! Unglaublich! Klarer konnte man es nicht gesagt bekommen. Also keine »Gotteslästerung«, wenn ich eher mit dem Buddhismus sympathisierte. Und das mit Jesus wäre ja in Ordnung gewesen, wenn es nur dieses »Machtsystem« Kirche nicht gegeben hätte, das einem permanent ein schlechtes Gewissen machte.)

Ich bin der Ansicht, dass die Kirche zu stark in das Leben der Menschen eingreift. Es gibt eine Vielzahl unsinniger Verbote …
Ja nun, was das angeht, kann sich der Mensch ja inzwischen schon wehren. Glaube ist doch allein daher sehr wichtig, weil jeder Mensch einen Halt und eine Ausrichtung sucht. Und wenn die Kirche sich weniger darum kümmern würde, ob der Mensch zum ersten oder zum fünften Mal verheiratet ist, sondern sich mehr darauf besinnen würde, die Lehren Jesu als Mythos darzustellen, würde die Kirche einen großen Zuspruch erleben.

Und dann noch etwas: Wer sind denn in letzter Konsequenz die Träger der Kirche gewesen? Das waren doch nicht die Männer, sondern die Frauen! Und die Frauen in eurer heutigen Zeit lassen sich nicht mehr so leicht unterdrücken und aus der Kirche drängen. Sie sind sich ihres Wertes bewusst, und das ist gut so.

Und was ist, wenn man aus der Kirche austritt? Hältst du das für sinnvoll oder ist das …
Ja nun, das ist eine Entscheidung, die jeder für sich treffen muss. Wenn du keinen Wert auf eine kirchliche Trauung und Beerdigung legst und wenn dein Kind nicht getauft werden soll, dann wirst du die Entscheidung gegen die Kirche treffen.

Aber kann man denn trotzdem ein guter Christ sein?
Ja, denn das eine hat mit dem anderen ja gar nichts zu tun!

Also, man ist trotzdem weiter von Gott angenommen?
Ja, natürlich! Die Kirche hat ja ausschließlich die Aufgabe eines Vermittlers. Dein Glaube ist aber eine Sache zwischen dir und Gott. Du glaubst an ihn. Du glaubst doch nicht an Gott, weil die Kirche sagt, du müsstest an ihn glauben. Wenn du an Gott glaubst, dann deswegen, weil es dir ein Bedürfnis ist und weil du dich mit ihm auseinander setzt.

Die Kirche hat über viele Jahrhunderte hinweg den Menschen Halt geboten. Und das wirklich große Plus der Kirche ist – gerade bei der katholischen Kirche –, dass bei den Gottesdiensten noch wirklich tiefe Mysterien stattfinden. Überlege einmal, wie viel Glaube in alte Kirchen getragen wurde und wie viel Hoffnung! Wie viel musiziert und gebetet wurde! Nicht nur Lippenbewegung, sondern tiefste Herzensbewegung. In den Kirchen findest du die Energie höchster Glaubenstiefe. Der Mensch, der sie besucht, den kann diese Energie in Gelassenheit und Vertrauen führen – wenn er sich darauf einlässt.

Wenn die Kirche jetzt bereit wäre, sich stärker zu öffnen, und nicht weiter versuchen würde, die Menschen am Zügel zu halten, sondern wenn sie sagen würde: »Wir sind Anlaufstelle für all die, die in Not, verzagt und hoffnungslos sind. Unsere Aufgabe ist es, diesen Menschen Trost und Mut zuzusprechen«, dann würde sie im christlichen Sinne handeln. Jesus, der Christus, hat doch nicht zu einer Kirche aufgerufen!

Die Kirche hat demnach mit dem Glauben an Gott nichts zu tun?
Nein.

Es macht mich nämlich immer ziemlich aggressiv, wenn ich sehe, was Menschen in Gottes Namen da veranstalten.
Der Person Jesus wird immer unterstellt, sie sei ein Friedensfürst gewesen. Gleichzeitig wird sie aber auch als Revolutionär hingestellt. Jesus hat sich zum Beispiel der Obrigkeit nicht gebeugt und hat die Geldwechsler aus dem Tempel gejagt. Er hat sich in einer frauenfeindlichen Zeit den Frauen zugewandt. Ja, wie ist denn jetzt diese Person Jesus genau? Wie ist sie denn zusammenzufassen? Wie ist sie denn zu erfahren? Es wird gesagt, dass Jesus zu Petrus sagte: »Du bist der Fels. Auf dir will ich meine Kirche aufbauen.« Aber ist das denn wirklich so wörtlich gemeint? Hat er es denn tatsächlich gesagt?

In letzter Konsequenz wisst ihr darüber gar nichts, ihr habt überhaupt keine Sicherheit. Und trotz allem ist seine Botschaft die Botschaft der Freiheit und die Botschaft der Liebe. Was jedoch die Kirche daraus gemacht hat, ist leider viel zu sehr Dogma.

Ich möchte noch einmal auf die Gottesdienste zurückkommen. Wenn eine ganze Kirche betet, was passiert dann mit der Schwingung, die da freigesetzt wird? Wen erreichen diese ganzen Gebete? Wohin gehen die?
Erst einmal durchfluten und harmonisieren sie jeden Einzelnen, der in einem solchen Gotteshaus ist. Jede Energie ist Schwingung und trägt sich wellenförmig über diese eure Erde hinweg in das ganze All. Energie dehnt sich aus. Betrachte die Sonne, wenn sie des Mor-

gens am Himmel aufsteigt. Wie schnell sie ihre Lichtenergie auf die Erde sendet.

Ja aber, es ist ja so, dass wir, wenn wir daheim oder in der Kirche beten, hoffen, dass unsere Schwingungen von irgendjemandem aufgenommen wird. Ist das unser Schutzengel, der sie empfängt? Oder Gott?
Es ist die Liebe, die die Energie aufnimmt. Der Mensch macht noch immer den Fehler, dass er sich ein Bild von Gott macht. Der große Vater im Himmel. So, wie ihr ja auch betet: »Vater, der du bist im Himmel.« Das war für Menschen gedacht, die noch in einer Zeit lebten, wo noch eine Person benötigt wurde, um Hinwendung zu leben. In eurer heutigen Zeit wisst ihr, dass da kein großer alter Mann auf einem Thron sitzt, sondern: Gott ist Lebensenergie. Ist allumfassende Liebe, ist nicht greifbar, ist nicht fassbar, ist ohne Anfang und Ende. Nicht vorstellbar, nicht bildlich zu nehmen. Gott, allumfassende Liebe, ist ein Bewusstseinszustand.

Wenn wir glauben, können wir für uns alleine glauben oder braucht es auch die Gemeinschaft?
Es glaubt sich in der Gemeinschaft leichter. Erst einmal triffst du eine Entscheidung für den Glauben, und wenn du dann Menschen findest, die das Gleiche glauben, dann erfährst du dadurch eine Unterstützung deines Glaubens. Es findet eine Bestätigung statt, und dadurch wird für dich dein Glaube verlässlicher. Lass uns ein Beispiel nehmen, das nichts mit Spiritualität zu tun hat. Sagen wir, ich glaube, dass es in diesem Sommer eine reiche Ernte geben wird... das ist aber kein schönes Beispiel.

Vielleicht eher der Glaube in Selbsthilfegruppen?
Ja, lass uns so etwas nehmen. Nehmen wir an, ein Mensch sagt: »Ich glaube, dass ich in der Lage bin, dank meiner eigenen Selbstheilungskräfte gesund zu werden. Das ist mein Glaube.« Nun kommt sein Nachbar und meint dazu: »So etwas Dummes, wie du da redest, habe ich mein Lebtag noch nicht gehört!« Der Mensch glaubt weiter, aber an seinem Glauben hat auf einmal jemand Zweifel angemeldet. Jetzt meint ein anderer Nachbar noch: »Ich habe gehört, was du für eine dumme Theorie vertrittst.«

Das heißt, von außen kommen andere Meinungen, werden andere Meinungen an diesen Menschen herangetragen, und wenn der Glaube dieses Menschen nun nicht sehr tief ist – grundlos, also unendlich –, dann kann er durch diese Zweifler verunsichert werden. Wenn er aber mit Menschen zusammen ist, die auch an die Selbstheilungskraft glauben, dann kann sein Glaube dadurch immer fester werden. Aber in letzter Konsequenz hängt sein Erfolg von seiner eigenen Glaubenstiefe ab. Nicht von der Unterstützung anderer. Diese sind nur eine Bestätigung, aber keine wirkliche Verankerung.

(Das war wieder einmal eine geballte Ladung von Information, die verdaut werden musste. Ich hatte für heute keine weiteren Fragen mehr.)

Ich möchte dir für heute danke sagen, Emanuel!
Dann, mein Kind, nimm diese reiche Zeit des Jahres ganz bewusst in dich auf. Lasse dir von der Natur zeigen, was Wachstum, Unberührtheit und Fülle sind. In

dem Maße, wie du dich darauf einlässt, wirst du die Ruhe spüren, die dein Herz durchströmt, und fühlen, welch großes unendliches Vertrauen dein Herz berührt. Dein Herz wird erkennen, dass der, der diese Fülle und Vielfältigkeit in der Natur geschaffen hat, ein großer Meister gewesen ist und du dich ihm bedingungslos hingeben kannst. Das bedeutet, Freiheit und Freude zu leben.

Wir, mein Kind, wir begleiten dich auf deinem Weg der Freiheit und Freude, mit all dieser unserer Liebe. Wir legen sie in dein Herze. Wir legen dir in dein Herze die Heiterkeit der Erkennenden, die Gelassenheit der Wissenden und die Geduld der Vertrauenden.

Mein Friede, er geht an deiner Seite.

Emanuel.

Ich versuchte, mich an den Frühling zu halten. Nach prächtigem Sonnenschein waren viele Tage in Folge verregnet, und nur mit Mühe konnte ich mich an die herrlichen Frühlingsbäume erinnern, die ich bei meiner Rückfahrt von Christiane Zimmer gesehen hatte. »Machst du gerade eine Therapie?«, hatte mich eine Bekannte gefragt, mit der ich über meine neuen Gedanken und der Aufmerksamkeit dem Leben gegenüber gesprochen hatte. Eigentlich ja, hatte ich für mich beschlossen. Die Gespräche mit Emanuel gaben mir die Möglichkeit, Themen zu diskutieren, die ich sonst in mir vergrub, über die ich mich grämte, die ich in Hilflosigkeit verwandelte oder versuchte, im Streit zu lösen.

Apropos Streit. Der nahm zwischen Nick und mir zu. Es gab keine schwer wiegenden Meinungsverschiedenheiten, aber beiderseits unterschwellige Aggressionen. Ich beschuldigte Nick, seine Launen an mir auszulassen. Ihm wiederum platzte der Kragen, weil er fand, ich sei zu empfindlich. »Du nimmst es ja schon persönlich, wenn man dir sagt, dass deine Fußnägel wachsen!« So sah ich das zwar nicht, aber da Nick der Meinung war, ich sei sowieso nicht konfliktfähig, kamen wir mit meinem Widerstand nicht viel weiter. Es waren mühsame Gespräche, sinnlose Zankereien um nichts, und ich fragte mich mehr und mehr, ob diese Beziehung noch einen Sinn ergab. Lag unter all der Spannung nicht ein grundsätzliches Problem? Warum sonst fing Nick immer wieder damit an, mich zu provozieren? Ich fand das Leben schon anstrengend genug, und ich fand es pervers, wenn zwei Menschen, die vorgaben, sich zu lieben, im anderen einen Sparringspartner sahen, auf den man einschlug und der wie ein Ball zurückschnellte, nur um erneut eins auf die Mütze zu kriegen.

Es gab kein vernünftiges Gespräch mit Nick darüber. Die Situation zwischen uns, zumindest die, wenn wir stritten, schien komplett verfahren. Aussöhnungsversuche endeten manchmal damit, dass Nick mir vorwarf, harmoniesüchtig zu sein, oder wir lagen uns heulend in den Armen und versprachen uns, in Zukunft nicht mehr »so« miteinander umzugehen. Eine um die andere Kerze zündete ich in Kirchen an, darum betend, dass ich die Sinnhaftigkeit unseres Streits verstand. Ich werde das Emanuel fragen, dachte ich mir in den Momenten, in denen ich Nick nichts mehr fragen konnte. Mit Emanuel war es wie mit einer guten Freundin. Es fehlte nicht viel, und Nick würde sagen: »Ja, ja, der Emanuel. Geh doch zu ihm und heul dich bei ihm aus. Er hört ja nur deine Seite.« Mir ging es aber doch um das, was der Grund dafür war. Es ging mir darum, wieso Menschen überhaupt auf diese Weise miteinander sprachen. Wieso sie nicht fürsorglich miteinander umgingen. Wieso Liebespaare einander schlechter behandelten als Fremde oder Menschen, die ihnen nicht so wichtig sind und bei denen sie sich doch eigentlich viel eher gehen lassen konnten.

Ich gab ja zu, dass ich eine elende »Kitschnudel« war, die nie genug »Ich liebe dich« zu hören bekam und die auch nach Jahren abends noch so aufgeregt begrüßt werden wollte wie in den ersten Wochen dieser Liebe. Tja, dass es das in der Realität nicht gab, davon hatte ich zähneknirschend schon gehört. Und am eigenen Leib erfahren hatte ich es auch. »Du bedrängst mich!«, sagte Nick. »Immer soll ich etwas machen oder sagen!« Seine Laune sackte in den Keller. Dabei hatte ich doch nur gemeint: »Wenn du noch genau so verliebt wärst wie am ersten Tag, welche – am besten viele – Komplimente würdest du mir dann machen?« Kaum hatte ich dies ausgesprochen, hing der Haussegen schon wieder schief. Aber streiten wollte ich nicht.

Ich wollte ich sein. Auch in Bezug auf meine Art von Konfliktfähigkeit. Ich wollte gestalten, mich entfalten und mich nicht bestimmen lassen. Doch wie weit hatte Nick Recht? Vielleicht war ich ja tatsächlich nicht konfliktfähig… oder war es viel eher meine Aufgabe, meine persönlichen Grenzen zu schützen? Ich blickte da nicht mehr durch. Es gab einerseits und andererseits, und dann gab es auch noch was dazwischen. Nur in einem Punkt war ich mir sicher: Ich fand, dass Paare einander Kraft geben sollten und nicht nehmen.

Wieder einmal betrachtete ich auch die Menschen um

mich herum. Nora, die Buchhändlerin, hatte mich angerufen, um wieder einmal über ein gemeinsames Projekt nachzudenken. Sie schlug mir auch eine festere Arbeitsverbindung vor. Sofort erinnerte ich mich an Emanuel, der mir davon abgeraten hatte. Nora erschien mir noch immer nicht sehr stabil, auch wenn sie nicht weiter abgenommen hatte. Andererseits, meine Selbstständigkeit war zwar schön, aber manchmal auch ganz schön einsam. Es war wie ein Schmoren im eigenen Saft. Emanuel hatte gemeint, ich solle abwarten. Es war sicherlich das Beste, was ich tun konnte: Nora zuhören, abwarten und schauen, wie sich meine Seele bei diesem Gedanken fühlte. Ich hatte doch Zeit! Es musste doch gar nichts hier und jetzt beschlossen werden!

Und dann hatte mich noch eine Geschichte aus meinem Bekanntenkreis zutiefst berührt. Ein junges Mädchen war an Leukämie erkrankt, und meine Mutter erzählte mir von der Verzweiflung der Familie. Wie kann man helfen, wo man nicht helfen kann? Wieso müssen Menschen so leiden, wozu sind Krankheiten wie diese gut? Wenn ich daran dachte, kroch für mich spürbar meine eigene alte Angst die Kehle hoch. Auch mein Leben konnte ja durch solch einen Schicksalsschlag aus der Bahn geworfen werden! Ich war, was diese Ängste anging, noch immer nicht immun.

Mehr und mehr erkannte ich, dass das Leben kostbar war. Zu kostbar für unsichere Kontakte, Ängste und Blockaden. Ich machte es mir sicher manchmal schwerer, als es nötig war.

Mit diesen Überlegungen fuhr ich in dem Städtchen ein, in dem Christiane Zimmer wohnte. Ich war zu schnell und ein Geschwindigkeitsmessgerät der Polizei am Ortseingang fand das nicht gut. Ein roter Blitz riss mich aus meinen

Gedanken. »Warum machst du nicht endlich langsamer, Karoline? Wieso bist du so unkonzentriert?«, schimpfte ich mit mir.

Wie wohltuend, in wenigen Minuten bei meinem himmlischen Freund zu sein!

SECHSTER BESUCH

Streit und was dazu gehört

Gott zum Gruße, mein geliebtes Kind. Mit Licht, mit Liebe, mit Freude segnet der Einzige und Wahrhaftige, der Ewige und Wahre, der Ursprung allen diesen Seins dein Herze und lasse es gehen in der Freude des Erkennens.

Der Mensch, mein Kind, geht in der Suche nach Freiheit, um sich entfalten zu können und grenzenlos zu werden. Er lebt dann nicht mehr Einschränkung und Einengung, sondern beginnt, sich selbst zu leben. Wenn der Mensch sich daran erinnert, dass er Ausdruck allumfassender Liebe ist, dann hat er sein Ziel erkannt und lebt seine Gotteskindschaft lebendig.

Ein Mensch, der in allumfassender Liebe lebt, liebt grundlos. Grund-los bedeutet: ohne Absicht, ohne Anstoß, ohne Anlass, ohne Berechnung, ohne Hintergedanken, ohne Bedingung, ohne den Vorteil zu suchen und ohne Wertung. Da dieser Mensch keine Erwartung hat, wird er auch immer ohne Enttäuschung sein. Grund-los bedeutet bodenlos. Ohne Anfang, ohne Ende. Ohne Sicherheit, Halt und Garantie.

Was ist das Ergebnis, wenn man sich so dem Leben hingibt? Es entsteht zum Beispiel absolutes Vertrauen.

Der Mensch lebt Hingabe, ist gelassener, damit sorgloser, hat weniger Zweifel und damit auch weniger Ängste. Er tut dann etwas um des Tuns willen. Ein Mensch, der diese Kraft lebt, hat in die allumfassende Liebe gefunden. Er ist grenzenlos geworden.

Wenn du anderen Menschen begegnest, prüfe immer wieder einmal: Was will ich wirklich? Handle ich jetzt grundlos oder mit Absicht? Handle ich furchtlos oder sind da Zweifel, Sorgen und mangelndes Vertrauen?

Freiheit bedeutet, in seiner Kraft zu stehen, andere nicht mehr zu manipulieren und selbst nicht mehr manipulierbar zu sein. Ja! Und jetzt beginnen wir mit deinen Fragen.

Emanuel, das, was du da eben in deiner Begrüßung beschrieben hast, scheint in Partnerschaften schwierig zu sein. Vorbehaltlos und grundlos zu sein, den anderen – besonders wenn es der Partner ist – zu lassen, wie er ist, wird oft als Harmoniesucht verstanden.

Nun, ich meine zwar damit, den Partner zu lassen, wie er ist, aber nicht, jedes Verhalten zu akzeptieren. In einer Beziehung wird die eigene Meinung, das persönliche Verstehen und Wollen dem Partner kundgetan. Das ist auch wichtig. Da das aber beide Partner tun, findet dann natürlich auch Auseinandersetzung darüber statt. Aber Auseinandersetzung ist mehr, als nur im anderen das zu sehen, was man liebenswert findet und mit dem man sich identifiziert, sondern es heißt den Partner ganzheitlich wahrzunehmen. Mit Abstand und nicht nur ausschnittweise.

Diese Auseinandersetzungen werden, je nach Temperament, verschieden ausgelebt. Die einen machen dies in einem ruhigen und sachlichen Ton, und die anderen werden laut und streiten. Wenn sie streiten, dann heißt das im Grunde nur, dass beide Seiten nicht zu einem Kompromiss bereit sind. Einen Kompromiss einzugehen bedeutet ja übersetzt, von sich abzugeben, nachzugeben. Davor haben viele Menschen Angst.

Aber die meisten Streitereien drehen sich ja unnötigerweise um Belanglosigkeiten.

Wenn ein Streit aus belanglosen Dingen entsteht, dann bedeutet das lediglich, dass der Mensch unter einem Druck steht, den er im Alltag erfahren hat und den er nun versucht, in einer vertrauten Umgebung auszuleben.

Ein Beispiel: Du triffst dich mit einem Geschäftspartner, und er formuliert dir ein wenig abfällig seine Meinung bezüglich eines gemeinsamen Projektes. Was und wie er das sagt, macht, dass du grollst und misslaunig wirst. Ich will jetzt noch gar nicht von Ärger sprechen. Was dich überschattet, ist lediglich eine Missstimmung, ein Missklang. Wenn du nun nicht den Mut hast, dieses Gefühl sofort zum Ausdruck zu bringen, dann nimmst du genau diesen Missklang nach der Verabschiedung mit nach Hause. Vielleicht fühlst du dich sogar verletzt, missverstanden oder gar gedemütigt. Dein Selbstwert hat gelitten. Und jetzt stehst du unter diesem Druck, dein Selbstwertgefühl wieder herzustellen. Es soll wieder Einklang in dir herrschen.

Statt nun das Thema in vertrauter Umgebung sachlich zu besprechen, baut sich häufig dieser Missklang weiter auf und wandelt sich in Frustration. Daheim macht der Partner dann irgendwas, das dir nicht gefällt, und schnell kommt es zu Kritik oder ihr beginnt zu streiten.

Ihr streitet gerne mit vertrauten Personen, weil ihr euch bei ihnen gehen lassen könnt. Sie sind euch so nah, dass ihr euch dies getraut. Ihr könnt ihnen so sehr vertrauen, dass ihr es wagt, an ihnen eure Frustrationen abzureagieren.

Sag jetzt bitte nicht, dass du das gut findest!
Nein, das sage ich auch nicht. Besser wäre es, mit dem Geschäftspartner zu sprechen und ihm zu sagen: »Entschuldigung, aber das Thema müssen wir jetzt noch einmal besprechen, so lasse ich es nicht stehen. Da fühle ich mich missverstanden und nicht geachtet.«

Würde der Konflikt gleich vor Ort sachlich geklärt werden, dort, wo er auch entstanden ist, dann würde sich kein Missklang entwickeln, der mit an einen anderen Ort genommen wird. Es wäre Ordnung geschaffen, und die Sache wäre wieder zurechtgerückt.

Wenn ein Mensch ein kritisches Thema nicht vor Ort klärt, nimmt er den Druck, den Unwillen und die Verletzung aus dieser Situation mit. Die Gefühle schlagen sich auf seinen Selbstwert und seine Selbstachtung nieder. Was das angeht, seid ihr Menschen Mimosen. Ihr seid dann angekratzt, und jetzt braucht im vertrauten Umfeld nur noch eine Kleinigkeit zu passieren und schon lasst ihr euren Unmut heraus. Das sind die kleinen Querelen des Alltags.

Nick macht mir immer den Vorwurf, ich sei zu empfindlich. Offen gestanden habe ich so oft darüber nachgedacht, dass ich nicht mehr weiß, ob er damit Recht hat oder nicht.

Ja nun, in seinen Augen bist du empfindlich. Aber darum musst du nicht empfindlich sein! Nimm einen anderen Menschen, der wird vielleicht sagen, du seist zu unempfindlich in der Auseinandersetzung. Das ist doch immer eine Ansichtssache.

Ja, aber unser Streit geht darüber, dass er meint, man könne mir nichts sagen. Kein bisschen Kritik. Ich sehe das nicht so. Da beißt sich doch die Katze in den Schwanz. Er meint: »Nein!«, und ich sage: »Doch, wenn du es anders sagen würdest.« Worauf er sich wieder darin bestätigt fühlt, dass ich zu empfindlich bin. Wie kommt man denn aus einer solchen Nummer wieder raus?
Lass mich das Thema erst einmal allgemein betrachten. Bist du damit einverstanden?

Okay.
Siehe, der Mensch hat doch einen Überlebenstrieb, einen Selbsterhaltungstrieb. Und nicht nur der Mensch, die Pflanzen und die Tiere auch. Du brauchst nur die Tierwelt zu beobachten. Auch hier wird der Kampf gelebt, wer der Stärkere ist, denn der Stärkere dient der Arterhaltung. Das Gleiche findest du bei den Menschen und ganz besonders bei jenen, die ein mangelndes Selbstvertrauen haben und deswegen weder gelassen noch souverän sind. Diese Menschen verteidigen mit den Ellbogen ihre – scheinbaren – Rechte. Je selbstbewusster ein Mensch aber ist, desto souveräner ist er und desto sachlicher kann er klären.

In einer Partnerschaft teilen sich zwei Menschen ihren Alltag und damit auch ihre Stimmungsschwankungen und Gewohnheiten. Da Menschen jedoch eine unterschiedliche Chemie haben, kommt es zwangsläufig immer wieder zu neuen Reibungspunkten. Es sei denn, dass sie wirklich die gleiche Chemie leben, wie man das häufig bei Zwillingen findet.

Der Normalfall ist jedoch, dass sich in einer Begegnung nicht nur zwei Menschen gegenübertreten, sondern auch zwei unterschiedliche Persönlichkeiten, unterschiedliche Erfahrungen, unterschiedliche Erziehungen, ein unterschiedliches geistiges Niveau und eine unterschiedliche seelische Reife. Das führt zwangsläufig zu Meinungsverschiedenheiten. Und wenn dein Partner sagt, du bist nicht kritikfähig, du bist zu mimosenhaft, dann bedeutet das, er hat eine andere Wahrnehmung als du.

Du, mein Kind, lebst ja in einem reichen Maße bereits Selbstvertrauen und auch Selbstbewusstsein. Oder?

Ja, schon... aber wenn er so spricht, dann komme ich manchmal ins Zweifeln.

Dennoch kannst du sachlich und ruhig erklären, was dir wichtig ist. Du musst nicht die Stimme erheben, du willst den anderen nicht übertönen, sondern du suchst ja mit ihm den Kompromiss. Und wenn der andere aber noch nicht dieses Selbstvertrauen und dieses Selbstbewusstsein hat, hat er Angst, dass etwas von seiner Individualität abgezogen wird, wenn er nachgibt. Für ihn ist das dann so, dass er Zugeständnisse macht und damit Abstriche an seiner Persönlichkeit. Aber das ist ja Unsinn. Der Streit oder die Auseinandersetzung wird meistens ab diesem Punkt unlogisch, geht vom Thema fort und verläuft damit im Sand. In dem Moment aber, wo das Gespräch vom Thema fortgeht, ziehen sich beide Partner zurück, denn es gibt jetzt keine Verständnismöglichkeit mehr.

Hättest du für Nick und mich einen Rat, wie wir im Streit besser miteinander umgehen könnten?
Es kommt ja immer auf das Thema an. Wichtig ist, dass ein Mensch unterscheidet, ob es sich bei dem Gesprächsanlass seines Partners um eine Idee, eine Laune, ein tiefes Bedürfnis oder gar eine Notwendigkeit handelt. Er muss den Schweregrad des Themas erkennen, denn nur dann ist er auch bereit zu akzeptieren und eventuell dem anderen nachzugeben. Nicht, damit der Partner Recht behält, sondern damit der Partner in Ruhe in seine Ordnung zurückfinden oder darin bleiben kann.

In einer Partnerschaft sind Kompromisse ganz wichtig. Sie sind ein Wechselspiel von Geben und Empfangen. Das bedeutet also, wenn du in einem Thema, das deinem Partner sehr wichtig war, nachgegeben und ein Zugeständnis gemacht hast, dann muss auch von der Seite des Partners irgendwann ein Zugeständnis kommen. Das muss nicht sofort sein, und es muss hier auch nicht aufgerechnet werden im Sinne von: »Heute bin ich dran und morgen du.« Aber es muss eine Verhältnismäßigkeit geben, eine Ausgewogenheit. Wenn das so ist, können beide ihre Individualität pflegen und gehen dennoch achtsam miteinander um.

Ich kann das nicht leiden, wenn Nick lauter wird. Es ist nicht so, dass er schreit. Aber seine Stimme wird energisch, und allein das genügt, dass ich innerlich zusammenzucke.

Ich denke mir dann immer, dass er gar nichts klären will, sondern Streit sucht.
Es ist dann genau das in ihm, von dem ich dir bereits erzählte: Es ist in diesen Momenten eine Unstimmigkeit in ihm, die entweder aus eigener Unzulänglichkeit entstanden ist oder aufgrund von Begegnungen im Alltag und die nun über dich abreagiert werden will.

Er würde das aber nicht so sehen.
Ja nun, dann muss er sich das einmal überlegen. Dann muss er in sich gehen.

Findest du, es ist egal, ob man laut oder leise streitet?
Mit der Stimme ist es so: Wenn du auf der Straße ein Kind siehst, das in Gefahr gerät, weil es spielt und dabei den Verkehr nicht beachtet, dann wirst du schreien. Das Schreien ist eine natürliche Reaktion, wenn ihr Angst habt, unsicher seid oder eine Situation nicht im Griff habt. Ihr schreit dann die Angst weg. Es entsteht ja auch im Streit mit dem Partner manchmal Angst, und dann kann es passieren, dass ein Partner schreit und versucht, seine Hilflosigkeit über die Lautstärke auszuleben.

Und ich würde in diesen Momenten am liebsten sagen: »Schluss, aus, fertig, mit so einem Dummkopf gebe ich mich nicht ab!«
Ja, aber siehe, wenn du die Lautstärke als eine Hilflosigkeit siehst, dann kannst du vielleicht auch erkennen, dass du in diesen Momenten die Funktion eines Blitzableiters hast. Wenn du es so siehst, dann muss das Thema und die Lautstärke dich doch gar nicht tangieren.

Menschen, die sich lieben, sind doch nicht füreinander da, um Blitzableiter zu sein!
Wo die Liebe zueinander ist, ist doch auch die Bereitschaft, einander zu helfen. Und so, wie du auf anderen Gebieten dem Partner eine Hilfe oder einen Liebesdienst erweist, kann auch das ein Dienst sein, wenn du beschließt: Na gut, dann bin ich eben mal sein Blitzableiter. Du darfst das, was passiert, nicht persönlich nehmen, aber genau das ist dein Problem! Du nimmst die Worte und die Reaktion persönlich und fühlst dich angegriffen.

Also, ich fühle mich nicht gewürdigt.
Du fühlst dich nicht gewürdigt . . . Jetzt kommt es natürlich darauf an, wie diese Lautstärke ausgetragen wird, ob lediglich die Stimme erhoben wird oder ob sich die ganze Sache unterhalb der Gürtellinie abspielt und ein Mensch vulgär wird.

Nein, das macht er nicht. So schlimm sind die Streitereien auf keinen Fall.
Eben. Erst wenn das der Fall ist, wird der andere nämlich entwürdigt, und dagegen müsst ihr euch natürlich verwahren.

Ja gut, aber wenn ich einlenken will, dann passiert auch nichts.
Das bringt auch nichts, wenn er die Stimme erhebt und du gehst hin und sagst: »Ach Schatz, ich küsse dich und dann vertragen wir uns wieder.« Das macht keinen Sinn. Zu diesem Zeitpunkt ist die Entladung ja noch nicht geschehen und die muss sein.

Ich habe aber das Gefühl, dass Nick richtiggehend Streit mit mir sucht und uns damit die schönen Stunden vermiest.
Wenn er sich nicht entladen kann, bleibt der Druck in ihm. Dann werden die Stunden auch nicht schön sein.

Warum entlädt man sich denn nicht lieber bei Leuten, die einem nicht so wichtig sind?
Sie sind einem ja nicht so vertraut, als dass man das wagen würde. Ein Mensch kann ja nicht zum Nachbarn ins übernächste Haus rennen und sagen: »Du, ich muss mich mal schnell abreagieren!« Auch wenn dies die Menschen immer mal wieder versuchen! Besonders dann, wenn ihnen jemand zufällig begegnet und durch ein bestimmtes Verhalten einen Anlass bietet, dies zu tun. Die angegriffene Person weiß dann gar nicht, wie ihr geschieht, und ab dann wird es richtig kompliziert. Also ist es natürlicher, dass ihr euch bei dem Menschen entladet, der euch am vertrautesten ist, weil dies für euch auch am sichersten ist.

Bei seiner letzten »Entladung«, die nicht mal ein großer Streit war, bin ich dann aber doch in eine richtige kleine Depression gerutscht. Ich halte das einfach schlecht aus, wenn man so miteinander umgeht. Nach wie vor finde ich es absolut unnötig.
Aus deiner Sicht mag das unnötig sein. Wenn aber die Spannungsfelder da sind, dann müssen sie sich entladen. Jetzt gibt es natürlich andere Möglichkeiten, dies zu tun. Sport wäre eine Möglichkeit. Aber auch das wäre lediglich ein Blitzableiter.

Also du findest Lautstärke nicht problematisch?
Wenn ein Mensch die Charaktereigenschaft hat, laut zu werden, dann wäre es schon gut, wenn er einmal in die Selbstbetrachtung geht, Ursachenforschung betreibt und sich fragt: »Warum ereifere ich mich eigentlich so? Wieso werde ich so laut?« Oft werden Menschen auch laut, weil der andere leise bleibt. Darin liegt dann ein Reiz.

Es kann nicht dein Ernst sein, dass ich nun auch laut werden soll!
Ja nun, das kannst du ausprobieren. Zum Teil hilft es, aber nicht immer. Es kommt darauf an, wie gereizt der andere ist. Wenn du auch laut wirst, kann es sein, dass es ihn weiter reizt. Es kann aber auch sein, dass damit dann das Thema erledigt ist.

Aber siehe ... es macht ja auch keinen Sinn, wenn du dir vornimmst zurückzuschreien. Wenn es nicht in deinem Naturell liegt, dann kannst du das einfach nicht, und wenn du es probierst, dann spürt der andere, dass es nicht echt ist.

Wenn ich nach einem Kompromiss suche, weil ich will, dass der Streit aufhört, dann bringt das Nick noch mehr auf die Palme.
Dass du nach dem Kompromiss suchst?

Ja, er sagt dann, ich wäre harmoniesüchtig.
Jetzt kommt es auf seine Vorgeschichte an, also wie er bisher sein Leben lebte. Vielleicht hat er eine starke, aber unfreiwillige Anpassung an seine Eltern gelebt. War »lieb« aus einem Harmoniebedürfnis heraus. Wollte zum

Beispiel die Eltern nicht enttäuschen, damit sie sich nicht Sorgen um ihn machen. Wenn geschwiegen wird, wenn man sich anpasst, dann entsteht ein Druck, und der will wieder ausgelebt werden. Wenn diese Menschen nun einen Partner haben, der harmoniebedürftig ist, verspüren sie eine Abneigung und wollen sich auf keinen Fall angleichen. Der Druck, der durch das Elternhaus entstanden ist, wird in der Partnerschaft entladen.

Aber mit seiner früheren Freundin hat er nicht gestritten. Warum dann mit mir?
Weil sie einen anderen Charakter hat. Es gibt Menschen, mit denen kannst du dich nicht streiten. Da läufst du dich einfach tot. Da resignierst du. Aber du gibst ja ein Echo. Sie hat nicht das Echo gegeben.

Was hältst du denn von Partnerschaften, in denen es keinen Streit gibt? Ich hab' jetzt ein Paar im Kopf, das von sich behauptet, nie zu streiten oder nur ganz selten. Nick findet das komplett ungesund.
Wenn Partner nicht miteinander streiten, kannst du das in drei Varianten einteilen. Entweder gibt es einfach keinen Grund; das ist dann eine beglückende Situation. Allerdings muss man dann auch immer wieder mal prüfen, ob wirklich kein Grund vorhanden ist oder ob nicht etwas verdrängt wird. Manche haben auch Angst, den anderen durch einen Streit zu verlieren.

Dann gibt es Paare, die haben eine sehr große Toleranz füreinander entwickelt. Sie akzeptieren einander, wie sie sind, und wollen sich nicht gegenseitig erziehen.

Und dann gibt es Paare, die nicht mehr miteinander streiten, weil sie resigniert haben. Sie sehen dann keinen

Sinn mehr in der Auseinandersetzung. Wenn das eintritt, haben die Partner aufgegeben.

Sieh es einmal so: Solange die Partnern miteinander streiten und unterschiedlicher Meinung sind – oder lass mich lieber sagen, solange die Partner Auseinandersetzung leben –, wollen sie miteinander im Gespräch bleiben und damit auch den Weg weiter miteinander gehen.

Einen gemeinsamen Weg zu finden ist manchmal ganz schön schwer ...

In vielen Partnerschaften passt sich ein Partner etwas mehr an den anderen an. In früheren Zeiten war es selbstverständlich, dass dies die Frau war. Es gab keine andere Möglichkeit. In eurer heutigen Zeit sind die Frauen selbstständig, haben ihren eigenen Beruf und damit auch ihre Unabhängigkeit. Sie harren nicht mehr aus, sondern sind bereit, sich Konflikten zu stellen.

Frauen übernehmen Verantwortung und haben das Recht, sich darzustellen. Sich zu formulieren. Aber das ist noch immer eine Situation, mit der Männer schlecht umgehen können. Auch wenn das in deiner Generation bereits üblich ist, dass Frauen arbeiten und ihr eigenes Leben haben. Aber bedenke doch, über wie viele Jahrhunderte, ja Jahrtausende diese Rollenverteilung gelebt wurde: der Mann der Patriarch, die Frau die Angepasste. Diese Information ist noch immer in den Genen gespeichert.

Und wie ist es denn heute? Bekommen denn kleine Jungen eine Puppe in den Arm gedrückt? Ist es nicht eher ein Bär, und das Mädchen bekommt die Puppe? Das muss den Eltern ja gar nicht bewusst sein, aber das Rollenspiel geht weiter. Noch immer.

Ich wollte noch was zum Streit fragen.
Wichtig ist, dass du ihn nicht so persönlich nimmst.

Ich habe ja nicht nur mit Nick Zoff, sondern mit dem einen oder anderen Kunden auch. Nicht Einzelkunden, sondern kleine Unternehmen. Ich habe das Gefühl, dass der Ton mir gegenüber unverschämt ist. Jetzt könnte ich einerseits sagen: »Na ja, die sind halt alle ganz schön unter Druck und haben außerdem keine Manieren.« Aber ich frage mich, ob das was für mich heißt, dass dieser Ton so gehäuft in meinem Leben auftritt. Ob ich mir dazu Gedanken machen sollte. Ob das ein Zeichen, eine Spiegelung ist.
Siehe, es ist doch so: Je mehr du ins Geschäft kommst, mit desto mehr Unternehmen wirst du konfrontiert und damit auch mit immer mehr Menschen. Ihr habt ja einen Sittenverfall. Bei euch gelten ja nicht mehr die Spielregeln von Moral, Gewissen und Ethik.

Noch wenige Generationen vor euch waren die Menschen stolz darauf, eurer Nation anzugehören. Denn von eurem Volke wird gesagt, es sei das Volk der Dichter und Denker. Denken bedeutet doch: philosophieren. Es bedeutet, Wahrheiten ergründen zu wollen. Weisheiten zu erfassen. Und der Dichter steht für Poesie und Gefühl. Außerdem habt ihr Erfindungen gemacht und auch in der Musik großen Reichtum geschöpft. Das heißt also, ihr seid ein hochkulturelles Land. Das sind eure Wurzeln. Aber wo werden sie noch gelebt? Wo werden sie geachtet?

Ein Mensch, der seine Wurzeln nicht mehr achtet, der ist wie ein Garten, der nicht gepflegt wird. Noch vor wenigen Generationen wurde der Garten gepflegt, das Unkraut im Zaum gehalten, damit die Blumen und

Sträucher Platz hatten und wirken konnten. Heute ist euer Garten voller Unkraut. Es werden kaum noch Werte gelebt. Sie sind oftmals bedeutungslos geworden. Achtung und Achtsamkeit fehlen. Der Mensch verroht, und darum geht er roh mit dem anderen um.

Aber wollen mir diese Begegnungen etwas sagen?
Nein, nein. Es handelt sich hier um den Ausdruck eurer Zeit. Du kannst es überall beobachten. Nicht nur in eurem Land, sondern auf der ganzen Welt. Der Mensch achtet sich selbst nicht mehr. Trampelt über alles hinweg. Wird unsensibel. Unsensitiv. Wenn es dir etwas spiegelt, dann die Frage: Wo stehe ich? Welche Sensibilität und welches Feingefühl lebe ich mir selbst gegenüber?

Du bäumst dich auf, wenn jemand unverschämt mit dir spricht. Das ist dein Selbstwert. Du willst dich nicht missachten lassen.

In einem Fall ist es sogar zum Bruch gekommen. Das Unternehmen arbeitet nicht mehr mit mir zusammen.
Da wirst du nichts verlieren. Dort, wo keine Basis der Verständigung ist, dort kannst du nicht bleiben und sein. Das ist die Klärung: Können wir miteinander oder können wir nicht? Du hast diese Situation erfahren und weißt: Wir können ganz bestimmt nicht miteinander. Unser Niveau ist zu unterschiedlich.

(Emanuels Antwort beruhigte mich. Es lag also nicht an mir, sondern am »unterschiedlichen Niveau«, wie er es nannte. Ja, Streit und Konflikte belasteten mich. – Konnte man streiten lernen? Und konnte man das auch Kindern vermitteln?)

Wie können eigentlich Eltern, die sich selbst mit dem Streiten schwer tun, ihren Kindern beibringen, sich mit anderen auseinander zu setzen?
Indem sie mit den Kindern Gespräche führen. Sie fragen, was sie wollen, und sagen, warum sie etwas so wollen und nicht anders. Es ist ja durchaus möglich, dass Kinder einen vernünftigen Grund haben, wenn sie etwas anders wollen als die Eltern, und die Eltern diesen Aspekt bislang nicht bedachten.

Die Gefahr ist ja immer die, dass ihr das Alter des Kindes seht, aber nicht seine Seelenreife. Deswegen ist es wichtig zu ergründen, was für einen Grund ein Kind hat, wenn es etwas will. Die Entscheidung liegt dann trotzdem immer noch bei den Eltern. Sie sagen, ob der Wunsch des Kindes im Rahmen ihrer Vorstellung liegt. Wenn Eltern etwas nicht wollen, dann ist es wichtig, dass sie dies dem Kind erklären. Es kann sein, dass ein Kind dennoch auf seinem Wunsch besteht ... nun, dann können die Eltern mit ihm darüber streiten. Aber es wird nichts an der Entscheidung der Eltern verändern, dem Kind wird nur erlaubt, seinen Unwillen zum Ausdruck zu bringen. Die Eltern hören sich seine Argumente an, liefern die ihren, aber in letzter Konsequenz bestimmen sie. Denn sie sind die Erzieher des Kindes. Erziehen heißt nicht unterdrücken.

Wenn wir über Kindererziehung sprechen, muss ich an meine Nichte denken. Der wurde meiner Ansicht nach viel zu viel erklärt, und heute ist sie erwachsen und findet nur mit Mühe ihre eigene Richtung im Leben. Ein bisschen weniger Gespräch und dafür mehr elterliche Führung hätten da, glaube ich, ganz gut getan.

Du missverstehst mich. Ich will sagen, dass es wichtig ist, die Gründe des Kindes zu hören und sich dann als Eltern zu entscheiden, ob man darauf eingehen will oder nicht. Wenn einem Kind permanent nachgegeben wird, dann hat es keine Orientierung, keinen Halt und keinen Rahmen.

Das ist vergleichbar mit einem schönen Gemälde oder einer Porträtaufnahme. Wenn du sie ohne Rahmen an die Wand hängst, dann wirken sie nicht. Der Rahmen ist zwar eine Eingrenzung, aber das muss nicht mit Enge gleichzusetzen sein. Es ist eher so: Innerhalb eines Rahmens bewege ich mich in meiner eigenen Freiheit, und außerhalb des Rahmens bin ich auf Kompromisse und Anpassung angewiesen. Das bedeutet nicht, dass man sich permanent anpassen soll, sondern es heißt, die Spielregeln der Gemeinschaft zu beachten.

Meine Nichte ist auch sehr früh eine ernstere Beziehung eingegangen und mit ihrem Freund zusammengezogen. Für mich zu früh, sie war gerade mal 16 Jahre alt. Darüber würde ich mich gerne streiten.

Das ist jetzt wieder Ansichtssache. Vor 200 oder 300 Jahren war es nicht zu früh. Da war es üblich, dass Mädchen in diesem Alter heiraten. In eurer heutigen Zeit sagt ihr: »Moment einmal, da fängt das Leben für das Mädchen ja erst an. Was will sie denn jetzt schon heiraten? Sie soll doch erst einmal etwas lernen und Lebenserfahrung sammeln!« Das ist auch richtig. Aber vor 300 Jahren war die Lebenserwartung der Menschen nicht so hoch, also gingen sie früher Lebensgemeinschaften ein, um Kinder zu zeugen und auf die Welt zu bringen.

Heute wäre es wichtiger, dass Mädchen und Jungen erst später eine Beziehung eingehen, damit ihnen genügend Raum bleibt, sich vorher selbst zu erfahren. Wenn sie diese Zeit nicht nutzen, dann bedeutet das, dass ein Kind vom Elternhaus direkt in eine Lebensgemeinschaft geht. Es kann gar nicht erfahren, wer es selbst ist, was es will und was seine Wünsche sind. Es weiß nicht, wie es sich anfühlt, wenn es alleine ist. Wie es sich beschäftigen kann und was es alles unternehmen kann, um sich selbst zu unterhalten, denn es erfährt ja durch den Partner Ablenkung.

Ein Mensch, der permanent mit einem Partner konfrontiert ist, kann sich nicht auf sich selbst besinnen. Auch im Alltag werdet ihr mit vielen Menschen konfrontiert, auch die sind dann so etwas wie Partner. Es muss eine Zeit des Rückzuges geben, in der ihr mit euch allein seid. Das ist auch für ganz junge Menschen wichtig, damit sie sich selbst kennen lernen können und fragen: Wer bin ich? Was will ich? Was sind meine Interessen? Was sind meine Bestrebungen? Was sind meine Schwächen? Wie will ich mich ausrichten?

Meinst du nicht auch, dass man als Eltern einen Riegel vorschieben und auch mal Nein sagen sollte?
Na ja, grundsätzlich ist ja nichts gegen eine Freundschaft oder eine Beziehung zu sagen. Aber ein Mädchen, ich sage sogar: Kind in diesem Alter sollte noch nicht in einer Lebensgemeinschaft leben. Das ist viel zu früh.

Ist der Grund vielleicht darin zu suchen, dass immer mehr Jugendliche aus zerbrochenen Familien kommen und auf

diese Weise versuchen, sich ihre eigene heile Familienwelt zu basteln?
Ja, das stimmt. Es kommt noch etwas hinzu. Die Kinder, die in zerbrochenen Familien oder besser … wie nennt ihr das noch mal?

Allein erziehend?
Ja, Kinder, die bei ihren allein erziehenden Müttern aufwachsen, haben oft nicht genug Vaterenergie und entwickeln den Wunsch nach männlicher Energie und Führung.

Ich will dich noch etwas anderes fragen, weil es mir so durch den Kopf ging. Wir leben in einer Gesellschaft, die uns Zugang zu schönen kulturellen Erlebnissen ermöglicht. Es gibt Musik, Literatur, Kunst. Dennoch sind so viele Menschen so negativ eingestellt. Sie erkennen ihre Möglichkeiten nicht und suchen nörglerisch nach jedem Haar in der Suppe.
Nörgeln und negativ sein ist immer ein Ausdruck innerer Unzufriedenheit. Etwas gestaltet sich nicht so, wie ich es gerne will. Jetzt müsstest du fragen: »Wie willst du es denn gern?«, aber siehe, die meisten Menschen wissen ja noch nicht einmal, wie sie es wollen. Sie antworten mit »einfach schöner« oder »einfach leichter«. Ja, aber was denn schöner? Was denn leichter? Wenn du das genau wissen willst, dann hörst du: »Mehr Geld!« Und wenn du dann weiter fragst, dann erzählen sie dir, was alles sie sich dafür kaufen und leisten würden. Aber sie bedenken nicht dabei, dass mit dem Kauf ja nur befriedigt wird.

Gilt das auch für Reisen? Willst du damit sagen, für eine Reise zu sparen und sie dann zu machen, das verpufft genauso, wie wenn ich, na ja, wenn ich mir ein paar neue Schuhe schenke?

Nein, das muss es nicht bedeuten. Eine Reise kann euch eine große Freude bereiten. Es ist nur so, wenn du erst für die Reise sparen musst, bringst du ein Opfer und deswegen erwartest du nun etwas dafür. Das kann sich erfüllen, muss aber nicht. Es kann sein, dass der Urlaub total verregnet ist oder die Menschen, mit denen du da zusammentriffst, durch die Bank unangenehm sind. Dann ist der Urlaub vorbei, du kehrst zurück und bist von dieser Zeit enttäuscht. So hatte ich mir das nicht vorgestellt, denkst du. Du hast dann eine Leistung erbracht, aber die Gegenleistung stimmt für dich nicht.

Wenn man sich auf die äußere Welt einlässt, besteht immer die Gefahr, enttäuscht zu werden, weil Erwartungen sich nicht erfüllen. Deswegen sollt ihr euch aber nicht zurückziehen, sondern es sollte euch lediglich klar sein, dass es diese Enttäuschungen gibt und dass sie stattfinden. Dass dies normal ist.

Ich will noch einmal etwas wiederholen, weil es mir so wichtig ist: Ein Mensch, der geistig-spirituell geht, der überlegt nicht: Was brauche ich denn noch? Sondern der überlegt: Was benötige ich nicht mehr, um glücklich zu sein?

Der Mensch, der mit sich unzufrieden ist, benötigt mehr, weil er glaubt, über das Mehr endlich seinen Frieden zu finden. Das gelingt aber nicht. Größeren inneren Frieden findet der Mensch, der den Mut hat, seine Unzulänglichkeiten zu ertragen, und der versucht, sie auszugleichen, indem er Musik hört, liest oder sich im Theater oder Museum inspirieren lässt. Er erfährt auf diese Weise Seelenberührung! Sein Gefühl wird angesprochen. Das heißt also, in dem Moment, wo das Gefühl bewegt wird, kann der Mensch sich mit einer Sache konfrontieren und sich vielleicht sogar damit identifizieren. Wenn ein Mensch zum Beispiel die Literatur liebt, dann kann er sich überlegen, was ihm gerade an diesem Buch, an diesem Dichter so gut gefällt. Warum berührt ihn diese Geschichte – oder diese Musik oder dieses Bild? Meist ist hier dann wieder das, was ich die »gleiche Chemie« nenne. Gleiches Empfinden, gleiche Wahrnehmung zwischen dem Künstler und dem, der seine Kunst genießt.

Der Mensch, der sich mit der Kunst beschäftigt, fühlt, dass er nicht alleine ist. Es gab bereits vor ihm bzw. es gibt mit ihm andere Menschen, die sich für dieselben Dinge begeistern oder die genauso empfinden wie er selbst. Durch diese Begegnung mit der Kunst findet Reichtum und Bereicherung statt. Nicht nur eine kurze Zufriedenheit, sondern anhaltender Friede, Freude, Leichtigkeit und Dankbarkeit.

Na gut, aber viele unzufriedene Menschen haben ein Theater-Abo. Es nutzt bloß nichts!

Siehe, der beste Ansatz für einen unzufriedenen Menschen, der mehr sucht, als er hat, ist natürlich, sich hinzusetzen und sich einmal die Frage zu stellen: Für wen oder was könnte ich denn dankbar sein?

Wenn er dies tut, dann wird er mit der Frage aus der Energie der Frustration und des Mangels herauskommen. Es ist so, wie ich in der Begrüßung sagte: Der Mensch empfindet Mangel, Unvollkommenheit und damit Enge und Eingrenzung. Das ist ganz normal, denn er ist Ausdruck göttlicher Liebe, göttlicher Schöpfung, er ist ein Geschöpf Gottes, und darum ist sein Wesenskern göttlich, und er leidet, weil er noch nicht in seiner allumfassenden Liebe steht. Er will seine Göttlichkeit ganz leben und ist auf der Suche nach dem richtigen Weg.

Wenn das unser Weg ist, in die allumfassende Liebe zurückzufinden, dann hätte man uns doch auch gleich so schaffen können. Was macht es denn für einen Sinn, uns mit dieser Sehnsucht in der Brust auf der Erde rumgeistern zu lassen?
Na gut, aber dann würde ja kein Entwicklungsprozess stattfinden. Du kommst doch nur über die Polarität, also über Licht und Schatten, weiter. Erst dann hast du die Wahl und die Möglichkeit, dich für die eine oder andere Seite zu entscheiden.

Aber im Paradies zu leben, von Anfang an und ohne Plage, das ist doch auch eine ganz schöne Vorstellung.
Ja natürlich, da bewegt ihr euch ja auch alle hin. Das ist ja euer aller Weg. Ich will dir nur verdeutlichen, warum der Mensch unzufrieden ist.

Haben damit auch die Depressionen zu tun, unter denen immer mehr Menschen leiden?
Eure Zeit ist zu reich an Ablenkung. Es gibt viel zu viele Anreize. Ständig werden neue geschaffen, und eure Nerven können gar nicht alles verarbeiten. Deswegen ist es sehr wichtig, dass die Menschen, wenn ihnen etwas begegnet, sich immer wieder neu fragen, ob sie sich davon berühren lassen möchten oder nicht. Sie müssen sich entscheiden, auf was sie sich einlassen und was sie

erleben möchten oder ob es nicht vielleicht sinnvoller wäre, sich einmal zurückzuziehen und zu lesen, Musik zu hören oder ein Bild genauer zu betrachten.

Das möchte ich genauer wissen: Du meinst, wenn man hin und wieder traurig ist oder sogar depressiv, dass das auch etwas mit der Überforderung der Sinne zu tun hat?
Das kommt darauf an. Depression kann eine Anlage sein, also ein Krankheitsbild, das durch äußere Anlässe zum Ausbruch kommt. Manchmal hat der Mensch aber auch einfach das Gefühl, am Leben zu scheitern und nicht dazuzugehören. Er kann das Leben nicht bewältigen. Es überfordert ihn. Auch das kann in eine Depression führen.

Depression bedeutet ja Stillstand. Da ist keine Entwicklung, kein Vorangehen mehr, sondern jemand steht still oder tritt auf der Stelle. Und dann muss natürlich geprüft werden: Warum ist das so? Warum steht jemand still? Warum tritt er auf der Stelle? Was kann die Seele, oder richtiger formuliert: die Psyche nicht verarbeiten? Was kann sie nicht bewältigen?

Die Suche nach den inneren Ursachen kann nur bei den Menschen stattfinden, die sich auf diese Fragen einlassen, die bereit sind, sich mit sich selbst zu beschäftigen und die sich nicht ständig im Außen ablenken.

Wenn ich das auf mein Leben übertrage, dann ist das ja so, dass auch ich manchmal Momente habe, in denen ich mich niedergeschlagen oder depressiv fühle. Vielleicht gönne ich mir tatsächlich auch zu wenig wahre Mußestunden.
Es wäre wichtig, dass du das Innehalten lebst. Wenn du dich vernachlässigst, dann kann so eine Depression,

oder sagen wir mal der Anflug einer Depression sich zeigen. Das zeigt dir dann, dass du dir für dich selbst nicht genügend Zeit nimmst, um deine Mitte zu leben und deine Einheit und deinen Einklang zu finden. Wenn du so hektisch lebst, dann bist du wie ein Orchester, dessen Musiker spielen, was ihnen gerade in den Sinn kommt. Das ist disharmonisch, da ist kein Einklang.

Aber es gibt da noch etwas. Menschen sind ja Energie und strahlen Energie ab. Auch die der Depression, der Frustration und der Aggression. Und die können andere Menschen wiederum berühren. Besonders dann, wenn sie empfindsam, verletzlich oder dünnhäutig sind.

Wenn auf der Welt Kriegsstimmung herrscht, dann handelt es sich auch hier um Energien! Sie sind in eurem Äther, und wenn du jetzt ein wenig feinnervig und anfällig bist, dann erreichen dich diese Energien und berühren dich. Und das heißt, du fällst plötzlich in eine Depression oder in eine Angst oder in eine Frustration und kannst dir gar nicht erklären, warum. Du überlegst und kommst zu dem Schluss, dass deine Welt doch eben noch in Ordnung war, und verstehst nicht, wieso du jetzt so traurig bist.

Wenn ihr keinen Grund findet, dann ist es wichtig, das seelische Tief nicht ganz so persönlich und ernst zu nehmen, sondern sich zu sagen: »Ja nun, es gibt Regen und Sonne, Tag und Nacht. Alles ist Kommen und Gehen, und darum wird auch diese Stimmung wieder gehen. Ich erlaube ihr jetzt mal zu sein.«

Ich habe von Menschen gehört, die sich einen Schutz um sich vorstellen, damit dunkle Energien erst gar nicht bis in ihr Herz dringen können.

Der Schutz wird aber nur so wirksam sein, wie ein Mensch an ihn glaubt. Wenn du sagst: »Ach, ich mache mir da mal einen Schutz. Lege einen Lichtmantel um mich herum, und dann ist schon alles in Ordnung!«, dann hast du dich geirrt! Es kommt nämlich auf deine Glaubenstiefe an.

Der allerwichtigste Schutz ist natürlich, wie immer, die Angstfreiheit, und die Angstfreiheit ist dort, wo der Mensch mit sich in Harmonie und Einklang lebt.

Ich versuche ja, vertrauensvoller zu leben, und ich erinnere mich auch oft an deine Worte. Dennoch passiert es mir, dass Ängste und negative Gedanken wie ein Netz auf mich herunterfallen. Dann denke ich, nichts wird klappen, weder mein kleines Unternehmen noch meine Beziehung. Mich überfallen furchterregende Gedanken wie: Ich werde einen Unfall haben, krank werden, frühzeitig sterben ... Oder es wird aus einem anderen Grund alles nicht glücken. Das fühlt sich dann an wie ganz böse Vorahnungen. Es ist schlimm und macht das zarte Pflänzchen Vertrauen kaputt.

Sage dir nicht, dass das Vorahnungen sind! Das sind alles nur Möglichkeiten, die sich dir spiegeln. Wenn du es als Vorahnungen bezeichnest, dann wäre es ja etwas, das dich zwangsläufig erreichen wird und muss.

So fühlt es sich auch an.

Es ist aber ganz wichtig, dass du dich davon frei machst! Dass du dir sagst: »Moment mal, das könnte so sein, muss es aber nicht!« Es ist ganz wichtig, dass du diese Gedanken unterbrichst. Wenn du sie kommen spürst, dann sprich so mit dir: »Ach, was kommen denn da schon wieder für Phantasien? Nein, nein, ich, Ausdruck allumfassender Liebe, ich werde meinen Weg bestimmen, und mein Weg soll der Weg der Freude und der Fülle sein. Ich will mich mit meinen Möglichkeiten ausschöpfen.«

Aber wieso denke ich denn überhaupt solch einen Blödsinn?
Es ist einfach eine Resignation, die du da spürst und die andere Menschen auch kennen.

Siehe, du sprichst von Vorahnungen, aber es kann auch sein, dass sich dieser depressive Moment gerade mit einem Zeitpunkt deckt, der in einem anderen Leben von dir eine Bedeutung hatte. Vielleicht ist dir früher einmal in dieser Zeit ein Unfall passiert oder du hast deinen Partner verloren. Das ist ja eine Information, die in deinem Unbewussten, in deinem Ätherleib gespeichert ist. Diese Information bringst du, wenn du auf die Erde zurückkehrst, mit. Du kannst sie zwar nicht abrufen, aber das Gefühl reagiert darauf.

Und dieses Gefühl ist dann sehr real. Es liegt wie eine Geschichte vor mir. Ich sehe Bilder, höre Menschen sprechen und denke mir: So wird es in Wahrheit werden!
Aber das kommt auch daher, mein Kind, weil deine Phantasie so gut ausgeprägt ist! Du kannst dich gut in Themen hineinfühlen und dir Details ausmalen. Du lässt die Sinne mitschwingen. Ein Mensch, der so phantasiebegabt ist, läuft häufig Gefahr, nicht mehr unterscheiden zu können, was Realität ist und was Phantasie.

Und du rätst mir, meine Phantasie einfach zu stoppen, damit ich mich nicht selbst zu sehr beeindrucke?

Unbedingt. Unbedingt. Denn siehe, das ist ja das Problem, wenn du daran glaubst, verdichtest du die Energie für einen Unfall oder was du dir so vorstellst. Das heißt, du ziehst im Grunde genommen magisch das an, vor dem du dich fürchtest.

Es gibt halt so vieles, das tatsächlich eintreten kann. Da kann man schon ein bisschen Angst bekommen.
Ja, natürlich, selbstverständlich. Aber das ist doch genau das Thema. Angst ist der Gegenpol der Liebe. Die Angst hält euch in Gefangenschaft, aber ab dem Moment, wo du sagst: »Ich lebe das Vertrauen in das Leben!« und diese Haltung auch immer wieder übst, verschwindet die Angst. Ich kann es auch so formulieren: Ihr betet ja auch aus tiefstem Herzen: »Herr, dein Wille geschehe.« Wenn du aus voller Überzeugung diesen Satz sprichst, dann nimmst du dich in diesem Moment aus der Verantwortung. Du musst nicht mehr planen, konzipieren.

Deswegen sollst du aber nicht tatenlos und bequem sein. Du sollst dich nicht in einen Sessel setzen, die Arme verschränken und denken: Irgendwie wird Gott das alles schon für mich regeln. Nein, wenn du diesen Satz sprichst: »Herr, dein Wille geschehe«, dann zeigt das, dass du bereit bist, deine Möglichkeiten so zu leben, wie du sie hast. Ohne vorher darüber nachzudenken, ob etwas klappen wird oder nicht. Das ist die Botschaft von diesem Gebet. Es heißt: »Ich tue, und nach deinem Willen wird es geschehen.«

Wenn du so leben und glauben kannst, lebst du Vertrauen, und wo Vertrauen ist, findet die Angst kein Echo mehr. Wenn sich also die Furcht bei dir einstellen will, dann erinnere dich daran, dass du dich dafür entschieden hast, zu handeln und Gott um seinen Segen für diese Handlung zu bitten.

Glaubst du, dass der Mensch überhaupt Vorahnungen haben kann, was sein Leben betrifft?
Ja, natürlich. Denn sieh, es ist ja alles im Weltenarchiv festgehalten. Manche Menschen sind gewissermaßen an dieses Weltenarchiv angebunden und können dadurch auch eine Ahnung haben. Aber auch die wissen es nicht, ob es sich dabei um eine Ahnung oder Phantasie handelt.

Mach es doch so: Wenn du dir etwas Angenehmes vorstellst, dann lässt du es als Ahnung stehen, und wenn es etwas Unangenehmes ist, dann behandele es so, als sei es eine Phantasie.

Soll ich diese Unterscheidung treffen?
Ja, natürlich. Aber betrachten wir uns noch ein Beispiel. Nehmen wir an, du würdest befürchten, einen Unfall zu erleiden und gelähmt zu werden. Das ist ja etwas sehr Lebenseinschneidendes. Siehe, diese Vorstellung würde ja bedeuten, dass du in höchstem Maße Lebenseinschränkung erfährst. Was wäre denn jetzt das Ergebnis von diesem Gefühl? Das positive Ergebnis wäre doch: Was will ich denn hier in meinem Leben jetzt bewusster leben, damit ich mehr Lebensqualität habe? Damit ich mehr Freude habe. Denn wenn es dann wirklich passieren sollte, dass ich in den Rollstuhl komme, dann will ich wenigstens die Zeit davor genutzt haben.

Und wie geht man mit Schicksalsschlägen in der Familie um? Ich denke jetzt an ein junges Mädchen, das an Leu-

kämie erkrankt ist. Das ist für die Familie sehr schwer, im Vertrauen und in der Kraft zu bleiben.
Solche schweren Situationen machen deutlich, dass nichts von Bestand ist und es keine Garantien gibt. Alles ist ein Geschenk für eine bestimmte Zeit. Du musst dich immer wieder dafür entscheiden, diese Geschenke auch zu nutzen. Musst dir sagen: »Ich will sie leben und dankbar dafür sein!«

Erinnere dich an meine Worte der Begrüßung. Ich sprach von »grundlos«. Ohne Halt, ohne Sicherheit, ohne Garantie. Denn das Leben ist ohne Garantie, ohne Sicherheit und nur der, der sich darauf einlässt, dies akzeptiert, weiß, dass er in diesem Sinne gar nichts verlieren kann, weil er nichts besitzt. Er weiß, dass er nur das besitzt, was er sich an geistigem und moralischem Erkennen angeeignet hat.

Kann man denn das Mädchen irgendwie unterstützen?
Wie alt ist sie denn?

Sie ist 16 Jahre alt.
Das Problem ist, dass in diesem Alter bereits die Angst einsetzt – der größte Feind im Leben eines Menschen. Ja, was ist zu tun? Ich sehe da schon noch eine Lebenschance. Die Chance, wieder gesund zu werden. Aber es ist wichtig, dass das Umfeld auch das Vertrauen lebt. Sieh, das ist ja diese Widersprüchlichkeit: Unser Kind soll leben! Da ist ja ein ganz starker Lebenswille oder der Wunsch für das Leben des anderen. Aber es ist gleichzeitig die Angst, dass nicht gelebt werden kann, und damit hebt sich die Lebenswille-Energie auf. Das ist das Problem.

Und wie kann man damit umgehen?
Die Angst muss sich verabschieden. Indem der Mensch sagt: Dieses Krankheitsbild gibt mir eine Chance, und die Chance ist, zu beweisen, dass ich stärker bin als das Krankheitsbild. Aber der Mensch kann nicht stärker sein als das Krankheitsbild, wenn er Angst vor der Krankheit hat. Dann ist er ja wie gelähmt. Also muss er dem Krankheitsbild gegenüber neutral werden.

Ich glaube, ich würde mich gerne mal länger mit dir über Krankheit und Gesundwerden unterhalten. Lass uns das bitte das nächste Mal tun. Vielleicht kannst du mir aber noch sagen, wie man bei solch einem Schicksalsschlag in der Fülle bleibt.
Durch Akzeptanz. Nur durch Akzeptanz. Trauer und Enttäuschung sind ganz normale Gefühle. Ich darf nicht halten, was mir lieb ist. Es wird mir vielleicht genommen, was mir so wichtig ist.

Wenn der Mensch jedoch den Mut hat zu sagen: »Ich akzeptiere – ich weiß, dass nichts mein Eigentum ist, und darum freue ich mich, solange dieser Mensch bei mir ist«, dann kann er auch akzeptieren, wenn ihm dieser Mensch genommen wird.

Da die meisten Menschen jedoch eher unzufrieden sind und sich selbst nicht genügen, binden sie Menschen und Dinge an sich und halten sie fest. Wenn sie ihnen dann genommen werden, sind sie noch leerer, als sie es zuvor waren. Es ist nun etwas weg, das ihnen Sinn gab, aber dieser Sinn lag im Außen und nicht im Innen.

Die Fülle lebt man nur durch Akzeptanz. Das schließt nicht die Trauer aus, die Enttäuschung, den Schmerz, den Kummer und das Leid. Diese Gefühle sind ja auch in Ordnung, denn eine Erwartung hat sich dann nicht erfüllt oder es wurde einem sogar ein geliebter Mensch genommen.

Wo die Akzeptanz gelebt wird, da geht der Lebensfluss weiter.

Ich will das versuchen, auch was meine Lebenssituation betrifft. Mehr vertrauen und wissen, dass ich nicht mehr tun kann als machen und probieren, aber bestimmen kann ich nicht. Eigentlich ist das auch wieder sehr entspannend. – Lieber Emanuel, danke für diese Fülle an Gedanken, die du mir wieder mit auf den Nachhauseweg gibst.

Also, gehe, mein Kind, in der Gelassenheit, wissend, alles bedarf der Zeit, der Reife. Lass alles auf dich wirken. Halte dich in deinem guten Willen, und du wirst sehen, wenn du nach einiger Zeit zurückblickst, wie viel sich an deiner Lebenseinstellung verändert hat.

Wir, mein Kind, wir helfen dir dabei. Mit all dieser unserer Liebe, wir legen sie dir in dein Herze. Wir legen in dein Herze die Heiterkeit der Erkennenden, die Gelassenheit der Wissenden und die Geduld der Vertrauenden.

Mein Friede, er geht an deiner Seite.

Emanuel.

Instinktiv wusste ich, dass Emanuel Recht hatte, wenn er mich darauf aufmerksam machte, dass ich es sehen konnte, wenn ich zurückblickte: Ich veränderte mich ständig und wurde immer heimischer in meinem eigenen Leben. Wie schön sich das anfühlte! Gut, manchmal drückte sich das alte Gespenst der Angst noch durch, aber es trat auch etwas Neues in mein Leben. Das erkannte ich an jedem neuen Tag nach diesem Gespräch.

Ich ging mit offenen Augen durch die Welt, und wollten sich dunkle Gedanken einschleichen, dann dachte ich mir: Ach, was sollen denn diese düsteren Phantasien! Bewusst wendete ich mich dem Neuen zu. Und war es denn nicht auch so, dass ich, zumindest was meinen Beruf betraf, auf einem sehr hohen Niveau jammerte? Es gab so viele Menschen, die viel größere Unsicherheiten aushalten mussten oder die in einem Unternehmen arbeiteten, in dem sie ausgenutzt und nicht wertgeschätzt wurden. An andere, ärmere Länder wollte ich gar nicht denken! Es war schon so, dass ich einen leichten Hang zur Übersorge hatte. Aber das Leben bestand nun mal nicht nur aus Sicherheit, sondern in dem Paket war auch jede Menge Risiko. Nick kannte meinen Hang zur Sorge, und oft konnte ich mit ihm darüber lachen, wenn er mir meine Gedanken auf amüsante Weise spiegelte. Über ein Geschenk von ihm freute ich mich allerdings aus ganzem Herzen. Auf einem seiner vielen Flohmarktbesuche erstand er für mich ein altes Filmplakat: »Man muss mit allem rechnen, auch mit dem Schönen!« Formulierte dieser Satz nicht all meine Zwiespältigkeit auf ganz wunderbare und unterstützende Weise?

Dass ich mit Emanuel auch über das junge Mädchen gesprochen hatte, erzählte ich niemandem. Irgendwie war mir das zu »heiß«. Er hatte ja auch nicht gesagt, dass es gesunden würde, nur, dass eine Chance dafür bestand. Ich nahm an verschiedenen Hilfsaktionen teil und freute mich riesig, als ein geeigneter Spender für das Rückenmark gefunden wurde. Nach einigen Tagen Klinikaufenthalt zeigte sich eine berechtige Aussicht auf Erfolg der Therapie! Immer mal wieder sprach ich mit der Familie des jungen Mädchens und freute mich, dass alle an die vollständige Genesung glaubten. Wie wenig wir doch in diesen Krisenzeiten tatsächlich füreinander tun konnten und wie viel es dann doch war, wenn Menschen einander zuhörten und sich mit guten Worten unterstützten!

Mit Nick lief es mehr oder weniger weiter wie bisher. Er hatte noch immer sehr viel zu tun, reiste von einem Ort zum anderen, und die Telefonate waren kurz. »Wie geht es dir?«, »Klappt alles?«, »Vermisst du mich?«, waren die meistgestellten Fragen. Wenn Nick da war, machten wir es uns schön. Wir gingen essen, machten Ausflüge, trafen uns mit Freunden. Manchmal waren die Stunden entspannt, manchmal auch nicht. So ganz akzeptieren wollte ich meine Rolle als »Blitzableiter« nicht – und eigentlich wollte ich auch nicht, dass Nick für mich »Blitzableiter« war. In wohlwollenden Momenten konnte ich in unseren Diskussionen auch eine Chance entdecken. Waren seine kritischen Anmerkungen nicht auch eine große Hilfe? Es war doch mutig von Nick, mich auch immer wieder auf das hinzuweisen, was unklar war, ihm bei mir auffiel oder nicht gefiel! Wer sagte es einem denn, wenn man schräg drauf war? Wer, außer ein Partner, ließ sich auf Zank und Diskussionen ein? Ich lernte also dadurch etwas, und vielleicht war manch eine Zankerei notwendiger als erst gedacht. Spaß machte mir das Streiten dennoch nicht. Als alte Kitschnudel bevorzugte ich eher Schmusestunden auf der Couch.

Immer wieder kam es zwischen Nick und mir auch zu Auseinandersetzungen, bei denen es schwer war, einen

Kompromiss zu finden. Nimm es nicht persönlich, dachte ich mir immer wieder, aber dann trafen mich manche seiner Worte – Entladung hin oder her – tiefer als gedacht. Und auch Nick war geknickt und ratlos. Fast schien es so, dass es keinen Weg aus dieser Misere gab. Ich wollte von ihm begehrt werden und den Glanz in seinen Augen sehen, wenn er mich sah. Unsere Beziehung sollte aufregend bleiben und nicht zu einer Verbindung werden, die aus Gewohnheit aufrechterhalten wurde. Ich war mir nicht mehr sicher, ob er mich so liebte, wie er es einmal getan hatte, oder ob er mich einfach übersah und das mitnahm, was ich ihm an Gutem geben konnte. Wenn wir darüber sprachen, verstand Nick nicht immer, was ich meinte. In seinen Augen gab er mir mehr Aufmerksamkeit, als er je einer anderen Frau gegeben hatte. Was wollte ich denn nur von ihm? Ach, manchmal war das schwer zu sagen, und es war ja auch nicht so, dass ich selbst immer freundlich und voller Komplimente war.

Mit finsteren Gesichtern lebten wir manches Wochenende nebeneinander her. »Nimm es nicht persönlich«, wiederholte ich Emanuels Satz, wenn Groll und Wut in mir aufstiegen und ich Nick am liebsten nur noch geschüttelt hätte. Andererseits nahm ich vielleicht tatsächlich alles viel zu wichtig. Am Ende meines Lebens, wenn sich der Lebensfilm abspulte, würden diese Momente, die mich gerade so quälten, vielleicht komplett an Bedeutung verlieren. War das Leben nicht wirklich lächerlich?

Emanuel hatte darüber gesprochen, dass der Mensch auch Rückzugsmöglichkeiten brauchte, um allein mit sich zu sein. Das fiel mir eigentlich nicht schwer. Immer wieder gönnte ich mir Zeiten mit mir allein, und auch Urlaube ohne Nick oder Freunde konnte ich genießen. Doch wie würde es sein, wenn dieses Alleinsein nicht mehr freiwillig war und nicht in eine Zweisamkeit zurückführte? Wenn meine Urlaube allein sich in Single-Urlaube wandelten, weil Nick und ich uns zum Beispiel trennten? Ich wollte nicht darüber nachdenken, und eine Stimme in mir sagte mir auch, dass das auch gar nicht nötig war. Nick und ich suchten immer wieder das gemeinsame Gespräch. Mal heftig und mal verständnisvoll. Solange wir noch miteinander sprachen und nach Lösungen suchten, brauchte ich an ein Ende der Beziehung nicht zu denken. Das war wie das Gespenst »Krankheit« oder »Armut«. Wenn ich das Positive daran sah, dann lernten wir uns einfach immer besser kennen und blieben uns auf vertraute Weise nah. War das nicht ein schönes Bild?

Durch eine Empfehlung erhielt ich die Chance, mich für einen größeren Auftrag zu bewerben. Es handelte sich um die Pressebegleitung einer Produkteinführung. Wie wohltuend, dass ich nicht wie früher nervös wurde, sondern einfach mein Konzept einreichte und mich dann zufrieden zurücklehnte. Meine Arbeit war gut und meine Ideen waren ungewöhnlich. Warum also sollte der Kunde nicht mit ernsthaftem Interesse oder einem Auftrag reagieren? Ich wollte nicht nur von Gottvertrauen sprechen, sondern ich wollte es auch leben! Eine ungewohnte Art von Gelassenheit breitete sich in meiner Seele aus. Das war wunderschön und unendlich heilend. »Danke!«, sagte ich zu Emanuel und war mir sicher, dass er mich hörte.

SIEBTER BESUCH

Lachen macht glücklich!

Friede dem Herzen, Freude am Leben durch Achtung vor deinem göttlichen Selbst. Gott zum Gruße, mein geliebtes Kind. Mit Licht, mit Liebe, mit Frieden und Freude segnet der Einzige und Wahrhaftige, der Ewige und Wahre, der Ursprung allen diesen Seins dein Herze und lasse es gehen in der Freude des Erkennens. Das Lachen ist das Atemholen der Welt. Siehe, was geschieht denn, wenn ein Mensch lacht?

Nicht nur, dass das Lachen seine ganze Muskulatur bewegt und deswegen seine Organe Erfrischung und Erbauung erfahren, nein, ein Mensch, der lacht, lebt den Ausdruck der Unbeschwertheit. Alle seine Lebensprobleme und Unzulänglichkeiten sind für einen Moment zur Seite gestellt oder existieren nicht mehr. Ein lachender Mensch gibt sich ganz der Freude des Augenblickes hin und erzeugt ein Echo. Denn dort, wo er lächelnd und lachend auf einen anderen Menschen zugeht, signalisiert er diesem Offenheit, Sicherheit und Unverletzbarkeit. Du weißt es ja selbst, mein Kind, Menschen suchen die Nähe von Menschen, die fröhlich sind und unbeschwert. Denn Lachen bedeutet Freiheit. Ich sage: Das

Lachen ist das Atemholen der Welt. Jeder Gedanke, jedes Wort und jede Handlung besteht aus Energie und wird von euch in den Äther gegeben. Wenn du dir vorstellst, wie viel Leid unter den Menschen ist und wie viel Energie dieses Leides in den Äther gegeben wird ... die Erde lebt Schwere, und es ist kein Aufatmen.

Und darum sollen Menschen, besonders jene, die den geistig-spirituellen Weg gehen und Friede, Freiheit und Freude des Herzens leben möchten, immer wieder überprüfen, wohin sie ihre Aufmerksamkeit lenken. Ob sie die Kraft und den Mut haben, sich für die Schönheiten und die Vielfalt des Lebens zu öffnen, und bereit sind, sich von der Schönheit des Lebens anstecken, berühren, begeistern und verzücken zu lassen.

Ein Mensch, der sich von der Schönheit berühren lässt, wird bemerken, wie die Leichtigkeit sein Herz durchflutet, wie die Fröhlichkeit seine Begleiterin wird und wie die Bereitschaft des Lachens in jedem Moment seines Lebens gegeben ist. Ja! Und nun, mein Kind, beginnen wir mit deinen Fragen.

Da du vom Lachen gesprochen hast – ich möchte dir von einer Freundin erzählen, die ich schon lange kenne. Wir haben vorgestern Abend miteinander telefoniert, und es geht ihr nicht gut. Sie ist krank und traurig. Es fällt mir schwer, damit umzugehen, und ich würde gerne mal von dir wissen, wieso ich so häufig auf Menschen treffe, denen es nicht gut geht. Finanziell, körperlich, seelisch, in der Liebe. Ziehe ich sie an? Habe ich da selbst was zu bearbeiten? Was ist da los?

Ja, siehe, warum triffst du auf solche Menschen? Weil sie dir etwas spiegeln und du für dich dann entscheiden kannst, ob du dich mit dem Thema auseinander setzen willst. Jedes Mal, wenn ein Mensch sorgenvoll auf dich zugeht, kannst du dir überlegen, ob du dich damit konfrontieren möchtest oder nicht. Und du kannst dich natürlich auch fragen, was du selbst anders machen kannst, um nicht auch in eine solche Situation zu kommen.

Bei Krankheiten ist das aber nicht ganz allein meine Entscheidung, oder?
Wie entstehen denn Krankheiten? Ich muss ein wenig ausholen. In der feinstofflichen Welt, wenn ihr euer neues irdisches Leben plant, entscheidet ihr euch selbstverständlich auch für Themen, die ihr auf der Erde bearbeiten und erlösen wollt. Eine zögernde Seele, die Befangenheit und Unsicherheit lebt, will zum Beispiel Mut erlernen und Kraft entwickeln, sich schwierigen Lebenssituationen stellen. Eine andere, die eine Krieger-, eine Kämpferseele ist, könnte erlernen, ein wenig gelassener zu sein. Ihr plant in der feinstofflichen Welt die Themen, die erlöst werden sollen, und jedes Thema kommuniziert mit einem Organ und damit mit einem Krankheitsbild.

Wieder zurück auf der Erde, möchte die Seele ihre lebendige Gotteskindschaft leben. Sie signalisiert dem Geist: Schaffe mir Frieden. Ist der Geist wach, dann überlegt er, was im Außen falsch läuft. Wo ist Widerstand oder Unzulänglichkeit, die den Menschen in schwierige Lebenssituationen führen oder ihn darin halten? Die Herausforderung liegt darin, diese Themen zu erlösen. Also, der Ängstliche soll den Mut finden, sich der Situation zu stellen und in seine Kraft zu finden. Der

Krieger soll lernen, den anderen nicht mehr zu überrollen, zu überstimmen, sondern in die Kommunikation gehen, in das Zuhören, in das Hinhören, damit er in die Gemeinschaft aufgenommen wird. Lebt der Geist nicht den Wunsch der Seele oder hat der Mensch nicht genügend Mut, diesen Wunsch in eine Handlung umzusetzen, dann wird ein Organ erkranken – und zwar jenes, das mit diesem Thema kommuniziert. Die Krankheit zwingt den Menschen, tiefer nachzudenken, und macht ihn bereit, Zusammenhänge zu erkennen.

Jegliches Leben ist Wachstum. Ein Mensch kann innerlich wachsen durch geistiges Erkennen, indem er seine Handlungen versteht und verändert. Er kann auch durch körperlichen Schmerz und durch Leid lernen.

Und was ist mit Krankheiten, die durch Karma vorbestimmt sind?
Die sind in der Regel aber nur dann gegeben, wenn ein Kind krank geboren wird und das Krankheitsbild nicht mehr veränderbar ist. Das Krankheitsbild muss dann gelebt werden und ist weder durch Behandlungen noch durch Therapien zu kurieren.

Ein Kind kann aber auch im zweiten, dritten oder vierten Lebensjahr stark erkranken. In diesem Alter hat es jedoch noch nicht die Möglichkeit, seine Lebensthemen zu erkennen, zu verstehen und zu leben.

Was bedeutet das dann?
In einem solchen Fall hat sich die Seele entschieden, bereits in frühen Jahren durch Lebenseinschränkung ein Thema zu erlösen. Es handelt sich dann nicht um ein karmisches Thema, sondern um ein altes Thema, das

aber nicht zwangsläufig ausgelebt werden muss. Es ist ein Thema, das in eine Einschränkung führt, aber im Laufe des Lebens erlöst werden kann. Darüber hinaus ist es aber so, dass Kinder, die erkranken, den Eltern Aufmerksamkeit abfordern. Sie geben Mutter und Vater dadurch die Möglichkeit, ein größeres Liebespotenzial und geistiges Wachstum zu leben. Oft ist es so, dass diese Eltern in ihren früheren Leben unachtsam gelebt haben. Vielleicht hatten sie einen sehr starken Egoismus. Nun, durch die Krankheit der Kinder, bekommen sie eine Chance, ihre Liebesfähigkeit wachsen zu lassen.

Ein Mensch, der krank ist, erhält die Möglichkeit, über das Thema der Krankheit nachzudenken. Er kann sich fragen, was blockiert meine Seele, dass sie sich nicht freuen kann und nicht vertraut? Durch das Annehmen, Nachdenken und Bearbeiten kann das Thema erlöst werden.

Krankheit ist doch nicht nur eine Sache des Geistes, oder doch?

Wenn ein Körper erkrankt, bedeutet das, dass die Zellen nicht genügend Lichtenergie leben. Sie ventilieren entweder zu stark oder zu schwach und stehen damit nicht in ihrem normalen Schwingungsfeld. Krankheit ist immer ein Mangel an Licht. Ihr sagt: »Licht ist Leben«, und so ist es ja auch. Das göttliche Licht, das jede Zelle durchflutet, hält den Menschen in körperlicher Stabilität und in Gesundheit. Dort, wo die Gedanken eines Menschen depressiv und schwermütig sind, wo er verzagt ist und zögernd und sich dem Leben nicht stellt, muss zwangsläufig ein Krankheitsbild die Folge sein, damit Wachstum entstehen kann.

Ich würde gerne noch kurz bei dieser Freundin bleiben. Sie heißt Juliane Keber.
Und was ist ihre Krankheit?

Sie hat Arthrose.
Arthrose bedeutet eine Einschränkung der Gelenke. Also, die Gelenke stehen für das Zupacken, für das Anpacken des Lebens. Hände, Arme, Beine und Füße stehen für Fortbewegung. Arthrose ist eine Gelenkerkrankung, aber wir können im Grunde den ganzen rheumatischen Bereich hinzunehmen. Bei diesen Krankheitsbildern wird Gelenksteife zum Thema. Der Mensch wird unbeweglich. Immer bedeutet das, dass der Mensch sauer ist, dass er sich vom Leben verletzt fühlt und glaubt, nicht erhalten zu haben, was ihm zusteht. Oft ist ein Thema der Kindheit die Ursache.

Jetzt wäre es für deine Freundin wichtig, ihre Kindheit zu betrachten und sich mit dieser Zeit zu versöhnen. Rheumatisch erkrankt zu sein bedeutet, sich zu versteifen. Der Mensch ist steif und stur. Voraussetzung dafür, dass das Thema sich neutralisiert, ist immer die Aussöhnung mit unerfüllten Lebenswünschen.

Mir kam auch in den Sinn, dass Julianes Beruf vielleicht nicht für sie geeignet ist. Sie ist Buchhalterin, und das ist ja auch so steif und starr und nicht gelenkig. Ich dachte, dass sie also mal ausbrechen sollte aus ihrem Leben.
Natürlich würde es ihr gut tun, aus dem Beruf auszubrechen, aber dazu gehören Mut und eine Lebensperspektive. Siehe, dieser Beruf steht ja auch für Korrektheit und Penibelsein. Ich meine das im wohlwollenden Sinne. Häufig zeigt sich zudem eine gewisse Unflexibilität.

Alles muss am rechten Platz sein, alles muss seine Ordnung haben. Alles muss gerade sein, überschaubar.

Damit das Thema erlöst werden kann, muss aber nicht gleich der Beruf gewechselt werden. Deine Freundin hat ja neben dem Beruf auch freie Zeit, und es wäre gut, wenn sie in diesen Stunden ihre Beweglichkeit, Unbeschwertheit und Experimentierfreudigkeit lebt. Auch in ihrem Beruf ist es möglich, Heiterkeit, Leichtigkeit und Fröhlichkeit zu leben. Das kann ihr ja keiner verbieten.

Meinst du, es wäre gut, wenn sie mal zu einem Therapeuten ginge? Ich kann ihr ja nicht wirklich weiterhelfen.
Und es macht auch keinen Sinn, denn du bist ja eigentlich nur ein Blitzableiter. Ist ihr innerer Druck zu hoch, dann erzählt sie dir davon. Sie lässt Druck ab, und der Drang, etwas zu verändern, wird geringer.

(Schon wieder Blitzableiter! Jetzt hatte ich aber genug!)

Bei solchen Gesprächen – nicht nur mit Juliane – geht es häufig um fehlendes Geld. Juliane bräuchte Geld für Medikamente, ein anderer würde sich gerne mal wieder was Vernünftiges zu essen kaufen, die Nächsten haben nicht das nötige Kleingeld, um ihre Kinder ins Schwimmbad zu schicken ... und jedes Mal fühle ich mich aufgerufen, Geld zu verschenken. Ich spüre, dass das nicht der richtige Umgang ist.
Klagen ist immer ein Anklagen. Natürlich könnt ihr auch mal klagen und jammern. Das ist ja selbstverständlich. Aber ein Mensch, der häufig klagt, klagt an. Es gibt immer eine Situation oder jemanden, der ihn behindert.

Die Herausforderung für den Anklagenden ist, etwas zu verändern und mit der Klage aufzuhören. Er muss aus der Rolle des Opfers in die Rolle des Handelnden gehen. Und wenn deine Freundin sich auf Medikamente verlässt, dann bedeutet das, dass sie noch gar nicht bereit ist, in die Eigenarbeit und in die Aufarbeitung zu gehen. Das heißt, sie hat sich mit der Situation arrangiert, abgefunden und behält die Rolle des Opfers bei. Es wäre aber eher der Kampf gegen das Krankheitsbild angesagt!

Sie sollte sich sagen, dass sie etwas in ihrem Leben verändern möchte. Auf diesem Weg gibt es Augenblicke der Freude, Leichtigkeit und Fröhlichkeit. Wenn sie sich mit den Themen konfrontiert, die ihr Herz leicht machen, dann wird bereits in diesem Moment wieder Licht durch ihren Körper fließen. Die aufgenommene Lichtenergie wird ihr helfen, das Krankheitsbild zu mildern und zu lindern. Es wird nicht in die Ausheilung führen, aber die Krankheit wird dadurch erträglicher.

Und nun zum Helfen. Siehe, es ist schön, wenn ihr anderen eine Brücke baut. Aber der Brückenbogen muss ja auch irgendwann einmal auf der anderen Seite ankommen!

Und es ist ja nicht nur Juliane, sondern da gibt es einige. Ich frage mich, ob ich da nicht eine Grenze setzen muss. Ich kann doch nicht ständig den Geldbeutel aufmachen! Oder wäre es meine Pflicht?

Es ist so: Du bist ein Mensch, der Souveränität, Stärke und gleichzeitig Herzlichkeit ausstrahlt. Du gibst Nähe, und darum fühlen sich die Menschen von dir angesprochen. Sie fordern dich auf, appellieren an dein Mitgefühl oder Mitleid, damit du ihnen etwas gibst. Du solltest die

Menschen aber eher wieder auf sich selbst zurückzuführen, damit sie bei sich bleiben können. In dem Moment, wo du hilfst, beendest du ja nicht ihr Thema. Sie wollen es aber doch gerne beendet sehen, und das gelingt nur, wenn sie es selbst lösen und erlösen. Dabei kannst du zwei- oder dreimal eine Hilfe sein. Und du kannst auch zuhören. Aber dann kommt der Moment, wo du eigentlich sagen müsstest: »Es tut mir leid für dich, dass du in einer solchen Situation bist. Was willst du denn jetzt tun?« Mit diesem Satz führst du den Menschen in seine Eigenverantwortung zurück. Du zwingst ihn dadurch zu handeln, sodass sich seine Situation verändern kann.

Ihr habt immer wieder Menschen in eurem Lebensumfeld, die in eine Notsituation kommen, und dann ist es wunderbar, wenn ihr euer Herz liebevoll öffnet und diesem Menschen durch Zuhören oder finanzielle Zuwendung zur Seite steht. Aber das darf kein Dauerzustand sein, denn dann macht ihr euch im Grunde schuldig. Ihr verhindert, dass der andere in die Eigenarbeit geht und damit in die Eigenverantwortung.

Ja, aber was verlangt der christliche Weg? Einerseits sehe ich, dass diese Menschen etwas für sich tun müssen, und andererseits denke ich, da sitzt ein armer Mensch vor mir, der die Hand aufmacht. Ich muss etwas reingeben, das ist Nächstenliebe.

Es ist sehr schwer zu unterscheiden, wo deine Hand sich öffnen und wo sie sich verschließen sollte, damit du dem anderen eine Hilfe bist. Solange du das nicht unterscheiden kannst, ist es gut, wenn du dem anderen nach deinen Vorstellungen hilfst. Aber spätestens dann, wenn du merkst, dass der andere an seiner Situation gar nichts verändert und du Unwillen in dir aufsteigen fühlst, ist der Moment gekommen, wo du dich zurücknehmen solltest.

Bei Juliane habe ich ganz deutlich meinen Unwillen gespürt! Ich kann und will nicht länger nur über Probleme und Krankheiten sprechen.
Ja, und darum hörst du jetzt auf damit! Du kannst ihr eine Hilfe sein, indem du ihr Anregung bist und sagst: »Dein Krankheitsbild kommuniziert mit Bitternis, Enttäuschung und mit der Rolle des Opfers. Es hat die Botschaft, dass du dich nicht genügend beachtet, nicht genügend geliebt, nicht genügend versorgt fühlst.« Wenn du ihr das mitteilst, dann kann sie an diesem Thema arbeiten und sich mit den scheinbaren Mängeln des Lebens aussöhnen.

Mir kommt es manchmal so vor, als wäre sie in einem früheren Leben eine sehr reiche Frau gewesen und ist jetzt darüber verbittert, dass sie sich all den Luxus nicht mehr leisten kann.
Und selbst wenn es so war, hat sie sich doch das heutige Leben so gewählt. Es ist ihr ja nicht auferlegt worden, sondern sie wollte es so, um diese Seite des Lebens auch einmal kennen zu lernen. Das Sparen, das Haushalten. Nicht den Wert im Materiellen, sondern den ideellen Wert suchen! Darum hat sie sich ein solches Umfeld gewählt. Wenn sie jetzt deswegen gekränkt und beleidigt ist, dann wählt sie damit Wachstum durch körperlichen Schmerz und Leid.

Warum habe ich mir denn dieses Leben als Leben gewählt? Was war denn da das Vorausgegangene?

Ich gehe nur in vergangene Leben zurück, wenn eine wirkliche Notwendigkeit besteht, wenn ein Mensch unter einem bestimmten Thema sehr stark leidet. Das könnte zum Beispiel sein, wenn er starke Angst hat vor Wasser, oder irgendein anderes lebenseinschränkendes Thema. Wenn das der Fall ist, dann bin ich gerne bereit zurückzublicken, damit dieses Thema erlöst werden kann. Aber nur, um Geschichten zu erzählen, das möchte ich nicht so gerne.

(Ups! Das war deutlich. Aber neugierig blieb ich trotzdem. Also: neuer Versuch.)

Verstehe. Du hast vorhin über verschiedene herausfordernde Lebensaufgaben gesprochen. Zum Beispiel von Seelen, deren Aufgabe es sei, Mut zu zeigen. Wo würdest du meine Seele einordnen... oder ist diese Frage auch zu viel? (Ich war etwas unsicher geworden.)
Ich meinte da keine Kategorien und wollte auch keine Kriegerseele darstellen, sondern meinte eine Seele, die kriegerisch geht.

Ja, das habe ich auch so verstanden.
Du hast eine Kämpferseele. Nicht die Seele des Kriegers, der sagt: »So, jetzt komme ich! Entweder ihr macht Platz oder ich schlage mir den Weg frei.« Du, mein Kind, hast in deinem Leben Zielstrebigkeit, das heißt Konsequenz gewählt. Und du weißt, wie sehr experimentierfreudig du durch dein Leben bisher gegangen bist. Das heißt also, Erfahrung machend, Konsequenzen daraus ziehend und damit einkreisend. Wie eine Spirale, die auf diese Weise ihrem Zentrum immer näher kommt. Auf

diesem Wege bist du. Und das wirst du auch erreichen. Du zeigst dich mir, dass du auch weiter zielstrebig deinen Weg gehst, selbst wenn du dich zwischendurch hinsetzt und innehältst.

Ja, ich muss auch sagen, dass ich, seit ich zu dir komme, mir das Innehalten immer öfter gönne und zusehends ruhiger dabei werde. Ich denke an das, was du mir das letzte Mal mit auf den Weg gegeben hast. Ich tue und lasse Gottes Willen geschehen.

Es ist wahrhaftig so, wie ich es sagte. Der geistig-spirituelle Mensch fragt sich nicht, was brauche ich noch zum Glücklichsein? Sondern er fragt sich, was benötige ich nicht mehr? Er wirft Ballast ab, denn er erkennt, dass wahre Freude und wahrer Frieden nie von außen kommen können. Wahrer Frieden und echte Freude können immer nur aus einem selbst gelebt werden. Deswegen sollt ihr nicht arm werden, aber daran denken, dass es belanglos ist, ob ein Kleid mehr im Schrank hängt oder eins weniger. Und deswegen ist es auch für deine Freundin vollkommen unerheblich, ob sie mehr Geld zur Verfügung hat oder weniger. Für sie ist es wichtig, endlich an diese innere Quelle heranzukommen. An die Quelle der Liebe, und das bedeutet Selbstliebe, nicht Egoismus.

Für mich ist Geld auch wichtig, aber wichtiger ist es, bestimmte Ziele zu erreichen.

Das Geld ist wichtig, damit ihr Beweglichkeit leben könnt. Solange ihr arbeitet, benötigt ihr diese Beweglichkeit, denn ihr sollt ja für euren Lebensunterhalt sorgen. Und wenn dann ein wenig mehr zur Verfügung steht, ist das wunderbar, denn dann bringt euch das Geld vielleicht Genuss oder Erleichterung. Aber es darf nicht das Leben von der Materie abhängig gemacht werden.

Darf man sich Geld wünschen?
Sicherlich! Du kannst mehrfacher Millionär sein oder die reichste Frau der Welt. Wo ist das Problem? Das Problem beginnt erst dann, wenn du es hast und dich darauf setzt, um es für dich zu behalten. Das Leben ist Fluss, und darum ist es wichtig, Empfangenes auch im rechten Maß weiterzugeben und mit anderen zu teilen.

Jesus Christus sagt: »Wo dein Schatz ist, da ist dein Herz.« Und das ist richtig. Ist ein Mensch sehr wohlhabend, dann muss er überlegen, wie er sein Geld anlegt, damit es nicht verloren geht. Und der Mensch, der wenig Geld besitzt, überlegt, wie er es am besten anlegt, damit es sich vermehrt. Dort, wo die Aufmerksamkeit ist, dort ist die Priorität.

Aber wenn ihr sehr wohlhabend seid und es für euch und andere Menschen nutzt, die Fülle teilt, dann ist Geld doch ganz beglückend!

Manche Menschen arbeiten und arbeiten und arbeiten und bleiben trotz aller Mühe arm. Ist das so gewählt?
Das kommt darauf an. Wenn ein Mensch ein einfacher Arbeiter ist, dann kann er noch so viel arbeiten, er wird dadurch nicht reich werden.

Anders ein Mensch, der in einem Beruf arbeitet, der ihn eigentlich in den finanziellen Erfolg führen müsste. Siehe, dann wäre zu prüfen, ob seine Mittellosigkeit in einem vergangenen Leben begründet ist. Vielleicht hat er in einem früheren Leben seinen Wohlstand sinnlos verprasst und ist nicht achtsam mit der Fülle umgegangen. Und nun hat er für das jetzige Leben Bescheidenheit und Mangel gewählt.

Oder es ist zu prüfen, ob dieser Mensch sich für irgendetwas schuldig fühlt. Dabei spielt es keine Rolle, ob dies aus berechtigten oder unberechtigten Gründen geschieht. Es ist so: Ein Mensch, der sich schuldig fühlt, hat in der Regel auch Schulden. Er erlaubt sich nicht den Wohlstand und straft sich damit selbst. Sein schlechtes Gewissen bestraft ihn mit Schulden.

Aber es ist auch möglich, dass ein Mensch als Kind vermittelt bekam, dass Wohlstand unanständig ist. Dass sich Geldbesitz nicht gehört. Siehe, dann wird sich dieser Mensch den Wohlstand vielleicht nicht erlauben können.

Das ist es, auf was ich hinaus will. Viele Menschen erlauben sich den Wohlstand nicht, weil Geld mit etwas Schmutzigem gleichgesetzt wird. Sie denken, dass reiche Menschen keine gute Menschen sind oder dass sich Wohlstand einfach nicht gehört.

Ja, das ist noch eine Variante. Schön, dass du sie ansprichst! Dieses Denken wurde stark durch die Kirche geprägt. Wohlstand und Geld bedeuten, sich der Materie zugewendet und damit von Gott abgewendet zu haben. Das ist natürlich Unsinn! Selbstverständlich dürft ihr den Wohlstand leben. Was hat denn Wohlstand mit geistig-spirituellem Wachstum zu tun? Gar nichts.

Das wird in Zusammenhang gebracht, weil Jesus arm war. Und weil viele spirituelle Größen alles hinter sich ließen und nur mit einem Sack bekleidet gingen.

Betrachten wir einen Menschen, der annimmt, Geld zu besitzen sei unanständig. Er glaubt, nur arm könne man den Weg der Liebe gehen. Wenn er seine Miete nicht bezahlen kann, dann wird er auch nicht den Weg der Liebe gehen können! Er geht dann den Weg des Mangels, der Angst und der Sorge. Und darum ist diese Lebensphilosophie Unsinn! Ihr habt ein Recht auf materielle Güter.

Es ist wichtig, dass ihr euch versorgen könnt. Geld ist nicht unanständig, sondern es ist ein Zahlungsmittel, und ihr entscheidet, wie ihr damit umgeht. Anständig oder unanständig. Und wenn Jesus, der Christus, nichts besessen hat, wie auch andere Heilige, Erleuchtete und Mystiker, dann nur darum, weil sie ihren inneren Reichtum erfahren haben. Sie haben ihre lebendige Gotteskindschaft gelebt und haben darum festgestellt, dass Heimat nicht dort ist, wo ihr Haus steht, sondern dass Heimat im Menschen ist. Diese großen Meister waren jene, die Gott in sich gefunden hatten und darum von Äußerlichkeiten überhaupt nicht mehr zu berühren waren.

Aber diese Meister hatten alle die Gabe, mit der allumfassenden Liebe in ständigem Kontakt zu stehen, und darum haben sie in diesem Sinne auch nicht Not gelitten, denn sie wurden von der kosmischen Liebe, vom kosmischen Bewusstsein mit dem versorgt, was sie für ihren Lebensunterhalt benötigten. Sie sind immer auf Menschen gestoßen, die sie versorgt haben. Sie konnten materialisieren, wenn es wirklich notwendig war.

Aber Jesus konnte sich nicht helfen, sonst wäre er nicht ans Kreuz geschlagen worden!

Natürlich hätte er sich helfen können! Aber es ist doch so, mein Kind, dass hier ein Plan dahinter stand. Eine

Aufgabe! Das Setzen eines Zeichens! Darum ist er diesen Weg gegangen, hat sich zur Verfügung gestellt. Aber das ist ein weites Feld.

(Klar, wie konnte ich so was nur behaupten?! Schließlich hatte ich das ja schon im Religionsunterricht gehört. Aber so richtig vorstellen konnte man sich eine solche Hingabe dann doch wieder nicht!)

Ich möchte noch mal zum Wohlstand, zum Geld zurückkommen. Ich stelle fest, dass es bei mir so etwas wie eine gläserne Decke gibt, über die ich nicht hinauskomme. Ich möchte diese Grenze, die mich vom Wohlstand trennt, gerne durchstoßen und neutraler mit Geld umgehen. Was kann ich denn da tun?

Am wichtigsten ist es, sich nicht im Mangel zu sehen. Ein Mensch, der sich im Mangel sieht, wird nie genug haben. Das, was die Fülle behindert, ist die Angst vor der Armut oder vor dem Mangel. Das sind die beiden Pole. Wenn du sagst, du möchtest gerne auf die lichte Seite, dann musst du dich der lichten Seite auch zuwenden und darfst nicht die Schattenseite betrachten.

Wenn du in einem Monat nicht so viel verdienst und denkst darüber lange nach, dann betrachtest du die Schattenseite. Besser wäre es zu sagen: »Ach, im nächsten Monat wird es mit Sicherheit besser, und in einem Jahr, wunderbar, da werde ich das Geld nicht doppelt zählen müssen, dann werde ich es doppelt haben!« Es ist wie bei einer Mutter, die ihre Gedanken sorgend auf ihr Kind lenkt. Sie behindert das Kind mit ihrer Sorge, hängt eine Dunstglocke über es. So ist es auch mit dem Geld.

Freue dich über das Geld, das kommt, und denke

nicht, ein wenig mehr könnte es ruhig sein, sondern sage: »Schön, dass du kommst und meinen Lebensunterhalt sicherst und ich mir auch etwas gönnen kann. Das wird ab jetzt immer besser werden. Ich fühle es, ich weiß es.« Das, was euch immer hemmt und behindert, ist der Gedanke an Mangel, und Mangel erzeugt Sorge, erzeugt Furcht, erzeugt Angst.

Aber ich kann mir Reichtum ja manchmal nicht mal vorstellen. Zum Beispiel einen Gewinn von 50 000 Euro. Da merke ich dann richtig, dass ich auch davor Angst habe. Ich getraue mich nicht hinzudenken. Da ist eine Sperre.
Ja, aber die erste Sperre ist schon die, dass du einen Betrag festlegst. Stabilisiere das Gefühl der Fülle, und dann, mein Kind, arbeitest du darauf zu.

(Das war ein wunderbarer Gedanke! Und schon hatte ich ein Bild dazu ... Sicherheitshalber wollte ich wissen, was Emanuel von meiner Vorstellung hielt, damit ich nicht mit falschen Phantasien operierte.)

Was hältst du denn von diesem Bild: Ich stelle mir vor, dass ich am Strand spazieren gehe und die vielen hunderttausend kleinen Muscheln und Steinchen sind eigentlich Geldstücke, und genauso, wie ich die eine oder andere Muschel aufhebe, hebe ich vielleicht auch das eine oder andere Geldstück auf. Aber es ist Fülle um mich herum. Ich muss das Geld nicht krampfhaft einsammeln. Es bleibt da, kommt immer wieder, ich muss mich nicht ängstigen.
Ja, das ist ein wunderbares Bild. Das Geld steht dir zur Verfügung, aber du entscheidest dich, wann du dich bückst und es aufhebst. Ja, wunderbar.

Ich habe da ein Projekt in Aussicht und beobachte mich dabei, dass ich mich zurücklehne und denke: Da wird noch mehr kommen. Ich denke an die Fülle. An manchen Tagen gelingt mir das ganz leicht, und an anderen Tagen denke ich mir, dass ich komplett verrückt bin, denn ich habe den Auftrag ja noch gar nicht in der Tasche.
Ja, aber siehe, das ist jetzt wieder diese Vorwärts-Rückwärts-Politik. Das heißt, du bewegst dich erst vorwärts in Richtung Fülle, und dann denkst du wieder: Ach nein, wie komme ich denn darauf, ist ja noch gar kein Auftrag, das ist ja Größenwahn! Und schon gehst du wieder einen Schritt zurück in Richtung Mangel. Aber das solltest du nicht tun. Sei offen für diesen Auftrag, lege deine ganze Liebe hinein, und nimm dir vor, ihn so gut zu machen und zu erfüllen, dass deine Auftraggeber sagen: »Welch ein Glück haben wir, dass wir an diese Person gekommen sind.« Die logische Folge wird sein, dass der Auftraggeber sich vornimmt, mit dir zusammenzuarbeiten, weil du verstanden hast, was er will.

Diese Haltung nimm ein, und dann lasse geschehen. Egal, ob ein neuer Auftrag kommt oder nicht, sei neutral und offen. Siehe, wo die Erwartung ist, ist auch immer die Enttäuschung.

Ich wage jetzt gar nicht zu fragen, ob das so kommen wird.
Geh so vor, wie ich es dir sage. Ja!

(Ich war sehr, sehr aufgeregt. Ich spürte, da würde Gutes auf mich zukommen. Ich war so dankbar! – Ja, und da war noch was anderes, wofür ich dankbar war: meinen Mut, Bettina anzurufen. Davon wollte ich Emanuel unbedingt erzählen.)

Dann möchte ich dir gerne noch etwas anderes erzählen. Ich habe meine frühere Freundin Bettina angerufen. Bettina Jessen, die Frau, mit der ich leider so lange keinen Kontakt mehr hatte. Es war ein sehr schönes Telefonat, und ich würde gerne wissen, ob sich darauf etwas aufbauen wird oder ob das nur ein kleines Strohfeuer war.
Sie zeigt sich mir, dass sie wirklich berührt ist, denn im Grunde hat sie dich ja nicht wirklich verlassen. Es sind ihre Umstände, dass sie sich so zurückgenommen hat, und ich würde dir empfehlen, dass du den Kontakt jetzt erst einmal ein paar Wochen ruhen lässt. Dann kannst du den nächsten Vorstoß machen und einmal ein Treffen vorschlagen.

Sie hat sogar ein Treffen vorgeschlagen. Aber ich bin sehr, sehr vorsichtig und will sie auf keinen Fall bedrängen.
Ja, wie habt ihr euch denn jetzt verabredet? Wer ruft wen an?

Was den nächsten Anruf angeht, haben wir uns nicht abgesprochen. Ich gehe mal davon aus, nachdem ich jetzt den ersten Schritt gemacht habe, dass sie sich melden wird.
Wenn sie es nicht tut, dann rufst du noch einmal an und sagst: »Wann wollen wir spazieren gehen?«

Vielleicht wird sie sich ja zu meinem Geburtstag melden … Ich hätte da aber noch eine allgemeine Frage: Warum finden manche Menschen eigentlich nur ganz schwer Freunde?
Das hängt davon ab. Manche Menschen mögen es, alleine mit sich zu sein, und beschäftigen sich gerne mit sich. Sie vermissen dann niemanden. Wenn das aber nicht der Fall ist, dann bedeutet es, dass sie ein zu hohes Anspruchsden-

ken an Freunde leben. Befreundet zu sein bedeutet nicht, dass der Freund in allen Punkten mit mir Übereinstimmung leben muss. Befreundet zu sein heißt, wir verstehen uns in einem Thema so wunderbar, können uns austauschen und spüren einen Gleichklang. Zum Beispiel in der Musik. Also bietet es sich an, dass Freunde sich über Musik unterhalten oder gemeinsam ein Konzert besuchen. Wenn der eine darüber hinaus noch sehr stark sportliche Aktivitäten lebt und der andere hat für Sport gar nichts übrig, dann muss ich das akzeptieren. Auch wenn er sich einmal gegen einen gemeinsamen Abend und für den Sport entscheidet. Der andere darf sich dann nicht zurückgestoßen fühlen! Das Problem bei Freundschaften liegt häufig darin, dass ihr erwartet, dass Freunde alle Themen mit euch teilen. Wenn dem nicht so ist, dann kommt die Diskrepanz, dann kommt der Rückzug, das Gekränktsein, das Verletztsein, das Enttäuschtsein.

Damit meine ich jetzt aber nicht die Kinderfreundschaft, die sich über Jahre aufgebaut hat.

Aber viele Menschen bemühen sich und finden nur ganz schwer Kontakt und Freunde.

Wenn ich Freundschaft suche, dann muss ich mich anbieten. Nicht anbiedern, sondern ich gehe dann auf den anderen zu. Ich kann doch nicht erwarten, dass die anderen auf mich zugehen! Warum sollten sie das tun?

Hat das auch etwas mit dem Gedanken der Fülle zu tun? Ich selbst fühle mich sehr eingebunden und mit Menschen verbunden. Es gibt viele liebe Menschen um mich herum. Manchmal kann ich gar nicht so viele Menschen wie wollen in mein Leben lassen.

Das hat etwas mit deiner Unbefangenheit, deiner Offenheit, deiner Kraft, auf Menschen zuzugehen, und deiner Natürlichkeit zu tun. Wenn ein Mensch verunsichert ist und Angst hat, nicht angenommen zu werden, weiß er nicht, ob er ausreicht. Für sich und für andere. Ein Mensch, der sich selbst nicht genügt, wird auch immer die Furcht leben, anderen nicht zu genügen. Also wird er versuchen, darüber hinwegzuspielen, und ein Bild vorgeben, das der Wirklichkeit nicht entspricht. Das ist unnatürlich. Die anderen fühlen das und halten darum Abstand.

Dort, wo ein Mensch Unbefangenheit lebt, begibt er sich unter die anderen, ist interessiert und aufmerksam. Er gibt das, was er zu geben hat, aber er fordert nicht.

Nick ist ja auch ein ganz offener Mensch, aber er beklagt sich immer, dass es nur wenig Menschen um ihn herum gibt, mit denen er eine Freundschaft pflegen könnte. Besonders Männer, weil die nicht so tief fühlen und reden wie er.

Ja, dann hat er noch nicht die rechten gefunden. Aber siehe, es ist ja gar nicht notwendig, dass sie so tief denken wie er, sondern dass sie ein Thema mit ihm teilen. Es muss ja nicht immer die Lebensphilosophie sein. Das kann auch mal eine sportliche Aktivität oder ein musisches Thema sein.

Also dass der andere seine Interessen im wahrsten Sinne des Wortes teilt.

Ja, richtig. Also nicht von einer Person so viel erwarten.

Gilt das auch für die Paarbeziehung?

Da gilt das Gleiche. Es ist nur schwierig in der Beziehung, weil ihr da den Alltag miteinander lebt, und wenn ihr einen Partner habt, mit dem euch nur das musische Thema verbindet, dann wird das auf Dauer ein bisschen wenig sein. In einer Partnerschaft sind schon mehr gleiche Interessen oder gleiche Ziele gefordert.

Aber in Freundschaften ist es oft so, dass Frauen sagen: »Ich will nur eine Freundin, eine gute Freundin, meine beste Freundin.« Ja nun, was soll denn diese Freundin alles erfüllen? Das ist ein Besitzdenken, das sehr erdrückend ist. Wenn die beste Freundin nun einmal mit einer anderen guten Bekannten ausgehen will, mit einer Kollegin, siehe, dann ist die Frau sauer. Das geht so nicht, denkt sie.

Freundschaften sind Lebenspfeiler, Lebensstützen, und gestützt werden kann nur dort, wo ihr einander Freiheit lasst.

Ich habe eine Freundin, bei der fühle ich mich im Moment etwas unfrei. Sie ist allein erziehend, hat ein kleines Kind und kann deswegen nicht so viele Freundschaften pflegen.
Wenn ihre Erwartungshaltung an dich immer größer wird, ist es wichtig, dass du rechtzeitig für deinen Freiraum sorgst.

Dadurch, dass sie keinen Partner hat, habe ich das Gefühl, in eine Art Partnerersatz reinzurutschen.
Da du einen Partner hast, schenkst du ihm deine Aufmerksamkeit. Das ist normal und natürlich. Und deine Freundin ist traurig, gekränkt oder fühlt sich zurückgesetzt, wenn du ihn ihr vorziehst. Sie hat keinen Partner und hätte vielleicht sehr gerne etwas mit dir unternommen. So kann es aber nicht sein! Ihr könnt euch nicht nur

auf eine Person fixieren. Nicht auf eine Freundin, nicht auf einen Partner.

Ja, es wäre schön, sie würde auch einen Partner finden. Und für Nick wäre es schön, er würde Männer treffen, mit denen er sich wirklich austauschen kann.
Dazu ist es wichtig, dass er bei den Männern und den Freundschaften kompromissbereiter wird. Also, dass er nicht eine Erwartungshaltung pflegt, die andere weder erfüllen wollen noch können. Männerfreundschaften findest du oft in Vereinen, denn dort können Männer gut miteinander klüngeln. Aber das, was du unter wahrer Männerfreundschaft verstehst, findest du nur ganz selten. Der Grund ist, dass die Jungen zu Kriegern erzogen werden. Ehrgeiz, Rivalität, Beruf. Sei gut! Sei noch besser! Strenge dich an! Dadurch wird Rivalität erzeugt.

Und meine Freundin? Wie kann ich besser mit ihr umgehen? Ich will sie nicht zurückstoßen oder kränken. Sie ist doch schon so alleine, und dann verweigere ich mich auch noch.
Ja siehe, das ist jetzt das ganz natürliche Spiel. Im Augenblick ist niemand außer dir da. Wenn du jetzt auch noch abspringst, dann steht deine Freundin ganz alleine da, und das möchtest du ihr nicht zumuten. Würdest du aber abspringen, dann hätte sie zwei Möglichkeiten: Entweder sie würde verbittern und sauer auf das Leben werden oder sie würde etwas tun, um ihre Situation zu verändern.

Und du musst dich auch gar nicht ganz von ihr zurückziehen. Es genügt, wenn du sagst: »Sei mir nicht böse, aber heute kann ich nicht. Heute bin ich müde«

oder »Heute bin ich unterwegs. Lass mich dich nächste Woche anrufen.« Du kannst das Ganze ja auch ein wenig aufweichen.

Ja, ich bin auch dabei, die Situation etwas aufzuweichen.
Ja, was würde denn auch geschehen, wenn du das nicht machen würdest? Eine Freundin würde dir lästig werden! Es würde dir stinken! Siehe, auf diese Weise wird ein Mensch, der dir einmal wichtig war, so widerlich, dass du dir wünschst, er würde sich nie mehr bei dir melden. Das wäre doch sehr schade!

Ja, das wäre schade. Aber warum dauert es bei manchen Menschen auch so lange, bis sie wieder eine Partnerschaft eingehen?! So eine hübsche Frau, erfolgreich und verliebt sich einfach nicht! Also, ich war früher dauerverliebt, was zwar auch nicht gut ist, aber dass da einfach kein Mann mehr ins Leben treten will...
Wenn keiner mehr ins Leben treten will, ist die Aufgabe, sich mit sich selbst auseinander zu setzen und sich das Leben zu gestalten.

Das macht sie auch. Aber ich bemerke auch eine Form von Egozentrik. Sie lässt sich nichts mehr sagen.
Ja, aber das ist dann *ihr* Thema. Da kannst du nichts daran ändern. Wenn du ihr sagst, dass sie egozentrisch ist, wird sie sich daran stoßen. So ist gar keine Freundschaft möglich.

Siehe, sich mit sich selbst zu arrangieren bedeutet ja nicht zwangsläufig, eigenbrötlerisch zu werden. Sondern ich leide dann nicht mehr darunter, dass kein Partner an meiner Seite geht. Ich arrangiere mich mit meinem Leben und gestalte es mir so reich, wie ich das nur kann.

Wenn ihr ohne Partner lebt, ist es normal, dass ihr euch Eigenheiten angewöhnt, die im Außen vielleicht etwas exotisch wirken. Aber das ist verständlich, denn da ist ja keiner, der sagt: »Bitte mach das nicht mehr!«

Das kenne ich . . .

Oder nimm jemanden, der beim Frühstücken nicht sitzt, sondern steht. Der eine sagt: »Kannst du dich nicht mal hinsetzen? Das ist doch gemütlicher!« »Nein«, sagt der andere, »ich stehe lieber beim Frühstück, denn dann rutscht das Essen schneller hinunter, und ich werde nicht dick.« Ja nun, das kann ein Argument sein, aber ein solches Frühstück ist wenig erbauend und wenig intim. Siehe, wenn ihr solche Angewohnheiten habt, ist das an sich ja gar nicht schlimm und in letzter Konsequenz ohne Bedeutung.

Aber wenn ihr rechthaberisch werdet, dann beweist dies, dass ihr euch mit diesem Alleinsein gar nicht arrangiert habt. Dann ist da eine Not, und ihr habt euch dieser Not gebeugt und verbittert daran. Und wenn du sagst, dass sie egozentrisch wird, dann bedeutet dies, dass sie eigenbrötlerisch wird, dass sie sich gar nicht wirklich mit der Situation arrangiert hat. Dass sie nicht offen, sondern enger wird.

Wenn ihr eine Familie habt, dann schafft ihr um diese Familie einen Kreis, das ist die Intimsphäre. Und es gilt immer zuerst die Aufmerksamkeit der Familie. Ein Mensch, der keine Familie hat, dessen Familie ist die Welt, und das bedeutet, er muss offen werden, seine Kreise müssen groß werden. Dort, wo die Kreise immer enger werden, immer kleiner, und wo der Mensch engstirnig wird, siehe, dort zeigt sich Verbitterung. Das Leben ist dem Menschen dann, seiner Meinung nach, etwas schuldig geblieben – den Partner und die Familie.

Manchmal erzählt mir meine Freundin von einer Situation, die nicht glückte. Sie fragt mich nach meiner Meinung, aber wenn ich sie ihr sage, dann will sie sie nicht hören oder weiß es doch besser. Ist das auch verbittert?
Ja, natürlich. Sie ist unflexibel. Siehe, in der Partnerschaft gibt es doch permanent Reibereien: »Schatz, wieso hast du denn diesen Pullover an? Der gefällt mir gar nicht an dir. Willst du denn nicht einen anderen anziehen?« »Nein, ich finde den schön.« »Aber mir zuliebe könntest du doch mal einen anderen anziehen!«

Also wird das Schätzchen mal einen anderen Pullover anziehen, damit der Partner sich freut. Das bedeutet doch, über Reibung in der Flexibilität bleiben. Durch die Kritik bleibt ihr nachdenklich und beweglich. Wenn die Freundin aber meint, alles müsse so bleiben, wie sie denkt, dann bedeutet das, dass sie immer sturer wird und für gut gemeinte Anregungen gar nicht offen ist.

Sie ist Floristin, und ihre Blumensträuße sind zwar schön, aber manchmal ein wenig »verrückt«. Die Kunden wollen solche Sträuße nicht, und meine Freundin will nicht einsehen, dass sie ja nicht die Kunden ändern kann.
Sie gestaltet die Sträuße also nach ihrem Geschmack, statt sich dem Geschmack der Menschen anzupassen, für die die Sträuße gedacht sind. Aber sie lebt ja von diesen Menschen und nicht aus sich heraus. Sie will ja, dass

ihre Blumensträuße ankommen, sie gefragt ist, und dazu muss sie natürlich auch die anderen fragen, ob das gefällt, was sie macht. Das ist Marktforschung! »Wie gefällt Ihnen das Produkt? Wie die Verpackung? Wie finden sie es im Geschmack? Ein bisschen mehr Süße oder ist es bereits zu süß?«

Ich brauche doch die Information von den Menschen, damit ich das Beste anbieten kann. In der Partnerschaft oder Familie geschieht dies über Reibung. Es ist eine permanente Anpassung. Der Rohdiamant wird geschliffen, und je mehr Fassetten er erhält, desto brillanter wird er funkeln. Ein Mensch, der alles besser weiß, lässt sich nicht schleifen und wird stumpf.

Ich habe auch fast keine Lust mehr zu schleifen, sondern gebe ihr inzwischen einfach Recht.
Das würde ich dir nicht empfehlen, ihr einfach Recht zu geben. Sage doch eher: »So, wie du es siehst, wird es für dich in Ordnung sein!«

Es ist mühsam, ehrlich zu sein.
Wenn sie dir widerspricht, dann kannst du sie auch fragen, wieso sie überhaupt erst deine Meinung wissen wollte. Sie kann es ja gleich so machen, wie sie denkt. Wenn du aber sagst, dass sie schon Recht hat, dann bist du nicht aufrichtig mit ihr.

(Emanuel hatte natürlich Recht: Es war besser, aufrichtig zu sein – allein schon deswegen, um selbst nicht das dumpfe Gefühl der Resignation zu haben. Es war schon spät, aber eine Frage wollte ich noch stellen.)

Emanuel, du hast häufiger, auch heute, gesagt, dass es in den verschiedensten Situationen darauf ankommt, das eigene Lebensthema zu betrachten. Jetzt haben ja nicht alle Menschen und auch nicht ich immer die Möglichkeit, zu fragen und Antworten zu erhalten. Wie findet man denn die persönlichen Themen?

Indem man sich hinsetzt und nachdenkt. Indem man innehält. Nimm nochmal das, was du vorhin gesagt hast, als Beispiel. Dann erkennst du: Offenbar habe ich Angst, meine Meinung zu sagen. Wenn du beginnst, darüber nachzudenken, dann werden dich deine Gedanken zurück in die Kindheit führen. »Wie bin ich denn da gewesen?«, kannst du dich fragen. »Hatte ich denn da auch schon Angst, meine Wünsche zu äußern oder meine Meinung zu sagen? Oder habe ich mich in meinen Äußerungen frei und unbefangen gefühlt?«

Bei der Suche nach den Ursachen könnt ihr auf Glaubenssätze stoßen, die euch damals eure Eltern vermittelten. Vielleicht wurde euch gesagt: »Nur ein braves Kind ist ein geliebtes Kind!« Was ist die Konsequenz? Mund halten und funktionieren!

Manchmal ist auch wirklich etwas passiert. Vielleicht habt ihr als Kinder mit einer Freundin im Auto gesessen und Autofahren gespielt. Ihr habt getan, als würdet ihr über die Autobahn rasen, und habt dabei aus Versehen die Bremse gelöst. Das Auto ist losgerollt, und die Freundin wurde dabei verletzt. Nun seid ihr schuldig geworden. Die Eltern haben damals geschimpft und euch bestraft. Vielleicht ist die Tat längst vergessen, aber das Schuldgefühl in euch hat sich gehalten. Ich muss mich zurückhalten, denkt ihr heute, bloß nichts tun, nur nichts riskieren!

Es ist immer mal wieder wichtig, sich selbst und sein Leben zu betrachten und sich die Zeit für diese Reflexion zu nehmen. Wenn euch etwas an euch oder eurem Leben stört, dann schreibt es auf und notiert daneben, wo die mögliche Ursache zu suchen ist. Dann denkt langsam zurück. Wie wart ihr, als ihr zehn Jahre alt wart? Wie mit fünf Jahren? Habt ihr damals schon so gehandelt? Was ist geschehen, dass ihr euch verändert habt? Gab es einen Einschnitt?

Und dann wäre es natürlich klug, wenn ihr auch ein wenig darüber meditiert, also in die Ruhe geht. Ich sagte es ja bereits: Wenn ihr innehaltet, euch sammelt, dann wirkt ihr durch euren Kausalleib, und der ist an das kosmische Bewusstsein angeschlossen. Das heißt also, jetzt erfahrt ihr über euer höheres Selbst. Es sendet euch Eingaben und Einfälle. Plötzlich erinnert ihr euch an etwas, das euch nicht mehr bewusst war. »Ach, so war das!«, denkt ihr. »Deswegen reagiere ich so!«

Aber manchmal fällt einem auch nichts ein. Nimm meine Freundin wieder. Die weiß ja nicht, ob es in ihrem Lebensplan steht, keinen Partner mehr zu finden und sich mit sich selbst zu arrangieren, oder ob in ihrem Lebensplan eigentlich drinsteht: Geh aktiv nach draußen und suche dir einen.
Da ihr nicht wisst, sollt ihr natürlich das leben, was ihr gerne möchtet. Wenn sie einen Partner will, dann müsste sie aktiv werden. Einen Partner zu finden ist ja von vielen Umständen abhängig. Vielleicht habt ihr in eurer Kindheit einen Verlust erlebt. Menschen eures Umfeldes, die ihr sehr lieb hattet, sind gestorben, und nun trefft ihr die Entscheidung, niemanden mehr tief lieben zu wollen, damit ihr nie mehr solch einen Verlust erleiden müsst.

Auch so etwas ist mit einzubeziehen. Habe ich mir vielleicht selbst dieses Programm gesetzt? Will ich nicht mehr enttäuscht werden, und lasse ich mich deswegen nicht mehr ein? Deine Freundin muss dies alles prüfen. Im Augenblick ist sie nur gekränkt, und da kann nichts Gutes daraus werden.

Es ist im Grunde egal, ob etwas in eurem Lebensplan eingezeichnet ist oder nicht. Ihr könnt es nicht wissen. Also könnt ihr doch nur das tun, was ihr gerne möchtet. Und wenn sie eine Partnerschaft wirklich will, dann muss sie sich auch zeigen, sich auch anbieten. Sie muss ihre Präsenz zeigen. Das bedeutet ja nicht gleich, sich anzubiedern, sondern sie muss ein Signal geben, dass sie zu haben ist.

Das bezieht sich ja auf alle Themen.
Ja, natürlich.

Danke für die ganzen Informationen. Ich bin heute schon ewig lange hier, deshalb will ich jetzt Schluss machen. In ein paar Wochen komme ich wieder. Das wird dann vorerst das letzte Mal sein. Aber ich weiß schon jetzt, dass ich wiederkommen werde.
Also, dann spreche ich jetzt meine Verabschiedung?

Ja. Bitte.
Ich sagte es in den Worten der Begrüßung: Das Lachen ist das Atemholen der Welt. Ein lachender Mensch fühlt Sorglosigkeit und hat Vertrauen gegenüber dem Leben. Er ist unbefangen, wenn auch nur für eine kurze Zeit. Wenn ich lache, stelle ich die Themen, von denen ich glaube, dass sie mich einengen, zur Seite. Ich lenke mich ab. Sie

sind nicht mehr im Vordergrund, sondern stehen nebenan. Welch eine Fülle kann mir dadurch zuteil werden! Welch ein Reichtum kann mich dadurch berühren! Wenn ihr so unbefangen wie die Kinder lacht, bedeutet das, dass ihr das Ja zum Leben sprecht und erkennt, dass das Leben Polarität ist. Ihr könnt bestimmen, wie voll die beiden Waagschalen sind und in welche Richtung der Zeiger geht.

Wenn ihr so denkt, dann seid ihr keine Opfer mehr, sondern nur mit Lebenssituationen konfrontiert, die euch gerade ängstigen und schwächen wollen. Die Herausforderung ist, in den Mut und in die Überwindung zu gehen, damit Freude, Freiheit und Frieden des Herzens gelebt werden können. Damit erfahrbares Wachstum sichtbar wird und gelebt werden kann.

Wir helfen dir dabei, mein Kind, dies in deinem Leben umzusetzen mit all dieser unserer Liebe. Wir legen sie in dein Herze. Wir legen in dein Herze die Heiterkeit der Erkennenden, die Gelassenheit der Wissenden und die Geduld der Vertrauenden.

Mein Friede, er geht an deiner Seite.

Emanuel.

Diesmal fuhr ich mit gemischten Gefühlen nach Hause. Beinahe ergriff mich schon jetzt so etwas wie eine leise Wehmut. Emanuel war mir zu einem Freund geworden. Wie sollte es mit mir weitergehen, wenn ich in ein paar Wochen aus finanziellen Gründen zum vorerst letzten Mal zu ihm fuhr? Ich konnte mir das gar nicht richtig vorstel-

len. Die Autofahrt, der Ort, Christiane Zimmer, Emanuels plötzliche Begrüßungen, wenn Christiane Zimmer in Trance ging, waren mir so vertraut geworden. Ein halbes Jahr begleitete mich nun mein unsichtbarer Freund, mein Engel, den ich nur hören und wahrnehmen konnte, wenn ich den langen Weg über die Autobahn auf mich nahm. Ich war klug genug, um zu wissen, dass es Ziel und Zweck einer jeden Begleitung ist, dass sich der Klient irgendwann auf eigene Füße stellt und seine Fragen selber löst. Alles in allem war ich darin ja auch schon viel sicherer und gelassener geworden. Ich konnte mich mehr und mehr meinen Themen stellen. Beispielsweise verstand ich es immer besser, mich gegen andere abzugrenzen. Ich musste nicht jeder Bitte nachkommen, die andere an mich stellten. Ganz im Gegenteil... eine voreilige Hilfe schien eher zu behindern als zu helfen.

Aber immer wieder meldete sich auch mein Zweifel. Und wenn Emanuel nun doch kein Engel war? Wenn nun Christiane Zimmer das alles gesagt hatte? Aber – ich entspannte mich augenblicklich – auch dann ergaben diese Botschaften einen Sinn. Eigentlich war es doch fast egal, wer sprach. Außerdem, das war nicht zu leugnen, sprach ich mit Emanuel über Menschen, die Christiane Zimmer ja gar nicht kannte. Sie kannte ja nicht einmal mich! Es war klug gewesen, was ich zu hören bekommen hatte, und ich konnte damit etwas anfangen. Was da passierte, war Hilfe zur Selbsthilfe, denn schließlich führte es zu nichts, wenn man anderen die Aufgaben abnahm oder diese löste. Jeder musste ja für sich selbst eine Orientierung im Leben finden. Und das galt natürlich auch für mich. Wenn eine Aufgabe darin lag, Vertrauen in mein Schicksal zu haben, dann musste ich selbst »vertrauensbildende Maßnahmen« ergrei-

fen. Allein dass Nick oder Emanuel mir sagten, ich solle doch mehr vertrauen, machten mich innerlich nicht ruhig. Ich selbst musste erkennen und herausfinden, dass es das Leben nicht böse mit mir meinte.

Auch die Tage nach meinem Besuch bei Emanuel blieb ich in dieser vertrauensvollen Stimmung. Nora meldete sich bei mir, und erneut reagierte ich zögerlich, als sie mich um eine Zusammenarbeit bat. Ich wollte darüber nachdenken. Einerseits passten wir hinsichtlich der Arbeitsauffassung gut zusammen, andererseits setzte mich ihre Essstörung unter Druck. Ich wollte nicht schon wieder die Starke für jemanden sein. Mal sehen, überlegte ich, was sich da noch tut. Wenn nicht jetzt, dann konnten wir vielleicht später zusammenfinden, dann, wenn sie mehr Kraft und Ruhe gefunden hatte.

Das Leben hetzte mich nicht mehr, und auf meinen Erfolg wollte ich geduldig warten. Es war gut so, wie es war, und ich war außerdem nicht allein. In Nick erkannte ich mehr und mehr einen Menschen an meiner Seite, der sich mit großer Ausdauer und Liebe mit mir und an mir abschliff. Ja, wir konnten ohne einander sein, aber nein, wir wollten es nicht. Ich erinnerte mich an die Männer, die ich vor Nick kennen gelernt hatte, und der Schmerz meldete sich dunkel aus der Erinnerung zurück. Wie schön es doch war, mit Nick eine Beziehung zu führen, die so voller Leben, Widerspruch und Nähe war. Im Gegensatz zu anderen Männern war er nie grob mit mir umgegangen. Obwohl, überlegte ich mir jetzt, die anderen waren vielleicht gar nicht die Bösen. Konnte es sein, dass ich mich mit diesen Männern bereits im Jenseits verabredet hatte, damit sie mir im jetzigen Leben das Herz hin und wieder brechen konnten? Komische Vorstellung … Wollte ich durch diese schmerzhaften Erfahrungen am Ende lernen, mehr auf mein Gefühl und mein Selbst zu achten? Wenn dem so gewesen ist, dann hatte ich meine Lektion gelernt. Schmunzelnd überlegte ich, Dankeskärtchen an ein paar bestimmte Herren zu senden. Manches Gesicht würde ich beim Öffnen des Briefumschlages dann sehr gerne sehen!

Emanuel hatte ich es zu verdanken, dass diese Vorstellung allein genügte. Ich musste nicht tatsächlich mit einem dieser Herzensbrecher Kontakt aufnehmen. Das hatte ich gelernt... Ich ging spielerischer mit den Lebenssituationen um, und das wollte ich auch nicht mehr verlieren.

Eines schönen Tages fand ich eine Nachricht von Bettina auf meinem Anrufbeantworter vor. Sie war in der Nähe und wollte sich mit mir treffen. Mit klopfendem Herzen rief ich Nick an. Er machte mir Mut. »Schlimmer als es ohne sie war, kann es nicht mehr werden!«, sagte er, nachdem ich ihm nun zum hundertsten Mal von dieser besonderen Freundinnengeschichte erzählt hatte. Ob Emanuel da ein wenig nachgeholfen hatte? Es konnte doch kein Zufall sein, dass wir ausgerechnet jetzt wieder den alten Faden aufnahmen?

Am übernächsten Tag konnte ich nicht nervöser sein als bei einem Rendezvouz. Aufgeregt fuhr ich vor dem Haus von Bettinas Eltern vor. Bettina kam über den Hof zum Tor, so wie sie bereits als Jugendliche immer und immer wieder über den Hof gelaufen war, um das Tor für mich zu öffnen. Viele Jahre lang hatten wir einander nicht mehr gegenübergestanden, nun traten uns beiden die Tränen in die Augen. Wir umarmten einander, so als seien all die Jahre nicht gewesen, als hätte es keine Vorwürfe, keinen Bruch, keinen Zwiespalt gegeben. Bettinas Augen blitzten wie früher, ihre Haare waren noch immer so schön lang...

nach wenigen Minuten wagten wir bereits, wieder in die alte Kinderfreundschaft einzusteigen. Es war mir egal, welches Leben sie führte. Nein, egal war es nicht. Genauso wenig wie mir Bettina jemals egal sein konnte. Es war vielmehr so, dass ich ihr Leben bei ihr lassen konnte. Das Leben, das sie sich gewählt hatte, mit diesen Menschen, die eine bestimmte Funktion darin hatten, machte doch für Bettina Sinn. Sie hatte da etwas zu lernen, auch wenn ich es nicht sehen konnte. Es musste mich auch nicht tangieren. Ich wünschte mir aus tiefstem Herzen, mit ihr eine neue Verbindung aufzubauen, eine, die über unseren unterschiedlichen Lebensentwürfen stand. Als wir uns voneinander verabschiedeten, war ich traurig, und es war so, wie es immer gewesen war: Sie fehlte mir, kaum dass wir uns getrennt hatten.

Nick erwartete mich zu Hause. Er sah mich nur an, fragte ganz wenig, und ich war ihm sehr dankbar dafür, dass er verstand, dass ich nicht erzählen konnte. Erst als ich am Abend in seinem Arm lag, konnte ich von Bettina und mir berichten. »Wir haben den Bruch gar nicht thematisiert«, erzählte ich ihm und konnte das selbst nicht fassen. »Wir haben einfach versucht, miteinander zu sein.« »Und wie wird es weitergehen?« »Keine Verabredungen«, antwortete ich, wohl wissend, dass Bettina und ich immer irgendwie miteinander verabredet waren. Wir waren beide keine Opfer, sondern konnten unsere Freundschaft gestalten. »Ich bin gespannt, wie das wird«, murmelte ich schläfrig und rollte mich in Nicks Arm zum Schlafen ein.

»Und wie oft fährst du noch zu deinem Engel?«, fragte Nick und streichelte mir über den Kopf.

»Nur noch ein Mal«, flüsterte ich, schon halb im Traum.

Und dieses eine Mal kam viel zu schnell …

LETZTER BESUCH

Freude und Lebensaufgaben

Freude heißt das lösende Wort.
Freude heißt das auflösende Wort.
Freude heißt das erlösende Wort.

Gott zum Gruße, mein geliebtes Kind. Mit Licht, mit Liebe, mit Frieden und Freude segne der Einzige und Wahrhaftige, der Ewige und Wahre, der Ursprung allen diesen Seins dein Herze und lasse es gehen in der Freude des Erkennens. Siehe, von der Freude ist die Rede. Wer möchte denn nicht Freude leben? Willst nicht auch du jeden Tag dein freudiges Herze spüren? Möchten die Menschen nicht lachen und leichten Herzens gehen? Was aber behindert die Freude? Was lässt sie nicht fließen? Siehe, es ist die mangelnde Dankbarkeit. Siehe, ein Mensch, der Dankbarkeit lebt, freut sich über das, was er hat. Er sieht nicht den Mangel, nicht die Schwäche, sondern er sieht die Fülle. Und darum ist alles im Leben bestimmt von der Sichtweise. Jetzt habt ihr natürlich aufgrund eurer Vorgeschichte gewisse Erfahrungsschätze. Aber so wie euer Blick auf die Dinge ist, muss er nicht bleiben. Alles im Leben ist doch Wandel, und der Mensch, der den Mut hat, zu sagen: »Ich will die Freude in meinem Herzen spüren und leben!«, wird auch prüfen müssen, was ihn daran hindert, Freude, Dankbarkeit und Fülle zu erfahren.

Siehe, warum spreche ich dir solche Worte der Begrüßung? Du hast noch eine große Lebensspanne vor dir und möchtest deine Zeit mit Werken und Handlungen füllen, die dich bestätigen. Gleichzeitig möchtest du auch die vielen Möglichkeiten, die in dir angelegt sind und die du zum Teil noch gar nicht ausleben konntest, nun endlich ausschöpfen. Und darum, mein Kind, ist es wichtig, dass du an den Tagen, an denen du ein wenig schwermütig oder unzufrieden bist, dir immer wieder sagst: »Ich, der Bestimmer meines Lebens, will betrachten, was ich bereits erreicht habe, und mich darüber freuen. Und das, was ich mir vorgenommen habe, soll nicht Hürde für mich sein, sondern ich will dem zulächeln, damit ich leichten Schrittes auf meine Ziele zugehen kann. Ich will mich geborgen und geführt wissen, damit ich all das, was ich an Möglichkeiten in mir trage, auch erfahren kann. Damit mir dies gelingt, will ich jeden Tag mein Danke sprechen und jeden Tag erneut mein Ja sagen, auch für die Möglichkeiten, die ich vielleicht noch nicht erkennen kann. Ich will ihnen aber bereits jetzt zulächeln.«

Auf diese Weise beginnt die Freude, immer stärker Besitz von dir zu nehmen, weil du, mein Kind, dich geführt weißt.

Und nun, mein Kind, beginnen wir mit deinen Fragen.

Ich bin heute tatsächlich etwas schwermütig. Nick und ich hatten gestern eine Beratung. Die war eigentlich sehr gut,

und dennoch verließ ich mit einer Schwermut den Raum, die sich bis heute gehalten hat. Ich weiß gar nicht, woher diese Traurigkeit kommt.
Du sagst, dass ihr einen Termin hattet, einen Gesprächstermin, der gut vonstatten ging, und trotz allem ist eine Traurigkeit in dir. Ist das so richtig? Hast du schon lange auf diesen Termin gewartet?

Nein, das nicht. Wir hatten uns vorgenommen, dorthin zu gehen, damit wir uns gegenseitig noch besser kennen lernen können.
Jetzt lass mich noch nachfragen: Geht es um eine persönliche Angelegenheit oder geht es um eine berufliche?

Es geht um unsere Beziehung.
Ja, dann ist da ein Missverstehen gewesen. Ich dachte, es handele sich um ein berufliches Thema.

Es gibt in eurer Beziehung ja immer mal wieder Spannungsfelder. Selbst wenn die Spannung sich gelöst hat, bleibt sie in eurem Bewusstsein, und das begleitet euch. Ihr könnt sie nicht einfach verabschieden. Dazu seid ihr noch nicht in der Lage. Ihr schafft es noch nicht, einfach zu sagen: »Wunderbar, das Thema ist geklärt und gelöst, also kann es entsorgt oder archiviert werden.« Es bleibt in eurem Bewusstsein. Jetzt habt ihr gestern ein gutes Gespräch geführt, und eigentlich könntest du ganz zufrieden sein. Aber andererseits weißt du auch um die Willkür im Leben. Jetzt war's ein gutes Gespräch, aber wie lange wird es dauern, bis der nächste Konflikt, die nächste Auseinandersetzung ansteht?

Du hast es ganz richtig erkannt: Alles im Leben ist nur eine Momentaufnahme. Alles ist Stimmungen und damit auch Schwankungen unterworfen. Wenn du das verinnerlichst, dann wirkt sich das auf dein Leben aus! Du wirst vieles nicht mehr als so bedeutsam bewerten. Auf ein beglückendes Gespräch, das dir vielleicht sogar den gewünschten Erfolg brachte, wirst du dann nicht mit überfreudigem Herzen, sondern gelassen reagieren. Und umgekehrt, ein Gespräch, das nicht den gewünschten Ausgang brachte, wird dich nicht depressiv oder traurig stimmen, sondern du wirst ebenfalls gelassen reagieren, denn du weißt, dass das Leben aus Veränderung besteht. Einem ständigen Auf und Ab. Aber du entscheidest, ob du dieses Auf und Ab auch mitmachen möchtest.

Die Traurigkeit, die du jetzt spürst, entspringt nicht deinem Bewusstsein, sondern dein Unbewusstes signalisiert dir, dass es eben zwar gut lief, dass aber die nächste Herausforderung bereits auf dich wartet. Stell dich einfach darauf ein: Solange du lebst, wirst du auch mit Herausforderungen zu tun haben.

Nimm also den trüben Tag. Lass ihn so stehen. Ihr analysiert zu viel!

Du meinst, Nick und ich analysieren zu viel?
Nein, ich meine es grundsätzlich. Die Menschen analysieren so viel. Leider meistens nicht auf die rechte Weise. Ihr seid zu sehr in euerem Ego gefangen. Statt über das Ego hinauszugehen und zu beobachten, wie es im Leben so zugeht. Ob da tatsächlich immer Gleichmaß zu finden ist.

Die Natur macht dir doch vor, dass es ein Gleichmaß nicht gibt. Egal, wo du hinblickst, kannst du das erkennen, denn überall ist Wandel. Die Uhr tickt vielleicht immer gleich, aber sonst ist immer Wechselspiel. Solange ein Mensch Emotionen lebt, wird er diesem Wechselspiel ausgeliefert sein.

Wäre doch aber auch schade, wenn es keine Emotionen gäbe!
Natürlich. Dann gäbe es nicht mehr diese spontane Freude und das Mitfühlen mit anderen. Dann wärt ihr wie eine Maschine.

Das kommt für mich nicht in Frage!
Lass mich noch kurz ergänzen: Ihr wärt eine Maschine und hättet immer den gleichen Rhythmus. Aber wie ist es denn mit dem Erleuchteten? Wie ist es denn mit dem Meister? Der ist ja keine Maschine! Dennoch hat er verinnerlicht, dass alles Wechsel ist, und macht die Stimmungswechsel nicht mehr mit. Trotzdem erkennt er Schönheit, lebt Freude und kann mitfühlen. Aber nichts holt ihn aus seiner Mitte. Er bleibt in sich ruhend.

Nun seid ihr keine Meister, aber was könnt ihr tun, damit euch die Stimmungen nicht mehr so einholen? Ihr könntet euch toleranter begegnen. Ihr sucht den Einklang miteinander. Stimmt das?

Meist will einer von uns den anderen überzeugen.
Und will ihm sagen, dass er die Wahrheit erkannt hat und die Wahrheit lebt? Das ist ja Unsinn! Solange ihr euch gegenseitig überzeugen wollt, kämpft ihr miteinander und lebt Spannungen, und der, der von euch beiden der wortgewandtere oder unnachgiebigere oder gekränktere ist, wird in letzter Konsequenz die Oberhand behalten. Aber das ist ja kein Kompromiss! Es bedeutet

nur, dass der nachgibt, der weniger Durchhaltevermögen hat.

Notwendig wäre es, dass ihr euch in eure Gedanken und Meinungen einweiht und miteinander überlegt, wie ihr einen gemeinsamen Nenner finden könntet. Wo müssen beide abgeben, dazugeben, damit ein Weg der Mitte gefunden wird? Eine Lösung, die beide befriedigt.

Gestern hat mir jemand gesagt, die Menschen könnten zueinander nicht mehr sagen: »Ich brauche dich ein Stückchen für mein Leben!« Ich habe darüber nachgedacht. Auch für mich ist es zwiespältig, das zu sagen. Wie siehst du es, dürfen wir sagen: Ich brauche den anderen?

Nun ja, brauchen ist ja nicht gebrauchen oder missbrauchen. Brauchen bedeutet ja nur: Du bist mir wichtig. Ich möchte dich gerne an meiner Seite wissen. Nicht permanent und nicht ausschließlich. Es geht hier auch nicht um Enge, sondern einer hat dann Eigenschaften, die der andere gerne für sich nutzt. Nutzen ist nicht benutzen! Nutzen im Sinne von Ergänzung. Wenn das Brauchen so verstanden ist, dann signalisiert ihr ja dem anderen im Grunde eure Liebe.

Wenn ihr sagt: »Ich liebe dich!« Ja, was liebt ihr denn dann am anderen? Seine schönen Augen? Das wird langfristig nicht genügen. Was ihr am anderen liebt, sind seine Charaktereigenschaften, seine inneren Werte, seine Feinfühligkeit, seine Fähigkeiten oder seine Durchsetzungskraft. Seine Eigenschaften machen ihn für euch begehrenswert. Aber wenn das so ist, willst du dann nicht auch die Eigenschaften, die du an dem anderen so liebst, für dich brauchen und einsetzen?

Es gibt Menschen, die möchten nicht mal hören, dass sie jemandem fehlen, zum Beispiel wenn sie im Urlaub sind. Die sind der Ansicht, jeder muss für sich alleine »ganz sein«. Man darf andere nicht »brauchen« und sie dürfen einem nicht fehlen, wenn sie weg sind. Ehrlich gesagt, ich finde das ganz schön unromantisch.
Wenn Menschen so denken, nun, dann sollten sie ihre Wege alleine gehen. Ein Mensch, der diese Haltung hat und der so auch leben will, der bleibt besser Junggeselle oder Junggesellin.

Siehe, Vollkommenheit bedeutet natürlich, dass ihr keinen Menschen benötigt, um mit euch in Einklang zu stehen. Aber jeder Mensch, den ihr von Herzen lieb habt und den ihr wertschätzt, dessen Nähe freut euch doch. Mit ihm zu sein ist euch doch eine Bereicherung. Die Unterhaltung mit ihm und seine Handlungen sind animierend und erfüllend und damit auch wieder ergänzend. Ich ergänze etwas an mir, das ich nicht habe, aber der andere hat! Siehe, ihr alle braucht in eurem Leben Menschen. Du brauchst den Spengler, wenn die Wasserleitung nicht dicht ist ... also, ich will das jetzt gar nicht weiter ausführen. Du brauchst das Geschäft, um deinen täglichen Bedarf zu decken. Menschen brauchen sich! Jetzt kannst du mir antworten, das ist ja eine Dienstleistung. Dafür gebe ich schließlich ein Honorar.

Aber ähnlich ist es auch in Beziehungen. Ihr gebt euch gegenseitig etwas und honoriert die Leistungen des anderen, indem ihr ihm eure Möglichkeiten zur Verfügung stellt.

Bin mal gespannt, ob wir das noch hinkriegen ...
Ja, natürlich! Siehe, was ihr da erfahrt, das ist doch etwas

Alltägliches. Das gibt es doch in anderen Partnerschaften auch, und ihr habt noch dazu den Mut, die Auseinandersetzung zu leben. Wenn ihr anfangen würdet zu schweigen, dann wäre es klüger, mein Kind, ihr ginget jeder seinen eigenen Weg. Aber solange ihr Auseinandersetzung lebt, seid ihr euch doch noch wichtig.

Ich möchte dir noch etwas erzählen. Nora, die Bekannte mit dem Buchladen, hat mich angerufen, um mit mir intensiver zusammenzuarbeiten, und ich habe es geschafft, dies abzulehnen. Es war ein großer Schritt für mich, dies auszusprechen, zumal es ja in der Vergangenheit Projekte gab, die klappten. War es okay, so wie ich es gemacht habe?
Wir haben das Thema ja schon einmal besprochen, und ich habe dir geraten, achtsam und zurückhaltend zu sein. Du hattest ihr eine Chance geben wollen, weil du ihre Möglichkeiten und Fähigkeiten gesehen hast, und hast dabei ihre Unzulänglichkeit übersehen. Du hattest sie überschätzt. Sie ist noch zu instabil, und darum war es klug, dass du so gehandelt hast.

Und ich habe auch bemerkt, dass ich trotz aller Bemühungen und Reflexion nicht mit dem Thema Magersucht klargekommen bin. Ich habe bis jetzt diese Aggression, die sie auslöst, nicht in den Griff gekriegt und trage sie weiter in mir.
Auch deswegen ist es klüger gewesen, den Weg der Trennung zu gehen. Du kannst doch nicht mit einem Menschen zusammenarbeiten, der dich aggressiv macht. Da wehrst du ja permanent ab, denn Aggression ist ja ein Fortschieben und ein Forttreten. Da müsste dein Gegenüber viele andere Vorteile haben, wenn du weiter

mit ihm zusammenarbeiten wolltest. In diesem Fall müsstest du einen Kompromiss eingehen.

Es ist aber auch so, dass ich mich gleichzeitig frage, ob ich mich dadurch um eine Auseinandersetzung drücke. Ob ich nicht genauer bei mir hinschauen und prüfen müsste, was mich da so aggressiv macht, damit ich es auflösen kann.
Aber siehe, du musst doch nicht jedes Thema bis zum Grunde analysieren, wenn du weißt, dass es dich im Augenblick nicht weiter bringt. Du weißt, das Thema hindert dich an deinem Lebensfluss, und deswegen lässt du es hinter dir. Und dennoch kann dir ja irgendwann die Erkenntnis kommem, wieso du damit nicht umgehen konntest.

Du meinst, ich muss nicht alles, was mich ärgert und zwickt, genau durchdenken und mich pausenlos an der eigenen Nase packen?
Nein, denn dann kämst du ja aus dem Analysieren gar nicht mehr heraus. Wann willst du denn dann noch leben? Akzeptiere es einfach. Wenn du in ein Blumengeschäft gehst, um dir einen Blumenstrauß zu kaufen, dann wählst du dir die Blumen aus, die dir gefallen. Du denkst doch nicht darüber nach, warum dir die einen Blumen gefallen und die anderen nicht! Du bekommst doch kein schlechtes Gewissen, bloß weil du die einen wählst und die anderen nicht. Du musst in deinem Leben nicht alles zerpflücken.

Es ist auch so, dass sie mich hätte unterstützen können. Ich hoffe, der wirtschaftliche Erfolg kommt auch so ...
Natürlich!

(Früher hatte ich immer den Vorsatz, so viel Geld zu verdienen, dass ich problemlos anderen Menschen davon etwas abgeben konnte. Immer schon hatte ich mich für das Wohl und Wehe anderer Menschen zuständig gefühlt. Von Emanuel hatte ich nun gelernt, dass nicht jede Hilfe eine wirkliche Hilfe ist. Bei Freunden und Bekannten mochte das noch klappen, aber wie war es, wenn Eltern alt und gebrechlich wurden? In Nicks und meinem Freundeskreis sprachen wir immer mal wieder darüber. Jan, ein gemeinsamer Bekannter, wurde von seiner Mutter regelrecht bedrängt.)

Ich möchte mit dir noch ein anderes Thema besprechen: Verpflichtungen. Welche Verpflichtungen haben Kinder gegenüber ihren alten Eltern? Die Mutter eines gemeinsamen Bekannten von Nick und mir – Jan heißt er – ist alt, ruft jeden Tag bei ihrem Sohn an und will nicht für sich selber sorgen. Sie weigert sich, Verantwortung für ihr Leben zu tragen. Ich sehe das auch bei anderen Freunden. Es entsteht immer häufiger ein riesiger Druck durch alte Eltern.
Da müssen wir jetzt in der Kindheit anfangen, damit es ein gespannter Bogen wird.

Das ist in Ordnung.
Siehe, warum bekommt denn ein Paar ein Kind? Weil sie ein Kind möchten oder weil sie nicht verhütet haben. Das heißt also, die Motive sind eher egoistisch.

Na ja, manche verhüten ja auch aus religiösen Gründen nicht. Sie denken, wenn Gott ein Kind schickt, dann soll es kommen. Das ist ja dann kein Egoismus. Oder?

Ja, dann ist es Gottergebenheit. Ergebenheit in das Schicksal oder in die Anordnungen der Kirche. Grundsätzlich ist es dann aber so, dass diese Eltern, wenn sie gottergeben sind, das von Gott geschickte Kind annehmen, es mit Liebe begleiten und ihm helfen, in seine Persönlichkeit zu finden. Wenn das so ist, dann sind die Eltern weder hörig noch von der Kirche abhängig, sondern leben bereits wirklich hohe ethische Werte. Das ist dann wunderbar. Sie wissen, dass ihre Aufgabe nur darin besteht, ein Kind in sein Erwachsensein und seine Selbstständigkeit zu begleiten. Später entlassen sie es in sein Leben, damit es die Verantwortung für seinen eigenen Weg übernimmt.

Wurden die Gründe für Elternschaft durch die Kirche ausgelöst, dann handelt es sich hier um eine Willensbeschränkung und um Dogma. Die Eltern entscheiden dann nicht aus ihrem freien Willen heraus, sondern es wird der Wille der Kirche gelebt. Aber auch dann ist die Aufgabe der Eltern, ihr Kind in das Erwachsensein zu begleiten, um es dann zu entlassen.

Und die dritte Gruppe sind jene Eltern, die gerne ein Kind möchten oder nicht verhüten. Die Eltern, die unbedingt ein Kind wollen, sind Egoisten. Darf ich das mal so plump formulieren? Denn sie wollen sich durch ein Kind bestätigen, sich durch ein Kind erfahren. Siehe, die Aufgabe der Eltern ist es aber, im Rahmen ihrer Möglichkeiten einem Kind die höchstmögliche Ausbildung zu geben. Da meine ich nicht nur die Schule, sondern auch die Vermittlung ethischer Werte, Moral und Gewissen. Zusammengefasst: Es geht um das Verantwortungsbewusstsein. Die Kinder erhalten diese Ausbildung, damit sie, wenn sie erwachsen sind, sich in der

Gemeinschaft orientieren und ihren Beitrag für die Gemeinschaft leisten können. Also nicht nur fordern, sondern auch geben.

Wenn dann die Eltern in das hohe Alter kommen und von den Kindern abhängig werden, weil sie sich nicht mehr selbst versorgen können, ist es natürlich die Aufgabe der Kinder, den Eltern einen Rahmen zu schaffen, in dem diese ihren Lebensabend gestalten können. Einen Lebensabend von Wert.

In früheren Zeiten war das überhaupt kein Thema, denn es gab die Großfamilie, und darum wurden die alten Menschen immer mitversorgt. In der heutigen Zeit, wo ihr in kleinen Familien lebt und berufstätig seid, habt ihr nicht mehr die Möglichkeit, einen alten Menschen mitzuversorgen. Das heißt also, ihr müsst Entscheidungen treffen. Entweder höre ich mit arbeiten auf, um Mutter oder Vater zu versorgen, oder ich sorge für eine angemessene Unterkunft. Wird eine Unterkunft besorgt, ist es natürlich wichtig, dass die Kinder ihre Eltern regelmäßig besuchen, damit der Kontakt erhalten bleibt.

So wie du das bei euerem Bekannten angedeutet hast, ist ja seine Mutter noch in der Lage, sich zu versorgen und sich mit sich zu beschäftigen oder Kontakte zu knüpfen. Und das bedeutet, die Mutter lebt jetzt den Egoismus. Sie sagt: »Ich habe mich immer um dich gekümmert, und nun ist es deine Pflicht, dich auch um mich zu kümmern.« Mit diesen Worten findet Erpressung statt. Und da ist es die Herausforderung des Sohnes, sich gegen diese Erpressung zu wehren.

Jan rutscht dann manchmal spürbar in alte Kinderängste, denn seine Mutter benutzt als Druckmittel Sätze wie:

»Ach, lass mich sterben. Es hat ja alles keinen Sinn mehr.« Das ist Erpressung! Es ist wichtig, dass der Sohn diese Erpressungen der Mutter nicht annimmt.

Ich sag dir mal den ganzen Namen. Er heißt Jan Meyer. Wie die Mutter heißt, weiß ich nicht.
Das ist ein sehr Sensibler. Ein sehr Feinnerviger. Er hat viel Wohlwollen in sich. Aber die Mutter muss ihn bereits in den Tagen der Kindheit stark unterdrückt haben. Weißt du davon?

Ja, er hat davon erzählt.
Jetzt würde ich eigentlich noch den Namen des Vaters benötigen. In der Regel ist es nämlich so: Wenn eine Partnerschaft nicht im Einklang ist, dann wendet sich die Mutter sehr stark dem Sohn zu. Sie macht dann den Sohn zum Partner. Ihren Mann kann sie nicht erziehen, aber den Sohn. Und sie erzieht ihn, indem sie ihn entmündigt und an sich bindet. Diese Botschaft liegt in den Worten »Du hast für mich da zu sein!«. Die Mutter meint damit: Wenn schon dein Vater für mich nicht so da ist, wie ich es mir wünsche, dann hast du jetzt wenigstens für mich da zu sein!

Das ist die sanfte Erpressung, die viele von euch aus den Tagen der Kindheit und Jugend bereits kennen. Im Erwachsenenalter setzt sich diese dann häufig fort, wenn der Sohn eine Partnerschaft eingeht. Die Frau an seiner Seite ist dann nie gut genug für ihn. Sie kann gar nicht gut genug sein! So gut, wie ich es mit ihm meine, denkt die Mutter, kann es sonst niemand meinen. Besser als eine Mutter kann niemand sein! Wenn sie so denkt und handelt, zeigt das, dass sie ihren Sohn nicht freilassen will. Es ist jetzt die Aufgabe des Sohnes, Mut aufzubringen und sich gegen die Mutter zu stellen. Er darf sich nicht weiter auf ihre Spiele einlassen, sondern muss nach sich selbst schauen.

Und wenn die Mutter meint: »Ach, das hat ja sowieso keinen Sinn. Das Beste wäre, ich würde sterben!«, dann soll der Sohn ihr antworten: »Das ist aber schade, dass du so eine Denkweise hast. Sieh, du bist gesund, du kannst dich selbst noch versorgen, du kannst Kontakte schließen, du hast alle Möglichkeiten, dir Ablenkung zu verschaffen, und es ist schade, dass du so wenig bereit dazu bist und resignierst.«

Es hat keinen Sinn, wenn er sagt: »Aber Mutter, solche Gedanken darfst du doch nicht haben!«, denn wenn er so spricht, identifiziert er sich mit dem Thema der Mutter. Er nimmt es dann an. Was er aber tun muss, ist, außen vorzubleiben und die Mutter auf sich zurückzuwerfen. Es ist also klug, wenn er nur mit den Worten »Schade, dass du solche Gedanken hast, Mutter!« reagiert. Er teilt dann nicht das Thema der Mutter, es kommt bei ihm nicht an. Die Tür ist für die Ansprüche der Mutter dann verschlossen.

Und wie wird er sein schlechtes Gewissen wieder los?
Das wird er nur los, indem er sich verdeutlicht: Ich habe das Recht auf ein eigenes Leben! Ich habe nicht nur das Recht, sondern ich habe sogar die Pflicht, mein eigenes Leben zu leben!

Das schafft er aber nur, wenn er ganz diszipliniert an sich arbeitet. Wenn sein schlechtes Gewissen sich meldet, so soll er sich klar machen, dass das nicht notwendig ist. Wenn der Sohn seine Mutter achtet und ihr im Rahmen seiner Möglichkeiten und angesichts ihrer Notwendigkeiten hilft, ist er zu mehr nicht verpflichtet. Es ist wichtig, dass er erkennt, dass er sein eigenes Leben gestalten muss, damit er nicht im Alter, wie die Mutter, bitter und enttäuscht über das Leben nachdenkt, das er führte. Stell dir vor, er würde im Alter erkennen, dass er im Grunde immer Sklave war, immer das Kind geblieben ist!

Ich glaube, das ist sehr wichtig, was du sagst. Das betrifft alle Menschen, nicht nur Jan.
Ja. Siehe, ihr habt eine Volljährigkeit, das heißt, der Staat spricht euch in einem bestimmten Alter für volljährig. Das bedeutet doch, dass ihr jetzt die Pflicht und das Recht habt, Eigenverantwortung zu übernehmen. Jetzt können wir darüber streiten, ob dieses Alter zu früh dafür ist. Das lassen wir mal außen vor. Aber spätestens wenn ihr einen Beruf erlernt habt und euren Lebensunterhalt bestreiten könnt, habt ihr die Aufgabe, euch zu leben, *euch* zu erfahren und *eure* Möglichkeiten auszuschöpfen. Ihr sollt dann nicht mehr abhängig und an das Elternhaus gebunden sein. Das soll eine freiwillige Bindung bleiben, die euch erfreut.

Ja, aber diese Freiwilligkeit verwandeln ja oft die Eltern in eine Unfreiwilligkeit.
Die Kinder haben die Pflicht, sich abzunabeln! Viele Eltern können das gar nicht. Die Kinder müssen sich abnabeln, sich als erwachsen und ebenbürtig sehen und damit auch den Mut aufbringen, ihr Nein zu sprechen.

Dadurch, dass wir Menschen immer älter werden, gibt es bereits betagte Kinder, die sich um ihre noch viel älteren

Eltern kümmern müssen. Viele erfahren da eine ganz große Tyrannei.

Sich um die Eltern zu kümmern, das ist ja in Ordnung. Aber es darf nicht als Tyrannei empfunden werden. Es muss ein freiwilliges Kümmern sein. Ein Kümmern aus einem Bedürfnis, aus einer Dankbarkeit oder auch aus einer Notwendigkeit heraus. Und siehe, welch eine Lebensqualität hat ein Mensch, der sich auf diese Weise von den Eltern halten lässt? Er verbittert und achtet sich selbst nicht mehr, weil er merkt, dass er nicht den Mut hat, sich gegenüber den Eltern abzugrenzen. Damit wird er lebensunfähig und lebensuntauglich, und gegenüber den Eltern fühlt er Groll und Missachtung. Wo ist denn da noch die Würde? Wo ist denn da noch die Achtung gegenüber dem Leben?

Und deswegen ist es die Pflicht der Kinder, das Nein zu erlernen, und das kostet Kraft. Vor jeder Prüfung habt ihr Angst. Schaffe ich es, schaffe ich es nicht? Und gegen Prüfungsangst gibt es ebenfalls keine andere Hilfe, außer dem Mut, durch sie hindurchzugehen.

Als mein Vater alt und krank war, habe ich mir genau überlegt, was ich bereit bin zu geben. Ich habe mit mir verhandelt: Ist es ein Besuch oder sind es zwei Besuche pro Woche? Auch wie lange ein Besuch dauern sollte. Meine Entscheidung habe ich dann auch umgesetzt. Es erging mir gut damit. Ist das eine Möglichkeit, etwas erst einmal für sich festzulegen?

Ja, selbstverständlich. Du bist dann ja gerne zu ihm hingefahren. Es war dir ein Bedürfnis. Du hast ihn besucht und hast gesagt: »Vater, wie geht es dir? Dein Kind ist da!« Aber stell dir mal vor, du hättest jeden Tag nach ihm gesehen, ohne es wirklich zu wollen!

Das wäre schrecklich gewesen.
Ja, eben. Du hättest dir den Tod des Vaters gewünscht. Nicht, weil du böse bist, sondern aus reinem Selbsterhaltungstrieb heraus.

Viele Menschen, die solche oder ähnliche innere Konflikte haben, gehen zu Kartenlegern, Wahrsagern. Gibt es Menschen, die tatsächlich wahrsagen können, oder sollte man nicht eher vorsichtig sein?
Ja, aber bevor ich diese Frage beantworte, möchte ich noch etwas zu dem Eltern-Kind-Thema sagen. Wir sprachen ja bereits über die unterschiedlichen Gründe, warum ein Kind gezeugt wird. Der, der sagt: »Wenn Gott es will, wird es geschehen, und wenn er es nicht will, ist es auch gut«, entlässt sein Kind, wenn es so weit ist, in das Erwachsensein. Das heißt, er wird keine Forderungen an das Kind stellen, wenn es seiner Wege geht. Das ist dann wirkliche geistige Reife.

Die Eltern, die aus dogmatischen Gründen nicht verhüten, haben meist gelehrt bekommen, Vater und Mutter zu ehren. So sagt es ja auch euer Gebot. Aber haben nicht auch die Eltern die Pflicht, ihre Kinder zu ehren und in ihnen einen Ausdruck göttlicher Schöpfung zu sehen? Du kannst aus dem Verhalten der Eltern gegenüber ihren Kindern erkennen, welches Motiv die Eltern bei der Zeugung der Kinder lebten. War der Kinderwunsch egoistisch oder kirchenhörig, wenn ja, dann werden Forderungen an die Kinder gestellt. War es Dankbarkeit für das Leben, das ihnen von Gott anvertraut wurde, dann werden die Eltern sich über die Selbstständigkeit der Kinder freuen. Es wird zwischen Eltern und Kindern ein freiwilliges Geben und Nehmen fließen. Die anderen machen daraus eine Verpflichtung. Sie denken: Kinder sind für ihre Eltern verantwortlich, bis diese die Augen schließen.

Aber jetzt noch mal zu deiner Frage ...

Also, ich hatte dich gefragt, ob man Wahrsagern glauben kann. Eine Freundin war nämlich gerade bei einer Kartenlegerin, und die hat ihr gesagt, ihre Partnerschaft würde zu Bruch gehen und der Mann hätte bereits eine Affäre.

Warum geht ihr denn zu solchen Menschen? Weil ihr gerne die Zukunft kennen wollt, um besser kalkulieren zu können. Das heißt also, ihr lebt mangelndes Vertrauen in das Leben und wollt vorgreifen.

Natürlich gibt es Menschen, die ganz hervorragend vorausschauen können. Sie erhalten ihre Informationen über den Kausalleib, der die direkte Verbindung mit dem kosmischen Bewusstsein ist. Dadurch nehmen sie Einblick in das Weltenarchiv. Aber es gibt auch so genannte Wahrsager, die das nicht so ganz beherrschen oder denen der Einblick nicht erlaubt ist. Und dann gibt es noch Wahrsager, die zwar sehr gut sind, deren Aussagen sich aber offenbar nicht so erfüllen, wie sie es vorausgesagt haben. Die Menschen, die auf die Erfüllung warten, sind ungeduldig. Die Sache ist aber die, dass kein Wahrsager sagen kann, wann etwas eintrifft. Keiner von ihnen kann eine Zeit bestimmen oder nennen. Es ist reiner Zufall, wenn dir eine Zeit genannt wird und das Vorhergesagte zu diesem Zeitpunkt eintrifft.

Es war nicht schön, was meine Freundin hörte ...

Siehe, jetzt geht jemand zum Kartenlegen, und es wird

ihm gesagt, dass sein Partner ihn betrügt und die Beziehung zerbricht.

Die Kartenlegerin nannte die Zeit. Sie sagte: Im nächsten Jahr.

Also, das Datum wollen wir gleich mal vergessen. Aber was geschieht denn jetzt mit dieser Information? Deine Freundin wird misstrauisch, und das ist die beste Voraussetzung, dass die Partnerschaft wirklich kaputt geht. Wenn ihr eurem Partner misstraut, dann beobachtet und kontrolliert ihr ihn. Dadurch fühlt er sich eingeengt und eingeschränkt, denn es meldet sich eine Art von Besitzanspruch.

Wenn schon solche Voraussagen gemacht werden, dann wäre es besser, sie anders zu formulieren. Man könnte ja bespielsweise auch sagen, dass sich die Partnerschaft im Moment nicht sehr stabil zeigt, und auffordern zu überlegen, wie das zu verändern wäre. Damit wird dann ein Anstoß gegeben und nicht einfach etwas in den Raum gestellt, was geschehen wird.

Und wie ist es zum Beispiel mit der Astrologie? Ist an so etwas zu glauben?

Ja, genauso wie der Numerologie. Die Numerologie gibt dir Auskunft über den Charakter eines Menschen und über seine Möglichkeiten. Über das, was er im Leben zu bearbeiten und als Herausforderung angenommen hat. Sie zeigt seine Schwächen, aber auch die Möglichkeiten. Die Astrologie zeigt dir ebenfalls Herausforderungen an, gibt aber gleichzeitig auch die Zeiten an, wann die besten Konstellationen sind, um diese Herausforderungen umzusetzen.

Aber wie können denn Sterne wirken?
Sterne erzeugen doch eine Energie! Sie stehen doch der Erde gegenüber in der Anziehung. Magnetische Felder werden aufgebaut. Dich ziehen oder stoßen doch auch Menschen an oder ab. So ist dies auch bei den Sternen. Die Gestirne sind der Erde mal nah, mal fern – Anziehung und Abstoßung. Und das erzeugt gewisse Konstellationen. Jetzt kommt hinzu, unter welcher Konstellation ihr geboren seid und welche bestimmten Aufgaben sich daraus ergeben.

Jetzt muss ich aber doch genauer werden. Wenn ihr in der feinstofflichen Welt eueren Lebensplan zeichnet, dann wählt ihr euch ja Aufgaben, die ihr in dem heutigen Leben anpacken wollt, oder Misserfolge, mit denen ihr euch auseinander setzen möchtet. Das heißt, ihr wählt euch eine Sternenkonstellation, die euch diese Möglichkeiten schafft. Und zu diesem Zeitpunkt werdet ihr geboren, und diese Konstellation ist ausschlaggebend für euer Leben. Natürlich seid ihr jetzt dieser Konstellation nicht ausgeliefert. Die Herausforderung liegt eher darin, anzunehmen und zu neutralisieren; ihr bekommt in eurem Leben immer wieder Möglichkeiten dafür.

So man sie erkennt ...
Einer euerer großen Dichter und Denker sagte bereits: »Dir war beschieden dein Geschick!« Das heißt also, die Sternenkonstellation habt ihr in der feinstofflichen Welt beschlossen. »Doch selber kannst du es lenken!«, bedeutet, ihr seid dieser Konstellation nicht ausgeliefert, sondern sie ist euch lediglich Herausforderung und Hinweis dafür, was ihr bearbeiten wollt.

Und ist denn irgendwie alles gleich gut? Astrologie, Tarot, Runen, Numerologie – oder gibt es da Unterschiede? Gibt es bessere Methoden und schlechtere?
Es ist immer abhängig davon, wer die Methode interpretiert. Wenn es sich um eine Person handelt, die die Methode versteht und die keinen Selbstdarstellungsdrang lebt, dann können die Aussagen hervorragend sein. Dieser Mensch ist dann ein Kanal. Nicht nur die Methode wirkt dann, sondern Inspiration und Intuition kommen hinzu. Kosmisches Bewusstsein wird angezapft.

Ich habe früher auch Karten gelegt und gedacht, ich könnte das. Das denken ja viele, dass sie solche besonderen Fähigkeiten haben.
Ja nun, wenn ihr es mehr als einen Spaß nehmt, es also nicht gleich so ernst seht, dann ist da ja nichts dabei. Der Mensch ist klug, der sagt: Das Gute, das mir gesagt wird, darüber freue ich mich, und das Schlechte, das mir gesagt wird, das stelle ich zur Seite. Oft funktioniert es aber so nicht. Über das Gute freut ihr euch, das nehmt ihr gerne an. Aber wenn euch Dinge gesagt werden, die euch nicht behagen oder ängstigen, dann werden diese zu Angelhaken, die sich in euch festsetzen. Es wächst damit die Gefahr, dass sich jetzt das Thema verselbstständigt.

Lass uns noch einmal das Thema Partnerschaft als Beispiel nehmen. Da heißt es, dein Partner betrügt dich und wird dich im kommenden Jahr verlassen. Ein Widerhaken, der sitzt, ist damit geworfen. Jetzt wächst die Angst, den Partner zu verlieren. Ja nun, die Angst ist es, die in letzter Konsequenz dafür sorgt, dass sich die Prophezeiung erfüllt.

Die Kartenlegerin ging aber sehr ins Detail, sie sagte sogar, dass die Frau blond sei. Kann ich dir den Namen meiner Freundin mal sagen? Oder ist das unnötig?
Ja, was möchtest du denn von mir hören? Ob diese Kartenlegerin Recht hat oder nicht? Siehe, Kind, dazu möchte ich keine Stellung beziehen. Die Aufgabe deiner Freundin ist zu sagen: »Moment, wenn mein Partner sich in eine andere Frau verliebt, kann ich nichts daran ändern. Gefühle sind nicht zu regulieren. Und wenn ich ihn ernsthaft lieb habe, dann werde ich ihn auch gehen lassen. Denn eine gute Bindung kann nur eine freiwillige Bindung sein.« Sie muss diese Haltung einnehmen. Das wäre das Allerklügste. Sie wird dadurch tolerant und beginnt nicht, den Partner zu kontrollieren. Tolerante Menschen sind die, die am meisten anziehen. Dennoch kann sich der Partner in eine andere Frau verlieben, weil die Sexualität der Ausschlag ist. Erst einmal fühlt ihr euch ja sexuell angezogen. Der Partner wird deiner Freundin sagen, dass er verliebt ist und deswegen nicht bei ihr bleiben kann. Aber irgendwann entliebt ihr euch ja wieder, weil der Alltag kommt. Und das ist dann der Moment, in dem sich zeigt, ob aus der Verliebtheit eine Liebe wachsen kann.

(Ich erinnerte mich an die zweite Sitzung. Emanuel hatte bereits damals dazu etwas gesagt. Menschen können einander nicht binden. Jede Beziehung beruhte auf Freiwilligkeit. Es war auch möglich, dass meine Beziehung irgendwann zerbrach, weil Nick oder ich jemanden fanden, der noch besser zu uns passte. Natürlich war es nicht schön, daran zu denken. Und je älter ein Mensch wurde, desto schwieriger war es doch auch, sich auf eine neue Partner-

schaft einzulassen. Die alte Angst kroch in mir hoch, irgendwann alt und einsam zu sein. Ich hatte keine Kinder. Gab es vielleicht so etwas wie Kinderersatz? Ich selbst war für eine andere Frau wie eine Tochter. Was konnte ich tun, damit ich ebenfalls in den Genuss einer solchen Wahlfamilie kam? Es gab da eine sozial schwache Familie, um die ich mich kümmerte. Ich liebte die Kinder zwar, sah diese Fürsorge aber realistisch. In der Regel waren Verbindungen dieser Art doch eher flüchtig.)

Du weißt ja, dass ich keine Kinder habe. Darüber haben wir ja auch schon gesprochen. Ich habe Kontakt zu einer Familie mit sechs Kindern. Fünf davon besuchen mich immer mal wieder, und ich habe sie alle auch recht lieb. Ich freue mich und bin dankbar, dass es sie in meinem Leben gibt. Wenn ich die Kinder eine Weile nicht sehe, dann habe ich Sehnsucht nach ihnen, und immer mal wieder kommt mir der egoistische Gedanke: Ach, könnten sie doch bleiben! Ist das in Ordnung, so zu denken?

Du hast es ja schon richtig formuliert, das ist ein egoistischer Gedanke. Aber lass uns mal in die Realität gehen. Die Mutter sagt: »Ich habe so viele Kinder. Eins oder zwei kann ich zur Pflege gut abgeben. Du kannst sie haben!«

Das will ich ja gar nicht. Ich meinte, ich würde die Kinder gerne lange begleiten. Und die Vorstellung, wenn ich alt bin mit ihnen noch immer in Kontakt zu sein, ist schön.

Du hast umschrieben gefragt: »Wieso kann ich keine Kinder haben? Wieso nicht ein Kind davon haben?« Erst einmal höre ich da Gedanken: Ganz oder gar nicht. Ja oder nein. Wenn du sagst, ich hätte gern ein Kind dieser

Familie, es soll bei mir bleiben, dann würde es bedeuten, dass es in deinen Haushalt kommt. Wie soll dein Alltag mit diesem Kind aussehen?

(Ja, ja, ja! Ich hatte es mir heimlich gewünscht, aber nicht gesagt. Emanuel, dieser alte Gedankenleser!)

Ja, das weiß ich schon, dass es nicht geht.
Also, jetzt wirst du nüchtern. Jetzt wollen wir es so formulieren: Du wünschst dir die Nähe dieser Kinder, um sie zu begleiten, um auch von ihnen begleitet zu werden, denn ihr gebt euch ja beide etwas. Nicht nur du ihnen, sondern sie auch dir. Du fühlst dich durch ihre Art beschenkt. Siehe, und wenn du immer wieder so Begegnung mit ihnen lebst, dann wirst du für sie die liebe Tante sein. Eine Frau, die auch noch da Verständnis hat, wo das Verständnis der Eltern schon lange an seine Grenzen gestoßen ist. Du wirst die Lieblingstante, der sie sich anvertrauen können und die ihnen gute Anregungen gibt. Gerade weil du die Kinder auch wieder abgeben kannst, kannst du großzügig sein. Du bist eine Sonnenscheintante. Und wenn die Kinder später erwachsen sind, wieso sollten sie dann nicht weiter auf dich zugehen und dich besuchen kommen? Das muss doch nicht auf die Kindheit beschränkt bleiben. Du könntest ihnen eine Wahlmutter sein. Natürlich! Das ist doch wunderbar.

Das wäre schön.
Ja, und darüber machst du dir gar keine Gedanken. Du kennst doch den Spruch: »Was du säst, das wirst du ernten.« Säe großzügig, denn dann wirst du den Kindern

Anlauf und Ruhepol sein. Denn sie werden ja in die Stürme des Lebens hineingehen, und ihr Elternhaus zeigt ja nicht gerade eine solide Basis. Wir wollen es einmal so formulieren: Es geht dort sehr unkompliziert zu. Du kannst den Kindern ein ruhender Pol, ein Halt, eine Ausrichtung sein. Wie ein Leuchtturm.

Ich hab sie auch wirklich sehr lieb.
Wenn du ihnen sagst, dass sie mit ihren Problemen zu dir kommen können, werden sie dein Angebot in Anspruch nehmen.

(Vom Kirchturm schlug die mir nun schon lang bekannte Uhr. Ich spürte Ruhe in mir und musste nicht hektisch nach weiteren, neuen Themen suchen. Emanuel blieb mir ja erhalten. Ich ging zumindest mal davon aus.)

Ich bin heute, vorerst einmal, zum letzten Mal da und würde gerne wissen, wie ich dich in meinen Alltag mitnehmen kann. Kann ich mit dir irgendwie in Kontakt treten?
Es ist so, wenn ich mit einem Menschen eine Begegnung über das gesprochene Wort gelebt habe, dann bin ich für diesen Menschen präsent. Wenn ein Mensch mir Resonanz lebt, dann übernehme ich für ihn eine Patenschaft und bin für ihn immer erreichbar. Für dich heißt das, wenn du mir in deinem Alltag begegnen möchtest, dann sende mir deine Gedanken, und meine Energie wird lebendig an deiner Seite sein. Ich arbeite dir dann zu. In dem Maße, wie du vertraust, wird Spannung und Anspannung von dir abfallen. Du wirst gelassener sein, und ich kann dich mit meiner Energie des Friedens und der Freude erreichen.

Es ist schade, dass ich dich im Alltag nicht so hören kann, wie ich dich hier höre.
Ja nun, so ist es halt. Aber siehe, je stärker du beginnst, an dich zu glauben, das heißt nicht, egoistisch zu werden, sondern dich anzunehmen und dich zu akzeptieren, in dem Maße wirst du mit dir in den Frieden finden, mein Kind. Und darum wirst du mit Frieden in Resonanz gehen, und ich bin Ausdruck des Friedens und der Freude und der Gelassenheit und auch der Leichtigkeit. Und wenn du, mein Kind, dich wirklich offenen Herzens darauf einlässt, dann wirst du merken, wie stark du von mir beeindruckt wirst. Es muss ja auch immer ein Aufeinander-Einspielen sein. Ich bin präsent und du reagierst darauf.

Und gibt es vielleicht ein Symbol, das mich an dich erinnern könnte?
Welches hättest du denn gerne?

Ein sichtbares – egal, was für eins. Ein Zeichen, eine Zahl...
Ein Zeichen. Ich sehe vor mir ein Zeichen aus dem alten Ägypten. Das Henkelkreuz, auch Lebenszeichen genannt.

Ich kenne dieses Zeichen nicht.
Dann fragst du nachher mein Sprachrohr. Sie kann dir das Henkelkreuz zeigen. Man benutzte es in dieser frühen Zeit, um den Verstorbenen den Mund zu öffnen, damit die Seele aus dem Körper fliegen konnte. Aber es wurde auch für Heilungen eingesetzt, denn das Henkelkreuz wurde mit großer Heilenergie in Verbindung ge-

bracht. Wenn du nun also dieses Zeichen als Symbol für meine Gegenwart nimmst, dann stelle es dir in einem schönen Lapislazuliblau vor und eingefasst in Gold. Denn meine Farben sind das Blau und das Gelb. Das goldene Gelb. Siehe, wenn du an es denkst, dann werde ich dir ganz nahe sein. Ganz besonders nahe sein. Denn in dieses Zeichen werde ich meine Energie geben.

Vielen Dank! Und gibst du mir noch einen Wunsch oder einen Gedanken mit auf den Weg?
Das, was ich dir mitgebe, mein Kind, ist der Glaube an dich selbst. Das Leid vieler Menschen liegt darin, dass sie immer nach sich selbst suchen, anstatt sich endlich anzunehmen, wie sie sind, und damit erlernen, an sich zu glauben. Du kannst nur Frieden und Freude leben – und damit Lebensqualität erfahren –, wenn du an dich und deine Möglichkeiten glaubst. Es gibt Menschen, die überschätzen sich. Sie haben ein ausgeprägtes Ego. Aber du tust das nicht. Du, mein Kind, hast Werte, hast Ziele, hast Ideale. Du weißt noch gar nicht, welche Möglichkeiten in dir schlummern, und kannst deswegen deinen Glauben gar nicht so deutlich formulieren und definieren, wie du möchtest. Glaube also einfach an deine Göttlichkeit.

Vergiss nie, in diesem deinem grobstofflichen Körper ruhen deine göttliche Seele und dein göttlicher Geist. Beide wollen sich zum Ausdruck bringen, aber das gelingt nur, wenn du leicht lebst. Leichtlebig bedeutet nicht, oberflächlich zu sein, sondern es heißt, sich dem Leben anzuvertrauen. Wie das Holz, das auf dem Wasser schwimmt. Es vertraut sich dem Lebensflusse an. Die Wellen lassen es auf und ab gehen, aber es kann nicht untergehen. Und genauso geht es einem Menschen, der an seine Gotteskindschaft, nicht mit dem Verstand, sondern mit dem Herzen glaubt. Der Glaube daran wird dann zu einem Wissen, das zu Bewusstsein wird. Und wenn dies geschieht, wirst du merken, wie das Leben dir seine Fülle zuspielt. Wahrhaft zuspielt, mein Kind. Wie die Ballspieler, die sich gegenseitig die Bälle zuwerfen, damit die Gegenpartei den Ball nicht bekommt. So wird dir die lichte Welt die Lebensbälle zuschieben oder zuwerfen, das ist vielleicht etwas poetischer formuliert.

Also, das ist das, was ich dir auf deinen Weg mitgeben möchte. Den Glauben und das Vertrauen in dich und in deine Möglichkeiten. Und lasse dich nicht irritieren von Menschen, die dich bewusst oder unbewusst verunsichern wollen. Denke über ihre Worte nach, und überlege dann, ob das Gesagte auf dich zutrifft und ob du die Meinung annehmen möchtest. »Lohnt es sich«, kannst du dich fragen, »etwas in mir zu verändern, oder will ich es lassen, wie es ist?«

Also: Betrachte das Leben nicht nur als Herausforderung. Denn wo Herausforderung ist, mein Kind, ist zwangsläufig auch der Kampf. Und Kampf bedeutet: Ich muss siegen. Und dort, wo es einen Sieger gibt, gibt es auch einen Verlierer, und da sind wir wieder bei der Polarität. Betrachte das Leben als eine Möglichkeit, dich in deinen Gaben und Fähigkeiten zu erfahren. Betrachte das Leben als eine Überwindung der Grenzen, die du dir gesetzt hast oder die dir durch dein Elternhaus und dein Umfeld gesetzt wurden. Du bestimmst, wo deine Grenzen sind! Sage immer wieder: »Leben, ja, ich nehme dich an!«, und entscheide dich dafür, es nicht im Mangel und in der Enge, sondern in der Fülle zu erfahren. Der Leitspruch lautet: Freude heißt das lösende Wort! Freude heißt das auflösende Wort! Freude heißt das erlösende Wort!

Überlege dir jeden Tag aufs Neue, ob du dich schon gefreut hast. Worüber es einen Grund zur Freude gibt. Siehe, und so beginnst du, den Weg der Lebensfülle zu gehen.

Und wir, mein Kind, wir begleiten dich dabei. Mit all dieser unserer Liebe, wir legen sie in dein Herze. Wir legen in dein Herze die Heiterkeit der Erkennenden, die Gelassenheit der Wissenden und die Geduld der Vertrauenden.

Mein Friede, er geht an deiner Seite.

Emanuel. Ja!

Es war vorbei. Emanuel hatte sich von mir verabschiedet, und ich saß traurig auf meinem Stuhl, als Christiane Zimmer wieder ihre Augen öffnete. Es war mir so, als hätte ich einen Freund zum Bahnhof begleitet, und nun war der Zug tatsächlich abgefahren. Wir hatten einander zugewinkt und versprochen, in Kontakt zu bleiben, aber dennoch blieb der Abschiedsschmerz zurück. Würde ich Emanuel in meinem Alltag wiederfinden oder würde er mir verloren gehen? Verloren in dem Sinne, dass ich an seine vielen Vorschläge, klugen Worte und tröstenden Gedanken nicht mehr dachte? Sie über den Querelen des Alltags schlicht und ergreifend vergaß? Christiane Zimmer ließ mich einen Moment in mich versunken sitzen. Sie überprüfte die Kassette, beschriftete die Hülle mit dem Datum dieses Tages und erst dann sah sie mich fragend an.

»Ist etwas passiert?«, wollte sie verwundert wissen. Ich verstand, dass sie das vermuten musste. Schon viele Menschen hatten in diesem Raum von Emanuel Worte zu ihrem Leben gehört, und es war gut möglich, dass manches ernste auch dabei gewesen war. »Nein, passiert in dem Sinn ist eigentlich nichts«, meinte ich und versuchte zu erklären, dass es sich bei meinen Tränen um ganz normale Abschiedstränen handelte. Wer würde mir künftig so direkt Hoffnung und Mut zusprechen? Mit meinen Zweifeln an mir und dem Leben blieb ich fortan allein und musste zusehen, wie ich mir Emanuels Worte immer wieder ins Gedächstnis rief. Der Gedanke blitzte in mir auf, mir kleine Kärtchen zu machen, damit ich seine Botschaften wie in einem kleinen Kalender tagtäglich nachlesen und als Affirmation gebrauchen konnte. Diese Idee war sehr schön und tröstete mich ein wenig.

Natürlich war mir bewusst, dass meine eigentliche Aufgabe darin bestand, Emanuels Botschaften so zu verinnerlichen, dass ich gar keine Kärtchen brauchte. Ich sollte an meine Gotteskindschaft glauben, und dafür musste ich mich auf den Weg machen. Die Kärtchen waren dabei eine kleine Hilfe, aber gehen und glauben musste ich allein. Emanuel würde so oder so bei mir sein. Das hatte er mir versprochen. Nur war ich jetzt auf eine neue Form der Kommunikation angewiesen.

»Er hat von einem Symbol gesprochen«, erzählte ich Christiane Zimmer, »einem ägyptischen Zeichen, einem Henkelkreuz.« Christiane Zimmer wusste sofort, welches Symbol ich meinte. Ich begleitete sie in einen Nebenraum,

dort hing ein kleines emailliertes Kreuz an der Wand. Es war lapislazuliblau und in Gold gefasst. »Finden Sie nicht auch«, sagte sie, als sie es in meine Hand legte, »dass es ein wenig an einen Engel erinnert?« Ich nickte stumm. Ja, das stimmte. Ich brauchte mir dieses Kreuz auch gar nicht zu besorgen, es genügte bereits, dass ich jetzt wusste, wie es ausah und dass es an einen Engel erinnerte. »Und wenn ich Emanuel wieder sprechen möchte…« Fragend sah ich Christiane Zimmer an. »Nun, dann melden Sie sich wieder bei mir, und wir vereinbaren einen neuen Termin.« Sie schmunzelte. »Und Sie brauchen sich dabei auch nicht als Dauerpatientin zu fühlen. Es kommen viele Menschen immer wieder einmal oder besuchen die öffentlichen Sitzungen. Dort sind dann zwar mehrere Menschen in einem Raum, dennoch können Sie Ihre persönlichen Fragen stellen. Zudem profitieren Sie von den Fragen der anderen. Irgendwo bewegt uns doch alle das Gleiche. Wir sind doch alle nur Menschen!«

Die ganzen Monate zuvor hatte ich nicht so viel mit Christiane Zimmer gesprochen. Es tat mir gut, mit welcher Natürlichkeit sie mein unausgesprochenes Anliegen aufgriff, und ich war beruhigt, dass es auch noch andere Möglichkeiten neben den Einzelsitzungen gab. Bevor ich Emanuel aber wieder besuchen wollte, hatte ich vor, weiter darüber nachzudenken, was er mir alles gesagt hatte, und mich am Leben zu erfreuen, oft und gerne zu lachen und mich im Vertrauen und in der Gelassenheit zu üben, auch wenn die Kasse mal nicht so klingelte. Es würde schon werden, und ich würde das Meine dafür tun.

Meine Heimfahrt war stressfrei, und als ich Nick begegnete, konnte ich ganz offen von diesem letzten Treffen erzählen. »Wär' schön, wenn ich den auch mal kennen ler-

nen könnte«, brummte er. »Wir können ihn ja einmal gemeinsam besuchen«, schlug ich lachend vor. »Dann kannst du zum Thema Streit auch noch von deiner Seite ein paar Wörtchen beitragen und mit ihm diskutieren!«

Warum eigentlich nicht, dachte ich für mich. Es musste doch auch für ein Paar spannend sein, Emanuel zu besuchen und mit ihm ein Gespräch über Liebe und Partnerschaft zu führen. Jetzt war es aber erst einmal so, dass ich all das umsetzen wollte, was ich erfahren, gelernt und durchdacht hatte. »Und wenn du dir jetzt ein Lied wünschen dürftest, welches würde dir einfallen?«, fragte ich mich selbst. Spontan kam mir ein Kirchenlied in den Sinn, das ich als Kind im Kindergarten so gerne gesungen hatte. »Geh aus, mein Herz, und suche Freud'«, lautete der Titel. Ein Lächeln huschte über mein Gesicht. War das nicht ein wunderbares Motto für die nächste Zeit in meinem Leben? Geh' aus, mein Herz, und suche Freud' ... ich nahm meine Tasche und ging hinaus zum Wagen. »Wohin fährst du?«, rief Nick mir nach. »Ins Reisebüro. Ich hab' Lust, uns ein paar Kataloge zu holen!« Eigentlich ging doch beides: arbeiten und reisen. Und: Hatte Emanuel nicht mehrfach gesagt, ich solle auch mal Pause machen?

»Geh aus, mein Herz, und suche Freud'«, summte ich vergnügt und begab mich auf meinen Weg.

Die Autorin Karoline Weber

Karoline Weber ist das Pseudonym von Christine Weiner, das die Autorin für dieses besondere Buch gewählt hat. Um dem Engel Emanuel Fragen stellen zu können, die für alle Menschen, die sich mit wichtigen Lebensfragen auseinander setzen, interessant sind, war es für sie wichtig, eine andere Identität anzunehmen und sich damit von ihrer individuellen Lebenssituation freizumachen. Denn nur die Loslösung vom Persönlichen verleiht dem Buch den allgemein gültigen Charakter, das es als erzählendes Sachbuch benötigt.

Christine Weiner, geb. 1960, ist Journalistin, Buchexpertin im SWR mit mehreren Auftritten im Monat, Dozentin an der Journalistenschule Bruchsal und Lehrbeauftragte der Fachhochschule Heidelberg. Darüber hinaus ist sie Unternehmens- und Personal Coach sowie Literaturagentin und erfolgreiche Sachbuchautorin. Sie lebt in Mannheim.

Das Medium Christiane Zimmer

Christiane Zimmer, geb. 1944, arbeitete bis zu ihrem 43. Lebensjahr in verschiedenen Marktforschungsinstituten. In einer Vision beim Tode ihrer Nichte wurde sie von einer geistigen Energie angesprochen, die sich Emanuel nennt und die ihr mitteilte, dass sich die geistige Welt eine Zusammenarbeit mit ihr wünscht. Nach langem Zögern ließ sie sich auf eine Mitarbeit ein und macht nunmehr seit 17 Jahren mediale Durchsagen.

Um die hilfreichen Mitteilungen Emanuels einer breiten Öffentlichkeit zugänglich zu machen, finden monatliche Durchsagen im Raum Frankfurt statt, an denen Interessenten unangemeldet teilnehmen können. Des Weiteren bietet Christiane Zimmer Seminare an, u. a. in Zusammenarbeit mit einer Diplom-Psychologin und einem geistigen Heiler.

Informationen über ihre Arbeit erhalten Sie unter Postfach 1201, 35420 Lich.